Annette und Lars Freudenthal

WANDER DICH GLÜCKLICH

Nördlicher Schwarzwald

Wanderungen fürs Wohlbefinden

BRUCKMANN

INHALT

HÖHEN ÜBER ACHER UND RENCH 94

DIE KINZIG UND IHRE SEITENTÄLER 132

TOURENÜBERBLICK

		Tour										
1	● (blau)	Von Bad Herrenalb auf den Bernsteinfelsen	13,0	4 bis 4.30	370		●	●	●		●	●
2	● (blau)	Historisches bei Sprollenhaus	7,7	2.30	220		●	●	●		●	●
3	◐ (schwarz/rot)	Varianten am Fremersberg	5,8	2.00	370	●	●	(●)	●	●	●	(●)
4	● (blau)	Stille im Oostal	7,9	2.30 bis 3	300			●	●		●	(●)
5	● (rot)	Kreuzfelsen und Geroldsauer Schlucht	10,8	3.30 bis 4	400	●	●	●			●	●
6	● (rot)	Auf die Badener Höhe	13,7	4.30 bis 5	400	(●)	●	●			●	
7	◐ (schwarz/rot)	Auf dem Baden-Badener Wildnispfad	3,8	2.00	120		●	●			●	●
8	● (rot)	Auf den Lautenfelsen	12,5	4 bis 4.30	500		●	●	(●)	●		●
9	● (rot)	Am Panoramaweg Reichental	9,8	3.30	500		●	●		●		●
10	● (blau)	Am Bermersbacher Glücksweg	3,8	1.30	170		●	●	●		●	●
11	◐ (schwarz/rot)	Auf den Latschigfelsen	5,9	2.30	400		●	●		●	●	(●)
12	● (rot)	Von der Murg zu Schurm- und Blindsee	18,0	5 bis 5.30	570		●	●	(●)		●	●
13	● (rot)	Auf dem Satteleisteig	11,1	3.30	450	●	●	●	(●)	●	●	(●)
14	◐ (blau/rot)	Von Freudenstadt zur Großvatertanne	10,4	3 bis 3.30	200	●	●	●	(●)		●	●
15	● (rot)	Auf die Hornisgrinde	8,2	3.00	290	●	●	●		●		●
16	● (rot)	Zwischen Ruhestein und Brennte Schrofen	9,6	3.30	350	●		●		●		●
17	● (rot)	Wasserfälle und Kloster Allerheiligen	7,7	3.00	400	●	●	●	(●)		●	●
18	● (blau)	Über die Röschenschanze zum Buhlbachsee	7,0	2.30	230		●	●		●	●	●
19	● (rot)	Renchtalhütte und Buchkopfturm	8,8	3.00	460	●	●	●		●	●	●

Tour		Länge in km	Gehzeit in Std.	Höhenunterschied in Hm	Einkehr	Sehenswürdigkeiten	Kindergeeignet	Wintergeeignet	Viel Sonne	Eher Schatten	Öffentliche Verkehrsmittel
20	Mittel	Am Durbacher Weinpanoramaweg	15,4	5.00	450	●	●		(●)	●		●
21	Mittel	Auf dem Brennersteig Oberkirch	13,8	5.00	450	(●)	●	●	●	●		●
22	Mittel	Auf dem Bad Peterstaler Himmelssteig	10,5	4.30 bis 5	600	(●)	●			●		(●)
23	Mittel	Über den Klagstein zum Freiersberger Tor	12,0	3.30 bis 4	380		●	●		●	●	
24	Leicht	Am Wasserpfad Kleine Kinzig	12,5	3.30 bis 4	280		●	●	●		●	●
25	Mittel	Hahn- und Henne-Runde	14,0	4.30 bis 5	550	●			●	●		●
26	Mittel	Auf dem Harmersbacher Vesperweg	14,3	4.30 bis 5	580	●	●		(●)	●	●	●
27	Leicht	Kurze Runde zur Hohengeroldseck	3,5	1.30	170	●	●	●	●	●		
28	Mittel	Auf der Steinacher Hausstrecke	8,4	2.30 bis 3	300	(●)		●	●	●	●	●
29	Mittel	Am Haslacher Panoramaweg Nord	7,2	2.45	270	●	●	●	●	●		●
30	Mittel	Auf den Urenkopf	6,2	2.30	375	(●)	●	●	●	●	●	(●)
31	Mittel	Panoramatour zum Schlössle	7,3	2.30 bis 3	350	(●)	●	●	●	●	●	●
32	Mittel	Schenkenburg, Zollhaus und Schiltach	13,3	4.00	500	●	●			●	●	●
33	Mittel	Aufstieg zur Hohenschramberg	8,7	3.00	300		●	●	(●)		●	●

● Leicht
● Mittel
● Schwer

Länge in km
Gehzeit in Std.
Höhenunterschied in Hm

Einkehr
Sehenswürdigkeiten
Kindergeeignet
Wintergeeignet

Viel Sonne
Eher Schatten
Öffentliche Verkehrsmittel

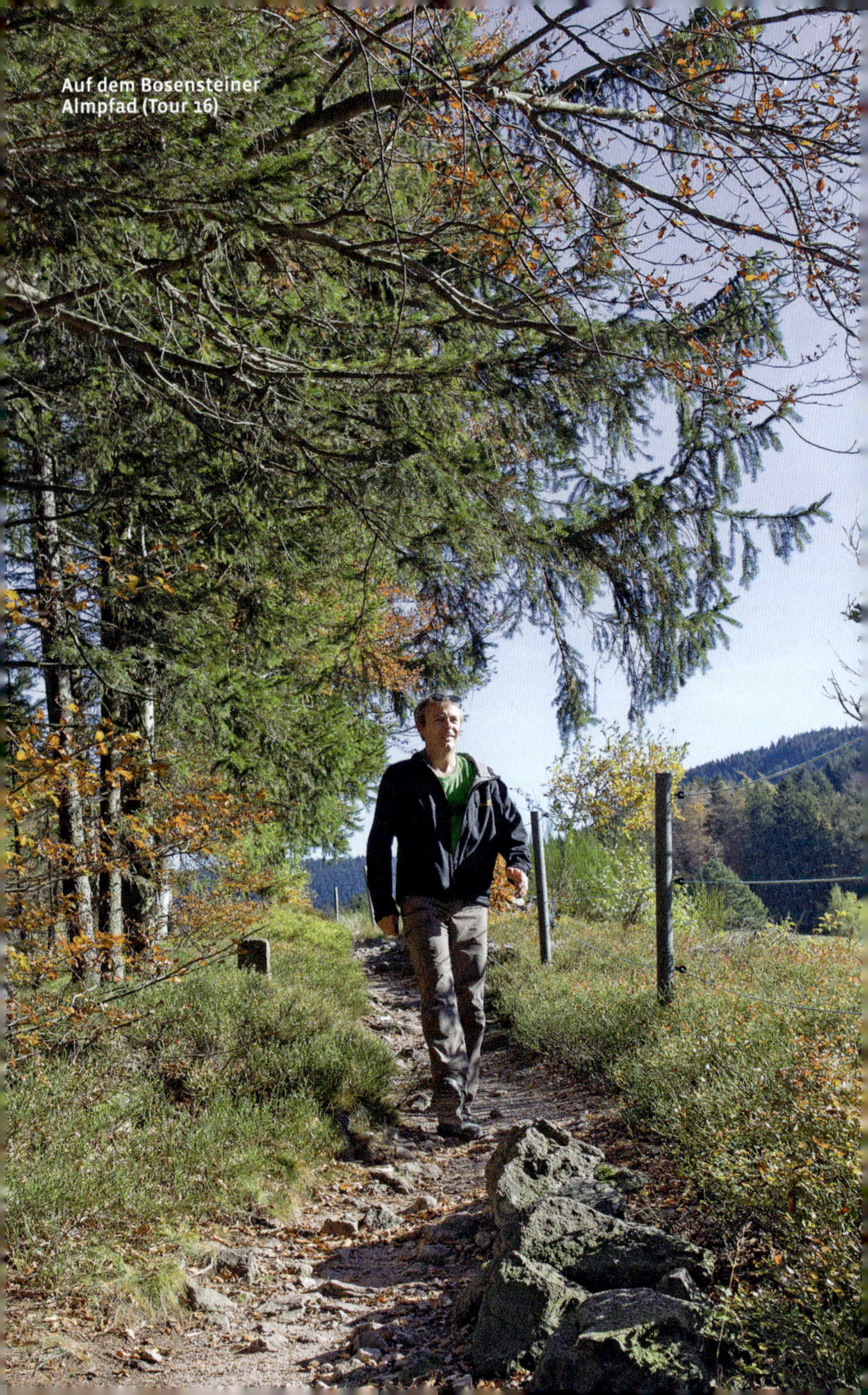

Auf dem Bosensteiner Almpfad (Tour 16)

GLÜCKLICH WANDERN DURCH DEN NÖRDLICHEN SCHWARZWALD

Das Wandern und die Bewegung in der freien Natur machen uns glücklich. Es fällt uns leicht, zu entspannen und neue Energien für die vor uns liegenden Aufgaben zu schöpfen. Tatsächlich beantworten Wanderer die Frage nach ihrer Motivation sehr ähnlich: Sie genießen das Naturerlebnis und nennen das Wandern als bestes Mittel, um vom Alltag abzuschalten. Genau dafür ist der Nördliche Schwarzwald bestens geeignet. Unsere Gebietskulisse entspricht dabei in etwa dem Naturpark Schwarzwald Mitte/Nord, der im Süden bis in das Kinzigtal hineinreicht. Die in diesem Buch beschriebenen Touren führen uns zu einigen einsam und still gelegenen Karseen. Sie lassen uns aufatmen und den Augenblick genießen. Wir wandern durch malerische Weinberge und zu geschichtsträchtigen Burgruinen. Zusammen mit den Fachwerkorten, den ruhigen, weiten Wäldern und Grinden im Natur- und Nationalpark erleben wir den Nördlichen Schwarzwald in all seinen schönen Facetten. Eine Landschaft zum Verlieben, eine Landschaft, die uns immer wieder aufs Neue begeistert. Oder kurz: eine Landschaft, die einfach glücklich macht.

Viel Freude beim Wandern wünschen Ihnen

Annette und Lars Freudenthal

PRAKTISCHE INFORMATIONEN

GUT GERÜSTET BESSER ANS ZIEL

Bei den beschriebenen Wanderungen bewegen wir uns überwiegend auf leicht und bequem zu begehenden Wegen. Doch auch hier gilt: Feste Wander- oder Trekkingschuhe sind ein Muss für sicheres Wandern! Die geringen Anforderungen der Touren verleiten möglicherweise dazu, zu Halbschuhen oder Turnschuhen zu greifen. Tatsächlich aber knicken auf den vermeintlich einfachen Wegen weit öfter Wanderer um, als man vermutet. Von Vorteil ist bequeme Wanderkleidung aus Funktionsmaterial, das schnell trocknet und sich leicht trägt. Auf Abstand sollte man hingegen beim Rucksack gehen – und zwar auf Abstand zum Rücken: Dies ermöglichen spezielle Konstruktionen, die das Gewicht optimal verteilen und eine bessere Luftzirkulation erlauben.

VERANTWORTUNG UND SELBSTEINSCHÄTZUNG

Alle in diesem Wanderführer beschriebenen Touren orientieren sich an dem Wegkonzept des Schwarzwaldvereins, ergänzt durch wenige örtliche Beschilderungen. So führen uns die Wegweiser und Markierungen mit verschiedenen Rauten sicher von A nach B und wieder zurück zum Ausgangspunkt. Umgekehrt sind aufgelassene Wege oder nur schlecht begehbare Trampelpfade ein sicheres Indiz dafür, dass man einen Abzweig verpasst

Farbsystem

Die Wanderungen in diesem Buch sind in vier Rubriken unterteilt und entsprechend farblich gekennzeichnet: »Tour für die Sinne«, »Tour der Stille«, »Tour für den Genuss« sowie »Tour ohne Uhr« – je nachdem, welche ganz besonderen Glücksmomente im Vordergrund stehen. Viele unserer Wanderungen erfüllen natürlich sogar mehrere Kriterien; in diesen Fällen wurde das aus Autorensicht wichtigste Merkmal verwendet.

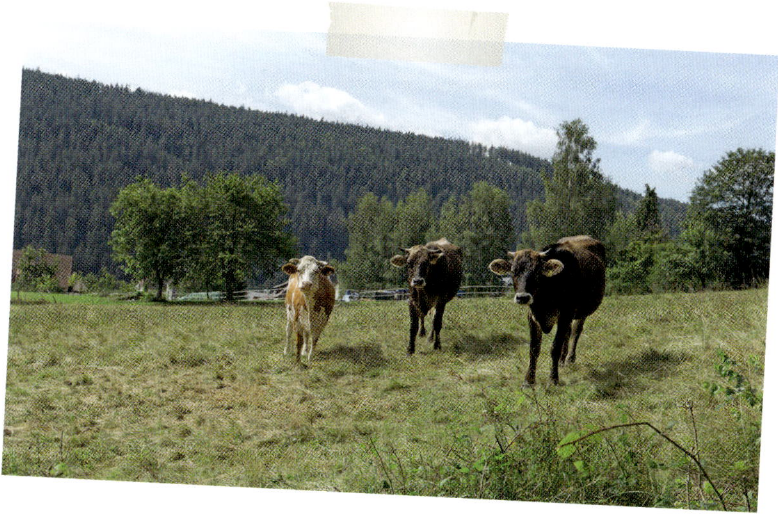

↑ **Empfangskomitee im Enztal (Tour 2)**

hat. Wenn sich der nächste, gut begehbare Weg nicht zufällig in Sichtweite befindet oder klar ist, wie man wieder auf den rechten Weg findet, ist es oft besser, auf sein Bauchgefühl zu hören und zur letzten Wegkreuzung zurückzukehren. Nachdem wir jetzt schon seit einigen Jahren im Schwarzwald unterwegs sind, wissen wir, dass sich Beschilderungen und Wegführungen von Zeit zu Zeit ändern. So können neu angelegte Themenwege oder Wandersteige mit eigener Kennzeichnung sogar die Farben der zuvor angebrachten Rauten beeinflussen. In so einem Fall ist es meist besser, der neuen Wegmarkierung zu folgen, da sie einen sicher ans Ziel oder zurück zum Ausgangspunkt bringt.
Ein weiteres Ziel dieses Wanderführers ist, dass man am Ende der einzelnen Touren zufrieden auf die vergangenen Stunden und das Geleistete zurückblicken kann. Dies gelingt am besten, wenn man sich – und seine Begleiter – richtig einschätzt. Debütanten sowie auch diejenigen, die nach einer längeren Pause wieder mit dem Wandern anfangen, sollten die etwas längeren Touren, wie z. B. den Weinpanoramaweg von Durbach, den Brennersteig bei Oberkirch oder die Runde auf dem Harmersbacher Vesperweg, erst in Angriff nehmen, wenn eine gewisse Grundkondition aufgebaut ist.

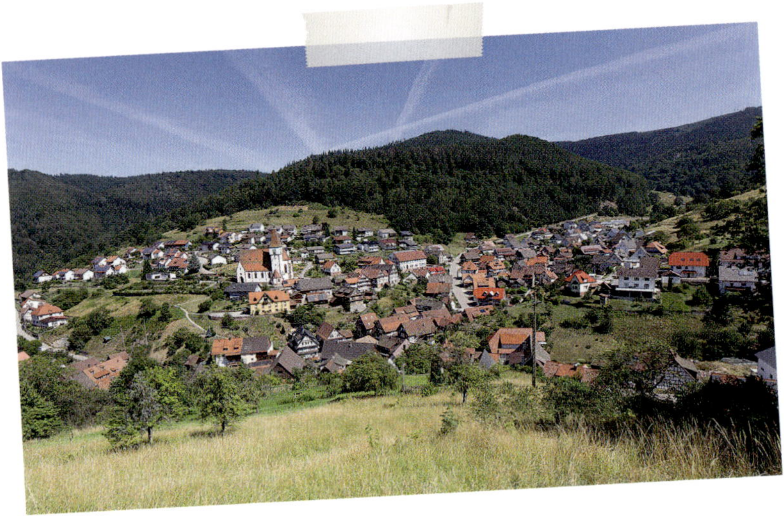

↑ **Blick auf Reichental (Tour 9)**

Ebenfalls hilfreich ist es, die Entwicklung von Regenwolken im Internet, etwa auf www.wetteronline.de oder www.niederschlagsradar.de, zu beobachten. Im Zweifelsfall sollte man sich auch nicht davor scheuen, eine Tour abzubrechen bzw. erst nach dem Unwetter fortzusetzen.

PAUSE MIT GENUSS

Zu einer schönen Wanderung gehört natürlich auch eine Einkehr oder eine längere Rast. Unsere Wanderungen führen deshalb zu zahlreichen, herrlich gelegenen Plätzen. Zudem kommen wir bei einigen Touren an einer oder an mehreren Wirtschaften vorbei, sodass man sich mit Gleichgesinnten austauschen und nebenbei den Wanderführer »Wander dich glücklich Nördlicher Schwarzwald« weiterempfehlen kann.
Bei den Touren ohne Wirtschaft sowie auch unter der Woche, wenn viele kleinere Gaststätten und Ausflugslokale geschlossen sind, decken wir uns morgens bei einer Bäckerei ein oder plündern die heimische Vorratskammer. In diesem Fall können wir uns auf selbst belegte Brote und Kuchen, vielleicht auch auf Knabbereien freuen, die genau unserem Geschmack entsprechen.

ANFAHRT

Viele Wanderziele sind im Schwarzwald mit öffentlichen Verkehrsmitteln zu erreichen. Mit der KONUS-Gästekarte (Kostenlose Nutzung des ÖPNV im Schwarzwald) haben Sie freie Fahrt in allen neun Verkehrsverbünden der Ferienregion. Wer mit dem Auto anreist und ein Navi nutzt, kann die im Infokasten der einzelnen Touren angegebenen GPS-Koordinaten eingeben. Diese führen punktgenau zum Ausgangspunkt der Wanderung bzw. zur nächstgelegenen Parkmöglichkeit.

GEHZEITEN UND HÖHENANGABEN

Die genannten Zeiten beziehen sich auf die reine Gehzeit. Weil es bei vielen der Touren einiges zu entdecken gibt, beinhaltet diese auch die Zeiten, in denen man sich umsieht und die Landschaft auf sich wirken lässt. Pausen, eine Burgbesichtigung oder gar eine längere Einkehr sind darin jedoch nicht enthalten. Rechnen Sie bitte auch etwas Zeit für unvorhergesehene Änderungen ein, sodass Sie bei zusätzlichen Abstechern, einem kürzeren Verlaufen oder gesperrten Weg (z. B. wegen Holzfällarbeiten) noch rechtzeitig zurück am Ausgangspunkt sind.

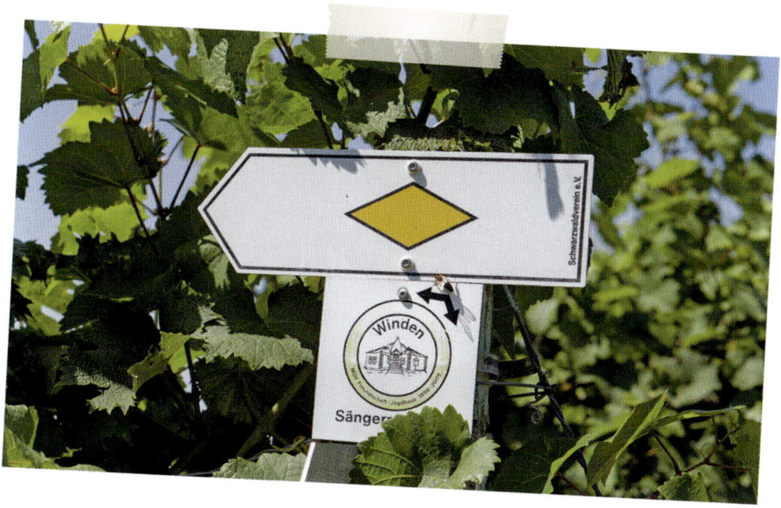

↑ **Wegmarkierung am Fremersberg (Tour 3)**

Unsere Höhenangaben beinhalten die tatsächlich zu leistenden Höhenmeter. Lediglich kleine Kuppen und Senken mit nur geringem Höhenunterschied haben wir ausgelassen. So stehen Sie nicht plötzlich vor einem großen Zwischenanstieg, der nirgends erwähnt wird.

UNSERE FAVORITEN

Tour 9: Panoramaweg von Reichental
Tour 13: Auf dem Satteleisteig
Tour 20: Durbacher Weinpanoramaweg
Tour 22: Bad Peterstaler Himmelssteig
Tour 26: Harmersbacher Vesperweg

INTERNETADRESSEN

www.nationalpark-schwarzwald.de: Infos und Wissenswertes rund um den Nationalpark im Nordschwarzwald

www.naturparkschwarzwald.de: Informationsportal des Naturparks Schwarzwald Mitte/Nord

www.naturpark-suedschwarzwald.de: Umfassende Informationen zu den Aufgaben und Besonderheiten des größten Naturparks in Deutschland

www.schwarzwaldverein.de: Gemeinsamer Auftritt der Ortsgruppen des Schwarzwaldvereins

www.wanderfuehrer-schwarzwald.de: Unsere eigene Seite mit all unseren bisher erschienenen Wanderführern über den Schwarzwald, die Schwäbische Alb und das Allgäu sowie auch das Elsass mit den Vogesen.
Wer entspannter mit dem Outdoor-Navi unterwegs ist, findet hier auch GPS-Dateien für die »Wander dich glücklich«-Touren zum Downloaden.

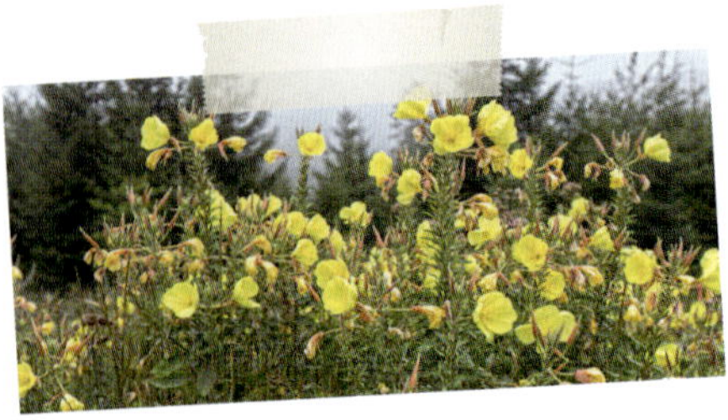

← **Nachtkerzen nahe der Immensteinhütte (Tour 6)**

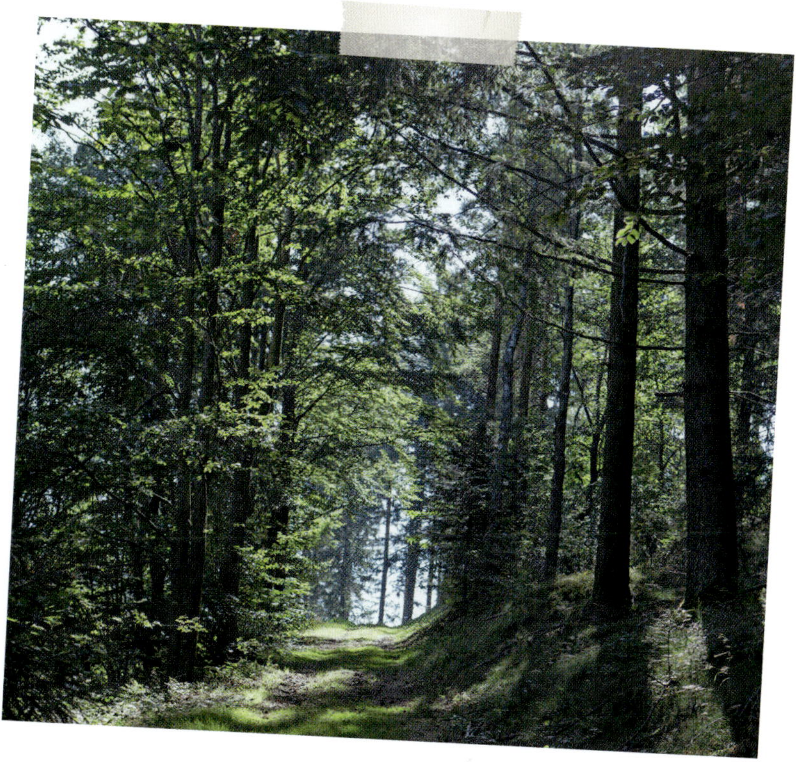

↑ **Aufstieg zur Wahlholz-hütte (Tour 17)**

SCHWIERIGKEITSGRADE

Leicht: Eher kurze Runden, die keine oder kaum Trittsicherheit erfordern und nur wenige Steigungen beinhalten

Mittel: Touren mit längeren Auf- und Abstiegen und/oder längere Runden, die eine gewisse Kondition und Trittsicherheit erfordern

Schwer: Richtig schwere Touren sind in diesem Buch nicht enthalten. Lediglich der Wildnispfad (Tour 7), die direkten Pfade am Fremersberg (Tour 3) sowie der Grabsteinweg beim Latschig (Tour 11) setzen Trittsicherheit und Geschick, zum Teil auch Schwindelfreiheit voraus.

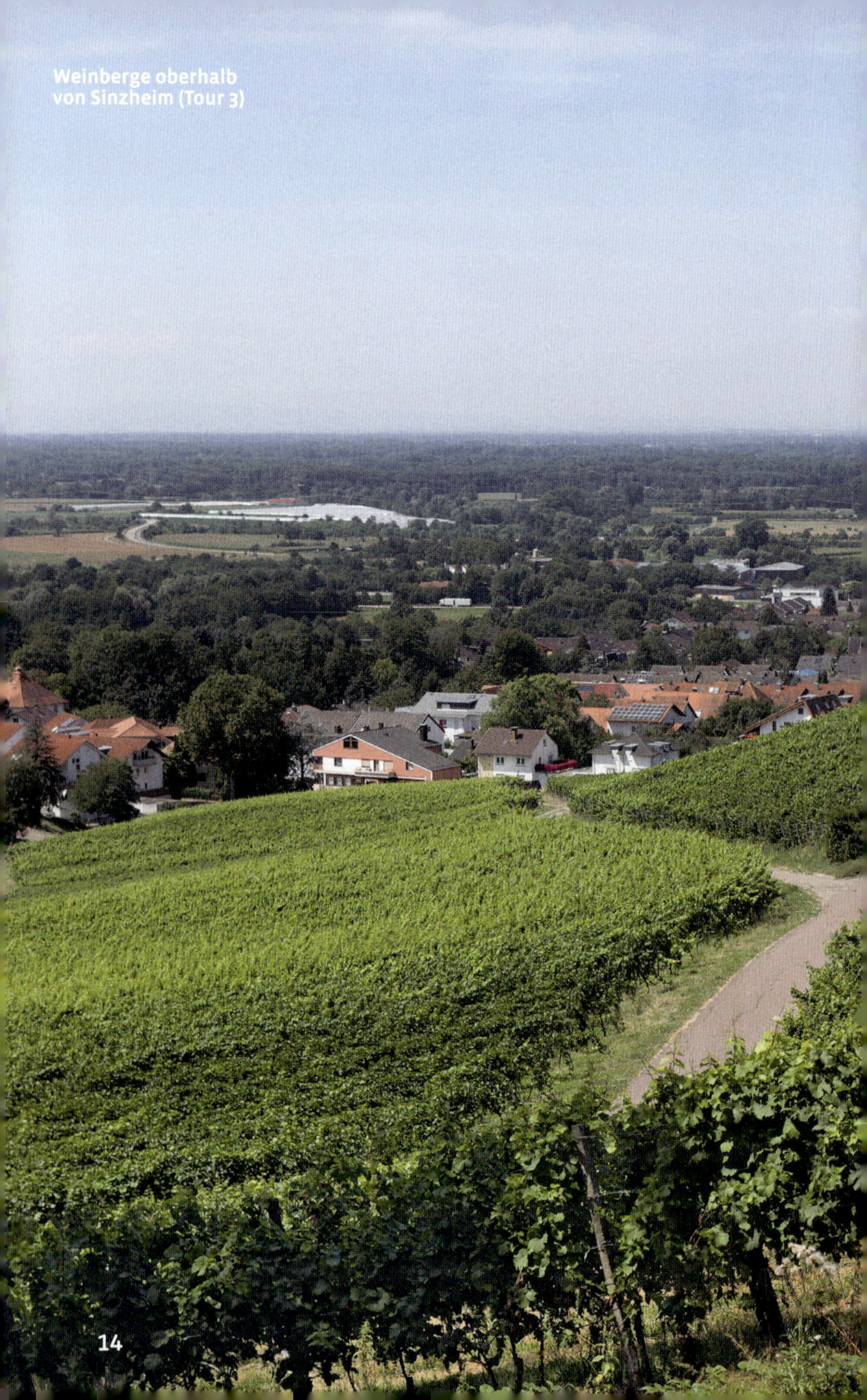
Weinberge oberhalb von Sinzheim (Tour 3)

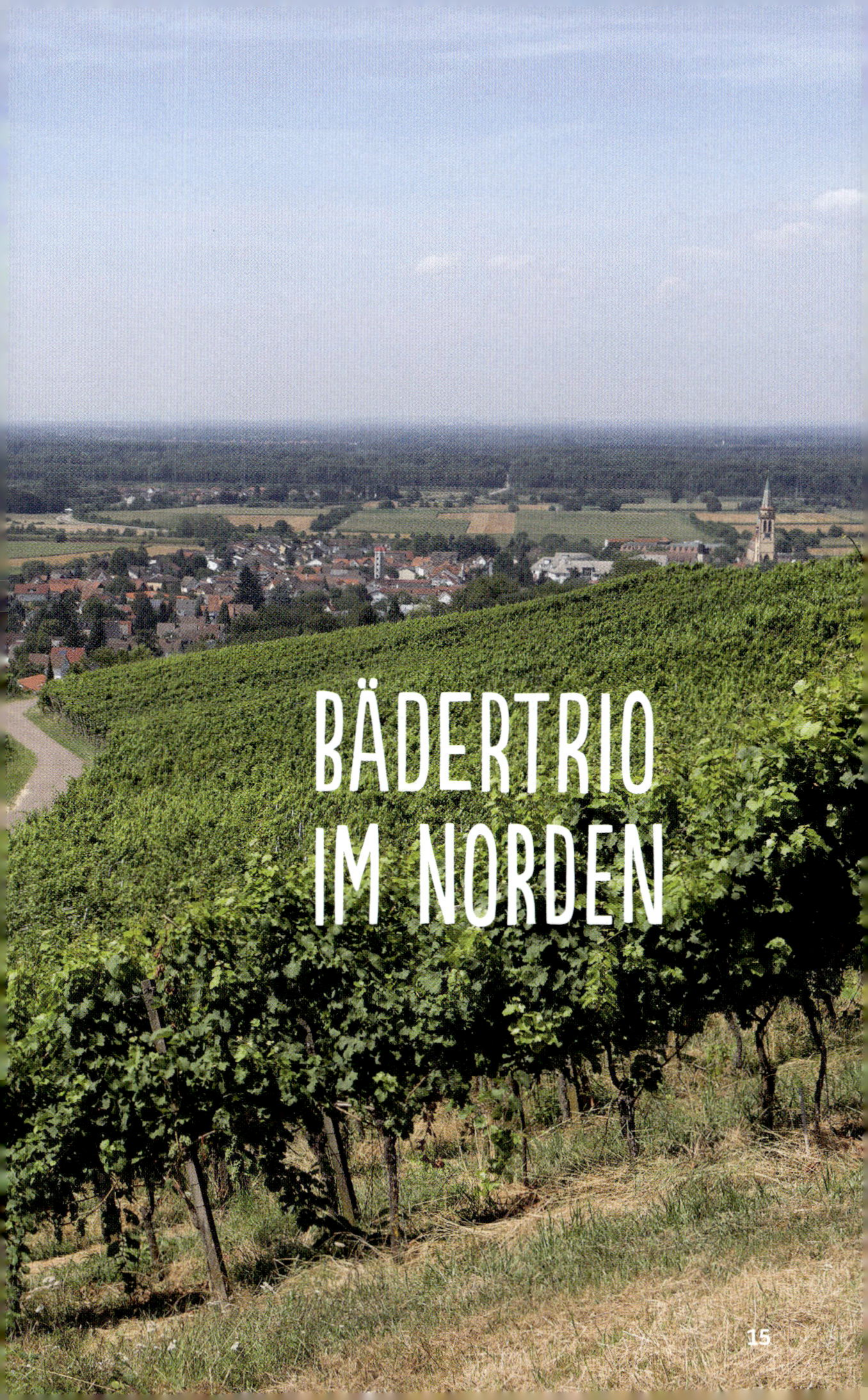

BÄDERTRIO IM NORDEN

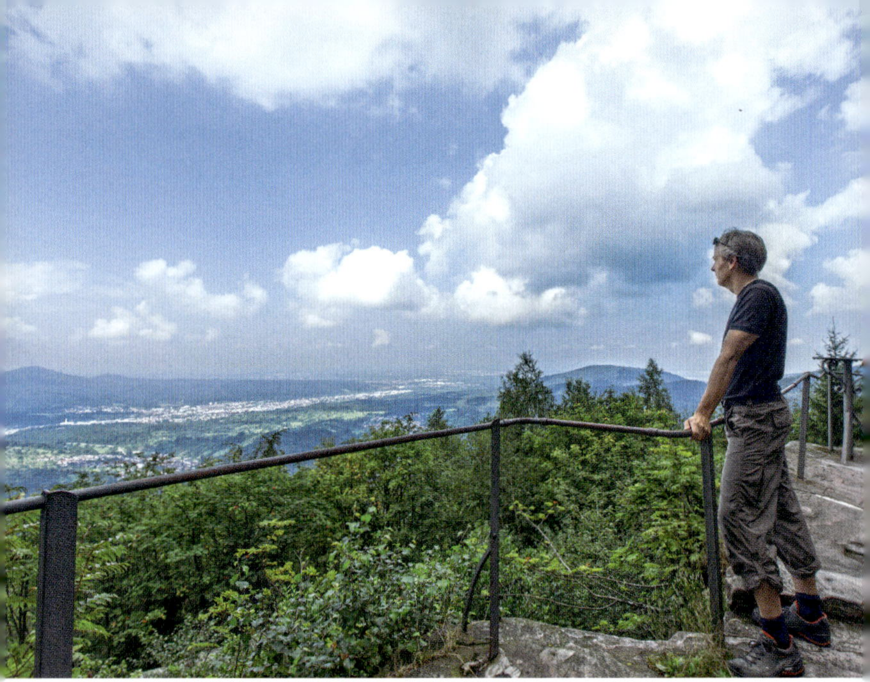

↑ Auf dem Bernstein ↓ Links erfolgt der Aufstieg auf die Felskanzel.

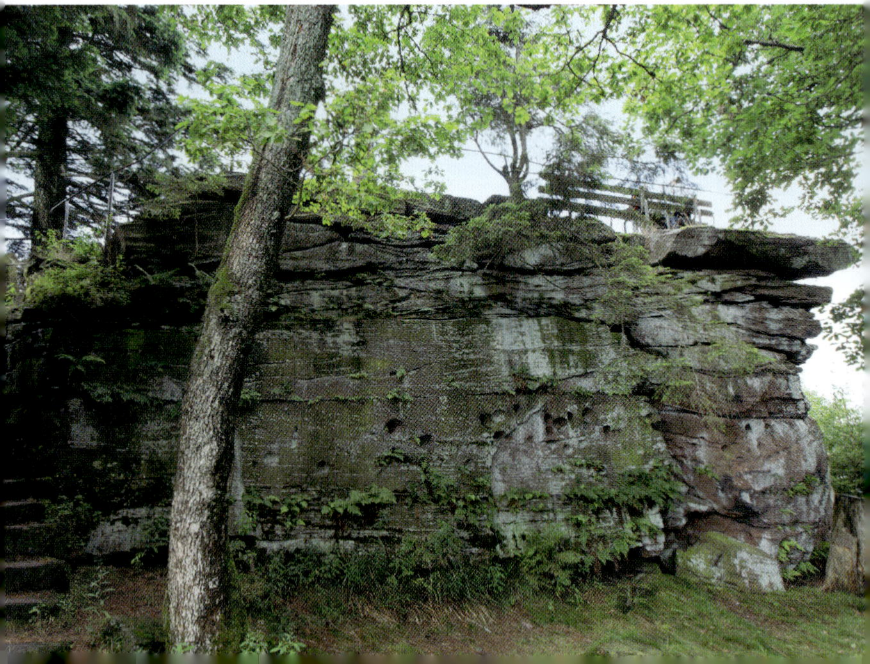

Tour der Stille
TOUR 1

KANZEL ZWISCHEN ALB UND MURG

Von Bad Herrenalb auf den Bernsteinfelsen

Das beschauliche Bad Herrenalb bildet den Übergang vom oberen zum unteren Albtal. Ab dem Kurort wandern wir durch ruhige Wälder auf den Bernstein. Auf dem Rückweg erwartet uns am Falkenstein eine malerische Aussicht auf die Siebentälerstadt.

Warmlaufen auf alten Straßen Die Wanderung startet beim Bahnhof von Bad Herrenalb. Auf den ersten Metern folgen wir der gelben Raute um die Fachklinik Falkenburg herum zum Rehteich. Beim Wegweiser »Rehteich« biegen wir rechts ab und passieren einen speziell für Wanderer ausgewiesenen Waldparkplatz (GPS 48.8000, 8.4340). Rund 500 Meter weiter kommen wir zum Rennbergfels. Geradeaus ginge es direkt zum Falkenstein. Für den Bernsteinfelsen indes biegen wir links ab und umrunden auf der stetig ansteigenden Forststraße Bottenberg, Rennberg und Mauzenberg.

Kein Schmuckstein, und doch ein Juwel Beim Wegweiser »Am Mauzenberg« ist die Passage durch den Wald geschafft. Auf dem Höhenrücken treffen wir auf einen historischen Grenzweg. Er trennte einst das Großherzogtum Baden vom Königreich Württemberg. Für uns bildet der sandige Weg den Zugang zum Bernstein. Der Name erinnert zwar an die im Nord- und Ostseeraum verbreiteten Schmucksteine aus fossilem Harz, hat damit aber nichts zu tun. Stattdessen wird davon ausgegangen, dass sich der Name vom Althochdeutschen »Bero« ableitet, was Bär bedeutet. Tatsächlich lebten bis ins 18. Jahrhundert hinein Braunbären im Schwarzwald, und in den Felsen des Bernsteins gibt es Aushöhlungen, die groß genug sind, um einem Braunbären Unterschlupf zu bieten. Der letzte Braunbär in dieser Region wurde im Jahr 1740 im Murgtal erlegt.

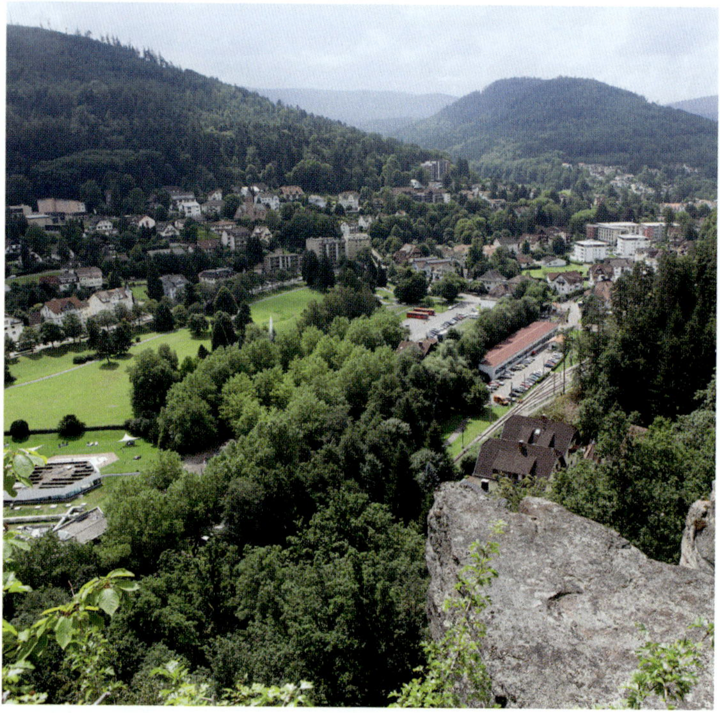

»Weg an sich ist nichts, Ziel an sich ist nichts.
Eins steht erst da durch das andere.«

Paul Richard Luck

Natur im Zeichen politischen Wandels Welche Bedeutung der Bernstein für die Menschen einnimmt, zeigt die in den Fels geschlagene Jahreszahl 1848, dem Beginn der Badischen Revolution. 16 Jahre später wurde eine Felsentreppe angelegt. Seitdem ist der sechs Meter hohe, oben abgeflachte Buntsandsteinfelsen auch ohne Kletterpartie zugänglich. Als dritte Besonderheit erhielt der Bernstein 1877 ein drei Meter hohes Steinkreuz. Wer das rund eine Tonne schwere Kreuz hierher geschafft hat und warum, ist nicht überliefert; als Initiatoren werden aber die Karlsruher Wanderfreunde vermutet, die ganz in der Nähe einen Brunnen gefasst haben.

Auge, was willst du mehr? Von den umliegenden Gemeinden wird der seit 2007 als Naturdenkmal geschützte Felsblock gern als Hausberg bezeichnet. Sobald wir die grob behauenen Stufen emporgestiegen sind, wissen wir, warum: Bei optimalen Bedingungen eröffnet uns das Felsplateau eine traumhafte Aussicht. Diese reicht im Norden bis zu den Bergen im Pfälzerwald über die Oberrheinebene, Straßburg und die Mittelvogesen bis zu den Hochvogesen im Süden. Das Panorama erstreckt sich über eine Länge von 180 Kilometern. Am hinteren Eck des Plateaus hilft die Bernsteinplatte, die Orte und Berge in der näheren Umgebung zu bestimmen. Während auf dem Bernstein selbst eine Bank zum Verweilen einlädt, bietet die Bernsteinhütte am Wanderweg Schutz vor Wind und Regen.

Mauzenstein und Falkenstein Nach dem Abstecher kehren wir zum Wegweiser »Am Mauzenberg« zurück und biegen links ab. Damit folgen wir der gelben Raute über den unscheinbaren Mauzenstein (beim Wegweiser rechts) und Pfahlwald zur August-Bechtle-Hütte. Diese stand früher beim Aussichtspunkt am

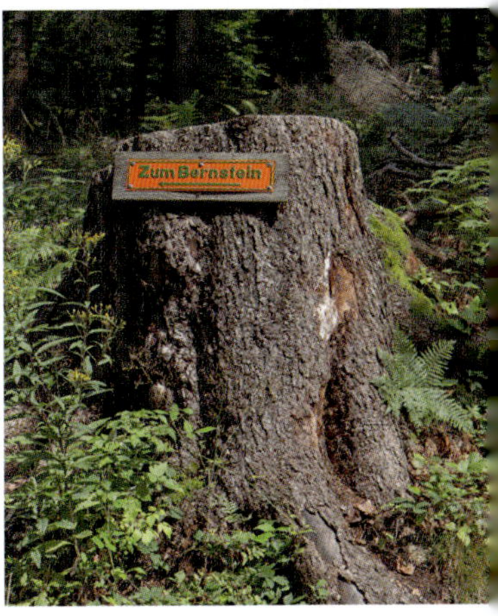

← **Ausblick vom Falkenstein**
→ **Wegweiser zum Bernsteinfelsen**

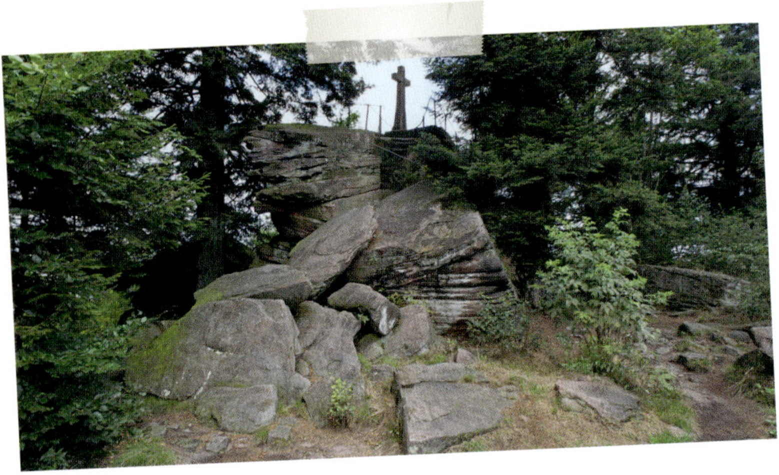

↑ **Der Bernstein ist seit jeher ein beliebtes Wanderziel.**

Falkenstein. Um die Natur zu schützen, wurde sie jedoch 2009 abgebaut und an den heutigen Standort gesetzt. Der Zugang zu den Felsen erfolgt bei der Hütte links über den Falkensteinweg. Nach rund 300 Metern öffnet sich die Sicht über die Siebentälerstadt und das Albtal zu Marienberg und Wurstberg. Als höchste der Felssäulen ragt direkt vor uns der Falkenstein 40 Meter in die Höhe. Das ist einer der Gründe, warum die markanten Felsen seit 1949 als Naturdenkmal geschützt sind. Ziel ist es, das Überleben seltener Flechten, aber auch den Bestand an Heidekraut und Moosen zu sichern. Anschließend kehren wir auf demselben Weg zurück zur August-Bechtle-Hütte. Von dort folgen wir der gelben Raute über den Rennbergfels wieder hinunter nach Bad Herrenalb.

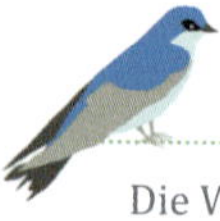

Tipp

Die Wunderkiefer von Bad Herrenalb: Wenige Schritte vom Rathausplatz der Stadt entfernt, wächst eine Kiefer auf dem Torbogen der romanischen Vorhalle des ehemaligen Zisterzienserklosters. Das Alter des stattlichen Baums wird auf rund 200 Jahre geschätzt. Um das Naturwunder zu erhalten, ist die Kiefer mit Drahtseilen gesichert.

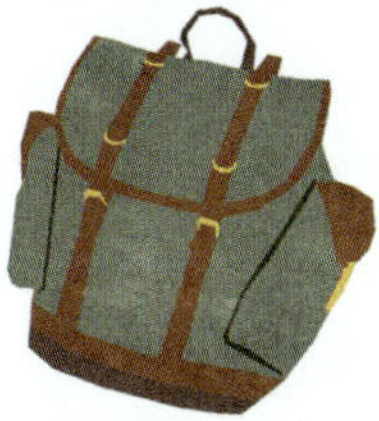

AUF EINEN BLICK

Tour 1: Tour der Stille

Dauer: 4–4.30 Std.

Höhenmeter: 370 Hm

Länge: 13 km

Schwierigkeit: Leicht

Tourencharakter: Technisch einfache Runde über breite Wege und auf alten Forststraßen; der Aufstieg auf den Bernsteinfelsen erfolgt über Treppen.

Ausgangs-/Endpunkt: Bahnhof Bad Herrenalb (351 m)

Anfahrt: GPS 48.8034, 8.4400
Pkw: A 5 Freiburg–Karlsruhe bis Ausfahrt 49 Rastatt-Nord, weiter über die B 462 bis Gernsbach, dort auf die L 564 nach Bad Herrenalb. Von Osten über die B 294 Pforzheim–Bad Wildbad bei der Eyachbrücke auf die L 340 und über Dobel nach Bad Herrenalb
Bahn/Bus: Bahn- und Busverbindungen ab Baden-Baden, Gaggenau und Pforzheim zum Bahnhof Bad Herrenalb bzw. zur Bushaltestelle Rathausplatz

Höchster Punkt: Bernstein (694 m)

Einkehr: Auf der Strecke keine; sehr schöne Rastplätze

Karte: Karte des Schwarzwaldvereins 1:25 000, W225 Baden-Baden

Information: Tourismus und Stadtmarketing Bad Herrenalb, Tel. 07083/50 05 55, www.badherrenalb.de

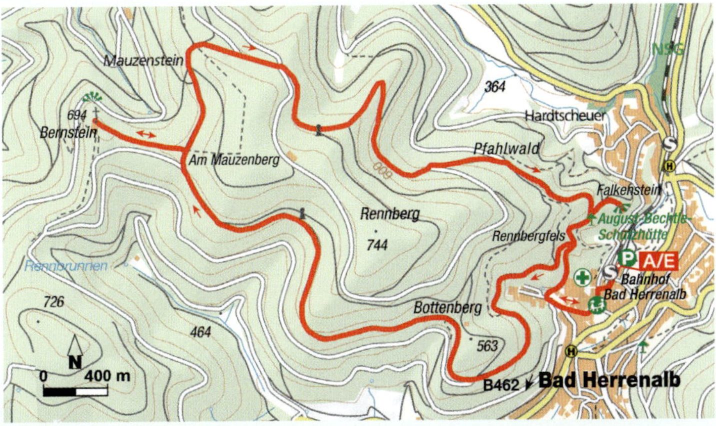

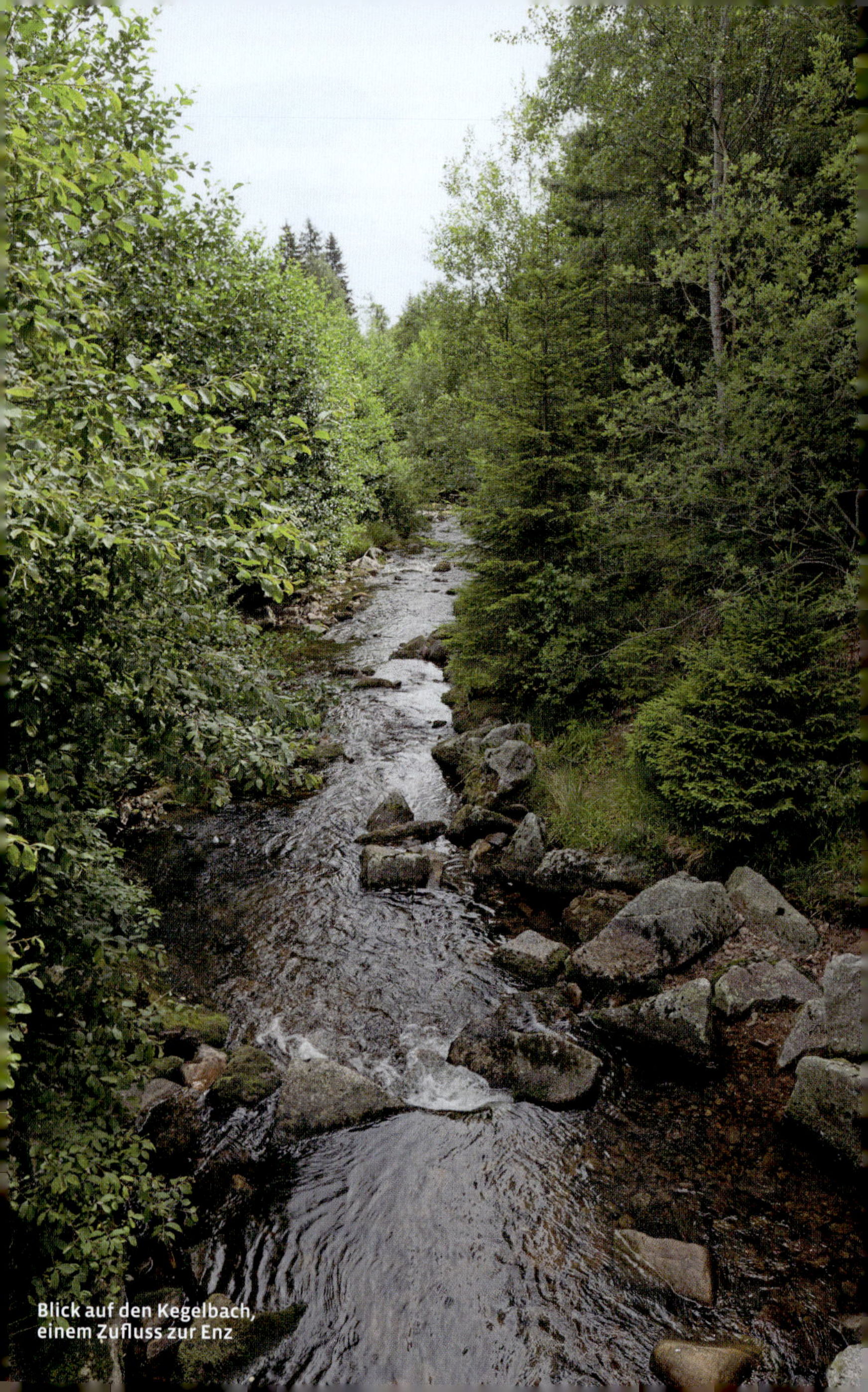

Blick auf den Kegelbach, einem Zufluss zur Enz

Tour für
TOUR 2
die Sinne

ENZTAL IM WANDEL

Historisches bei Sprollenhaus

Der historische Rundwanderweg vermittelt uns die Geschichte und die Lebensumstände der Menschen in Sprollenhaus und schenkt uns mehrere schöne Ausblicke über das Enztal. Selbstversorger werden am Rast- und Grillplatz Kegelwasen ihre Freude haben.

Standort, wechsle dich Der offizielle Startpunkt der Runde befindet sich auf dem Dorfplatz von Sprollenhaus. Wer später grillen möchte, kann alternativ beim Rastplatz Kegelwasen parken und dort in die Runde einsteigen. In beiden Fällen wandern wir entgegen dem Uhrzeigersinn. Ab dem Dorfplatz bzw. ab dem Parkplatz bei der Kirche geht es zunächst hinunter zur Christophstraße und in östlicher Richtung an der Bushaltestelle vorbei. Sobald wir den Friedhof passiert haben, biegen wir scharf rechts auf den landwirtschaftlichen Weg ab und folgen der Beschilderung zur alten Viehwaage. Sie stand ursprünglich in der Ortsmitte auf dem Dorfplatz und war zuletzt 1993 in Betrieb. Nach der Restaurierung und dem Umzug an ihren gegenwärtigen Standort lädt sie heute Einheimische und Gäste zum Probewiegen ein. Direkt neben dem Schuppen der Waage finden wir außerdem einen Rastplatz mit Tisch.

Bais-Wiesen und Kaminfeger Nun geht's mit schöner Sicht über die Bais-Wiesen und das Enztal weiter. Der Begriff »bais« bedeutet böse und erinnert an die Zeiten der Flößerei, die in diesem Bereich ihre Sorgen mit einem »bais Eck«, also einer engen Kurve der Enz hatte. Nachdem die Wiesen einst unter Einsatz von Dynamit urbar gemacht worden waren und als Viehfutterlieferanten dienten, wachsen hier heute einige Feuchtigkeit liebende Arten wie das im Sommer lieblich duftende Mädesüß und der leuchtende Blutweiderich. Der Weg führt uns an einer Hütte vorbei an den Waldrand. Dort orientieren wir uns kurz rechts, um sogleich wieder links auf den schmalen Kaminfegerweg zu wechseln.

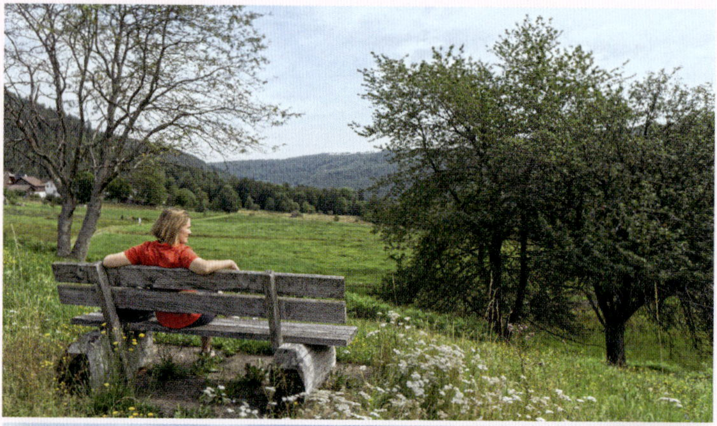

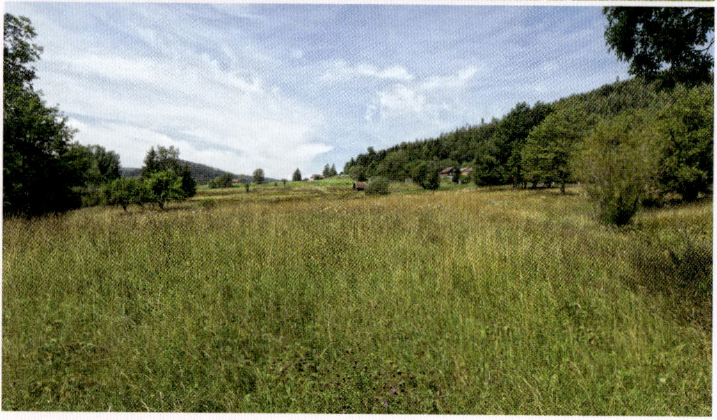

»Lernen muss man mit dem ganzen Körper.«

Johann Friedrich Oberlin

Kälbermühle und Holzriese Am unteren Waldrand kreuzen wir die Enztalstraße und passieren auf dem Kälbermühlenweg einen Campingplatz. 200 Meter nach der Zufahrt zur Kälbermühle biegen wir links ab, überqueren im Bereich der Gaststätte Waldluft die Enztalstraße und biegen rechts in den Ginsterweg ein. 300 Meter weiter biegen wir scharf links ab, sodass wir als Nächstes die Stationen Holzriese und Drei-Brunnen-Quelle passieren und zu einem aussichtsreich platzierten Pavillon kommen. Wir folgen der Beschilderung des Rundwegs weiter durch den Wald, dann am Waldrand zurück zum Friedhof von Sprollenhaus. Kurz bevor wir den Parkplatz oberhalb des Friedhofs passieren, ermöglicht die Christophstraße, die Runde abzukürzen. Ansonsten folgen wir dem Schönblickweg an der Station »15 Gulden für einen Wolf« vorbei sowie am oberen Ortsrand zurück in den Wald.

Sägewerk und Heidelbeersau Einen Steinwurf weiter haben wir die Wahl: Wer breite Wege bevorzugt, kann auf dem Forstweg bleiben. Dieser führt bergan bis zur Kreuzung mit dem Mühlweg, den wir allerdings ignorieren, um auf dem zweiten Weg links wieder hinunter zu laufen. Andernfalls wechseln wir sogleich links auf den Pfad, kreuzen erst den Mühlengrundbach, dann den Mühlgrund und die Verlängerung des Bergwegs. Beim nächsten Pavillon treffen beide Varianten wieder zusammen. Für den nächsten Abschnitt nutzen wir den von Heidelbeersträuchern gesäumten Mistweg, lernen die Geschichte des Sägewerks Sprollenmühle kennen und erfahren, was es mit der Heidelbeersau auf sich hat.

Kegelwasen Nachdem wir den Moosschleifweg gekreuzt haben, laufen wir zunächst noch wenige Schritte auf die

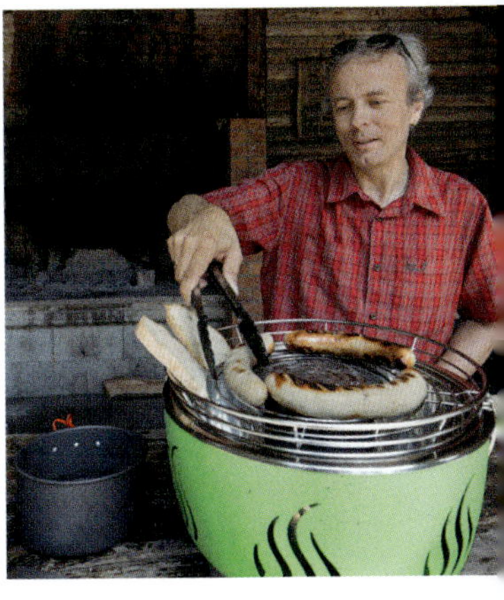

↑ **Rast bei der Alten Viehwaage**
↓ **Bais-Wiesen oberhalb der Enz**
→ **Einfach und einfach lecker – Grillen beim Rastplatz Kegelwasen**

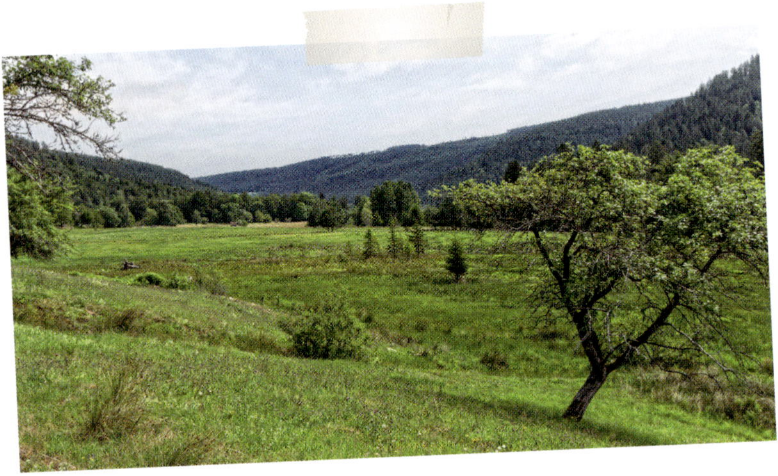

↑ **Artenreiche Feuchtwiesen prägen das Enztal.**

Straße zu, weichen dann aber rechts auf einen schmaleren Pfad zum Parkplatz Grillplatz aus. Jenseits der Landstraße bietet der Rastplatz Kegelwasen mit Hütte, mehreren Feuerstellen, Spielplatz und einer Wasserstelle alles, was wir uns als Selbstversorger wünschen. Für den anschließenden Rückweg nutzen wir den Weg an der Quelle vorbei hinunter zum Freizeitheim und Sportplatz. Wo wir erneut in den Wald eintauchen, überqueren wir den Kegelbach und biegen beim Wegweiser links ab. Der letzte Abschnitt des Rundwegs führt uns damit durch das Kegelbachtal bis zum Wegweiser »Sprollenwasenweg«. Links abbiegend, verlassen wir den Wald wieder und gelangen jenseits der Landstraße zurück zum Dorfplatz von Sprollenbach.

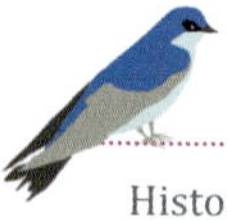

Tipp

Historisches Lohndumping: Schon Mitte des 18. Jh. ist im Enztal ein früher Fall von Lohndumping dokumentiert. Als die Sprollenhäuser Holzhauer einen höheren Lohn für ihre Arbeit einforderten, beauftragte die Stuttgarter Rentkammer Gastarbeiter aus Tirol mit dem Holzeinschlag. Somit stimmte die Kasse wieder.

AUF EINEN BLICK

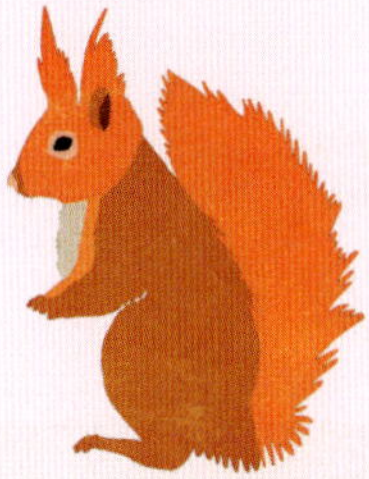

Tour 2: Tour für die Sinne

Dauer: 2.30 Std.

Höhenmeter: 220 Hm

Länge: 7,7 km

Schwierigkeit: Leicht

Tourencharakter: Der Abstieg von den Bais-Wiesen zur Landstraße erfordert etwas Trittsicherheit. Ansonsten technisch einfache Runde über Waldwege und Pfade

Ausgangs-/Endpunkt: Dorfplatz Sprollenhaus (611 m)

Anfahrt: GPS 48.6977, 8.4990
Pkw: Von der B 294 Freudenstadt–Pforzheim entweder über Enzklösterle oder Bad Wildbad auf der L 351 nach Sprollenhaus. Im Ort in die Kegelbachstraße abbiegen, am Ende der Straße kurz rechts halten, dann links zur Kirche
Bahn/Bus: Busverbindungen ab dem Bahnhof Bad Wildbad zur Haltestelle Sprollenhaus-Schule

Höchster Punkt: Pavillon (685 m) zwischen Friedhof und Grillplatz

Einkehr: In Sprollenhaus; sehr schöne Rastplätze

Karte: Karte des Schwarzwaldvereins 1:25 000, W226 Pforzheim

Information: Bad Wildbad Touristik, Tel. 07081/102 80, www.bad-wildbad.de

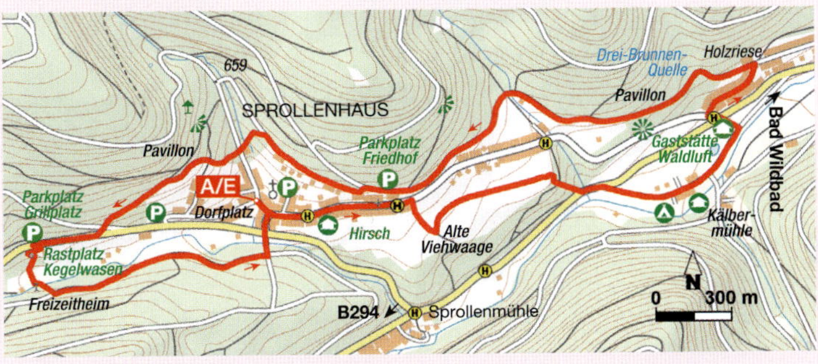

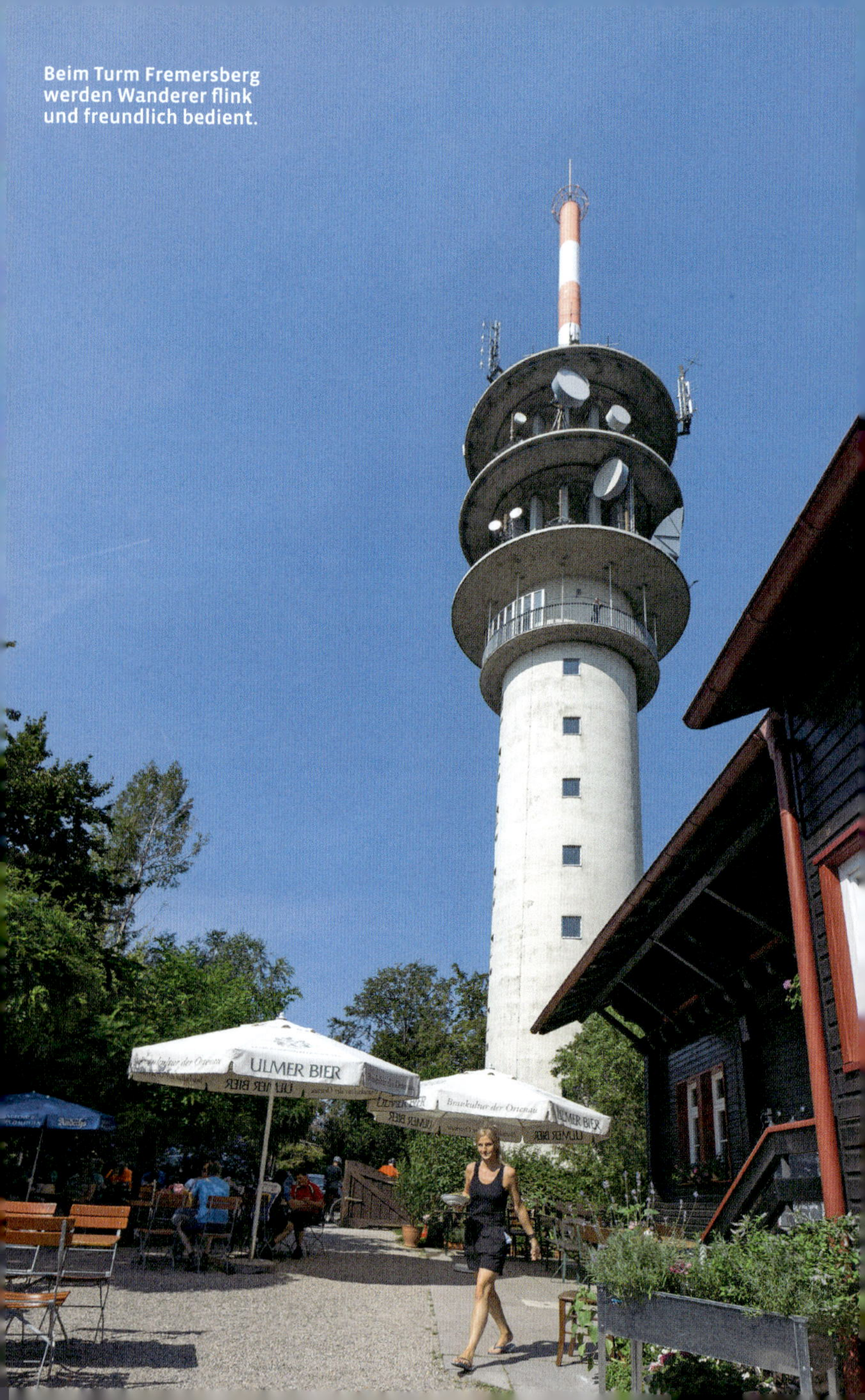

Beim Turm Fremersberg werden Wanderer flink und freundlich bedient.

100 WEGE HINAUF ZUM TURM

Tour TOUR 3 ohne Uhr

Varianten am Fremersberg

Die Wege am Fremersberg bringen so manchen Wanderer in Verlegenheit. Inzwischen finden wir zwar auch hier die vertrauten Schilder des Schwarzwaldvereins, doch von einer stimmigen Beschilderung kann keine Rede sein. Trotzdem – oder vielleicht auch deswegen – finden wir hier ein Ausflugsziel, das man immer wieder gern aufsucht.

Brunnenweg oder Bergsee? Bereits beim Wanderparkplatz Satz treffen wir eine erste Entscheidung: Für einen schnellen Aufstieg folgt man der gelben Raute über Satz steil bergan bis zum Wegweiser »Brunnenweg«, um dort rechts zur Schauinslandhütte abzubiegen. Aber auch die Variante über den Bergsee hat ihren Reiz: Hierfür wenden wir uns nach Süden und nutzen den Weg am Brunnen vorbei. In der Rechtskurve lassen wir die Sackgasse zum Bergsee aus, biegen dann links ab und folgen der Beschilderung erst ein paar Meter in die Reben hinein, um dann erneut links abzubiegen. Wir kommen somit zurück zum Wald, wo uns die Mariengrotte als Ort der Ruhe und Besinnung empfängt. Im weiteren Verlauf passieren wir am Ortsrand erst den Bergsee – ein altes Steinbruchareal –, kurz darauf den Wegweiser »Kühlottenweg« und biegen links in den Roteweg ein.

Aufstieg über die Schauinslandhütte Nach dem lockeren Auftakt sollte es uns auf den nächsten Metern allmählich warm werden. Wir befinden uns fortan zwar im Wald, gewinnen aber auf dem ebenfalls mit gelber Raute gekennzeichneten Roteweg nun Meter um Meter an Höhe. Nach ziemlich genau einem Kilometer zweigen wir links auf die Reitstraße ab, halten uns etwas weiter rechts und erreichen die im Wald gelegene Schauinslandhütte. Wer zu Beginn den direkten Aufstieg gewählt hat, erreicht diese von der anderen Seite.

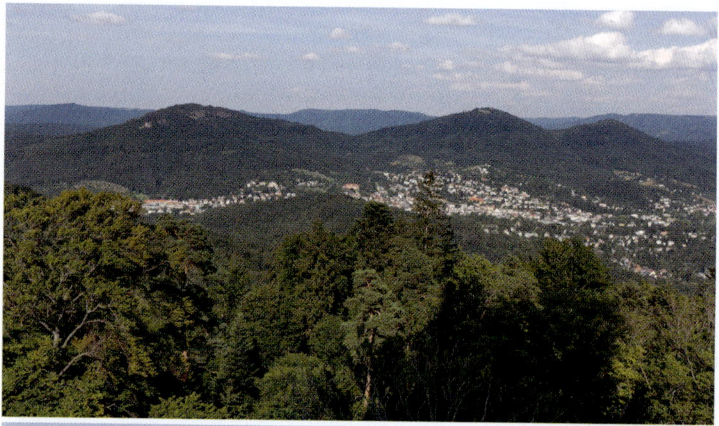

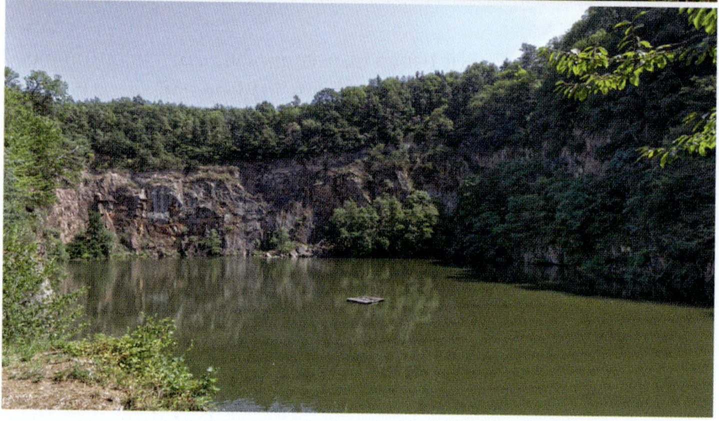

»Ein Weg entsteht, wenn man ihn geht.«

Konfuzius

Den Überblick bewahren Weiter geht es auf dem schmalen Pfad in Richtung Fremersberg. Wo dieser weiter oben nochmals auf die Rotestraße trifft, orientieren wir uns kurz rechts und folgen dem nächsten Pfad (dieser war bei unserer Recherche im Jahr 2019 nicht markiert) weiter bergan zur Schutzhütte Steinbacher Umkehr. Dort haben wir erneut die Wahl: Für einen gemütlichen Anstieg wechseln wir links auf den breiten Turmweg und folgen diesem über eine weite Kehre hinauf zum Fremersbergturm. Für den direkten Weg wenden wir uns nach Osten und nutzen den vor Ort als »steilen Fußweg« bezeichneten Pfad hoch zur Waldgaststätte Turm Fremersberg. In diesem Fall können wir uns dann ganz besonders über eine kühle Erfrischung freuen.

Panorama par excellence Daneben lohnt sich der Aufstieg auf den Fremersbergturm. Bis hoch auf das Aussichtsrondell sind es acht Stockwerke bzw. exakt 144 Stufen – wir haben es nachgezählt. Oben angekommen, liegen uns im Westen weite Teile der Oberrheinebene und, je nach Witterung, auch das Elsass mit dem blauen Band der Vogesen im Hintergrund zu Füßen. Wenden wir uns nach Nordosten, reicht der Blick über die Dächer von Baden-Baden hinweg bis zum Battertmassiv sowie, rechts davon, zum Merkur. Selbst der Verlauf der Merkurbergbahn ist von hier deutlich zu erkennen. Komplettiert wird die Rundumsicht durch mehrere Höhenzüge des Nordschwarzwalds im Osten sowie der nahen Burgruine Yburg und ihrem Bergfried südlich von uns. Alles gefunden? Dann können wir uns entspannt dem Rückweg widmen.

Gemütlich oder steil zurück Dafür verlassen wir nun den Gipfelbereich in nördlicher Richtung, um dann zum Schleifweg abzubiegen. Wenige Schritte weiter

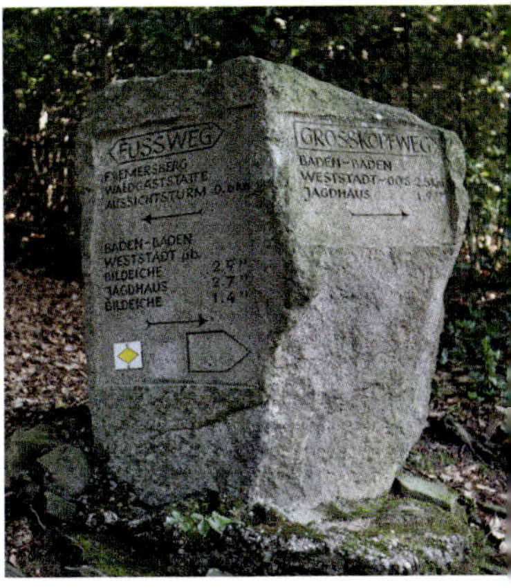

↑ Aussicht vom Fremersberg zum Merkurberg
↓ Ehemaliger Steinbruch bei Sinzheim
→ Alter, aber robuster Wegweiser am Fremersberg

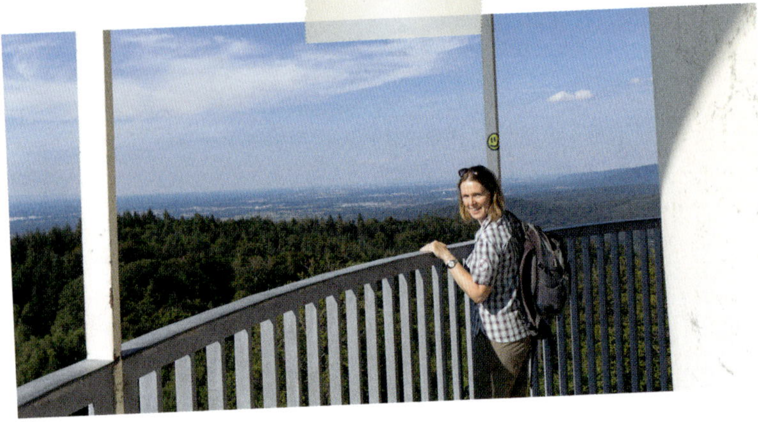

↑ **Nach 144 Stufen genießt Annette die Aussicht.**

biegen wir rechts auf den Turmweg ab und haben ein weiteres Mal die Wahl: Für einen gemächlichen Abstieg folgen wir dem Turmweg über die Schutzhütte Steinbacher Umkehr bis hinunter zum Wegweiser »Schleifweg«. Wer auch mit steilen Abstiegen und ausgewaschenen Hohlwegen gut zurechtkommt, wechselt nach wenigen Schritten auf dem Turmweg auf einen leicht zu übersehenden Pfad. Dieser ist nur mangelhaft gekennzeichnet, kreuzt mehrere breitere Wege und führt an der Willi-Drapp-Hütte vorbei. Der letzte Abschnitt erfolgt ab dem Wegweiser »Schleifweg« erst schräg rechts mit der gelben Raute bis zum Trimmplatz und von dort links zurück zum Wanderparkplatz Satz. Kurz bevor wir wieder an unserem Ausgangspunkt sind, lädt eine Wassertretanlage zum Verweilen ein.

Tipp

Fremersbergturm: Der Fernmelde- und Aussichtsturm des Südwestfunks ist bereits der dritte Turm auf dem Fremersberg. Der erste Turm entstand im Jahr 1883 und wurde noch aus Bruchsteinen errichtet. 1900 wurde er auf 28 m erhöht, ehe er 1954 durch einen neuen Turm ersetzt wurde. Der zweite Turm musste 1961 der heute noch bestehenden Stahlbeton-Konstruktion weichen.

AUF EINEN BLICK

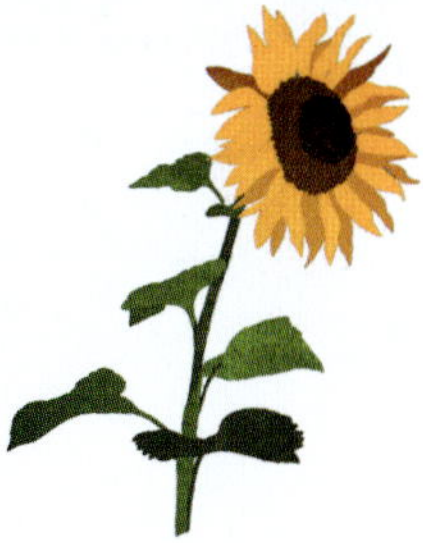

Tour 3: Tour ohne Uhr

Dauer: 2 Std.

Höhenmeter: 370 Hm

Länge: 5,8 km

Schwierigkeit: Mittel bis schwer

Tourencharakter: Die Pfade am Fremersberg sind teils sehr steil, ausgetreten oder ausgewaschen und erfordern dementsprechend Trittsicherheit und Kondition am Berg. Bei Nutzung der breiteren Wege am Fremersberg lässt sich die Tour technisch deutlich entschärfen.

Ausgangs-/Endpunkt: Parkplatz Satz Sinzheim (263 m)

Anfahrt: GPS 48.7579, 8.1899
Pkw: Von der A 5 bei Ausfahrt 51 auf die B 500 Richtung Baden-Baden, dann der Beschilderung über die B 3 nach Sinzheim folgen. Im Ort links der Weinbergstraße hoch zum Wanderparkplatz folgen
Bahn/Bus: Busverbindungen ab Bahnhof Sinzheim zu den Haltestellen Goethestraße und Kindergarten-Vormberg. Der Zugang erfolgt dann über die Bergseestraße.

Höchster Punkt: Fremersberg (525 m)

Einkehr: Waldgaststätte Turm Fremersberg (Mo/Do–Sa ab 17 Uhr, So ab 11 Uhr, Tel. 07221/99 53 31, www.turmfremersberg.de)

Karte: Karte des Schwarzwaldvereins 1:25 000, W225 Baden-Baden

Information: Touristinfo Baden-Baden, Tel. 07221/27 52 00, www.baden-baden.com

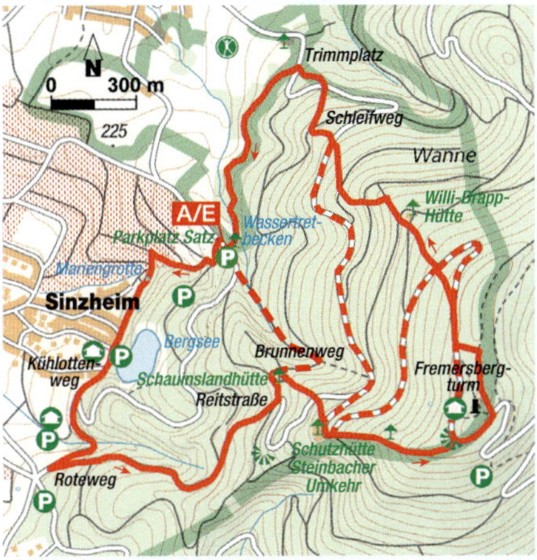

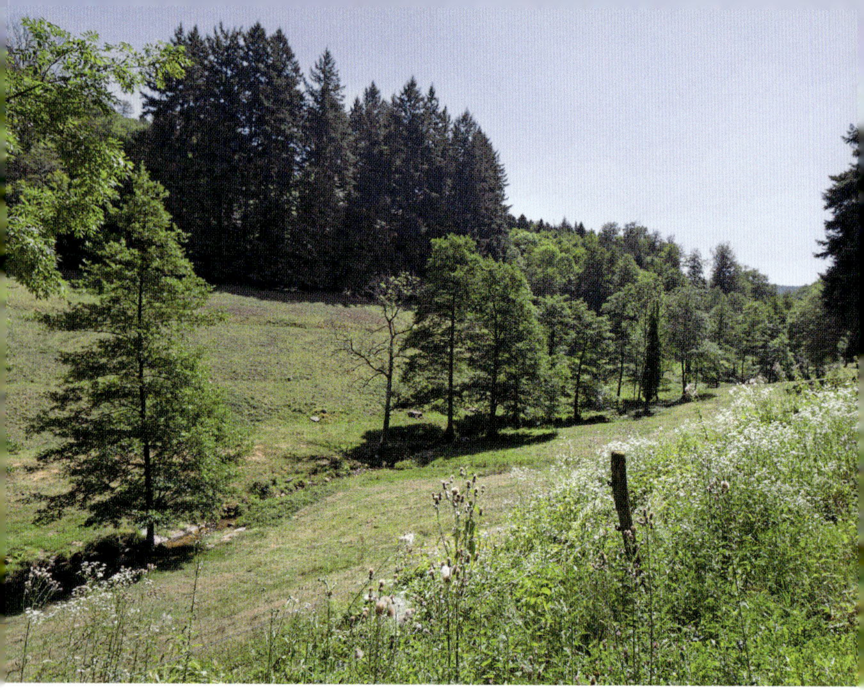

↑ Das untere Oostal ↓ Holzsteg über den Bach

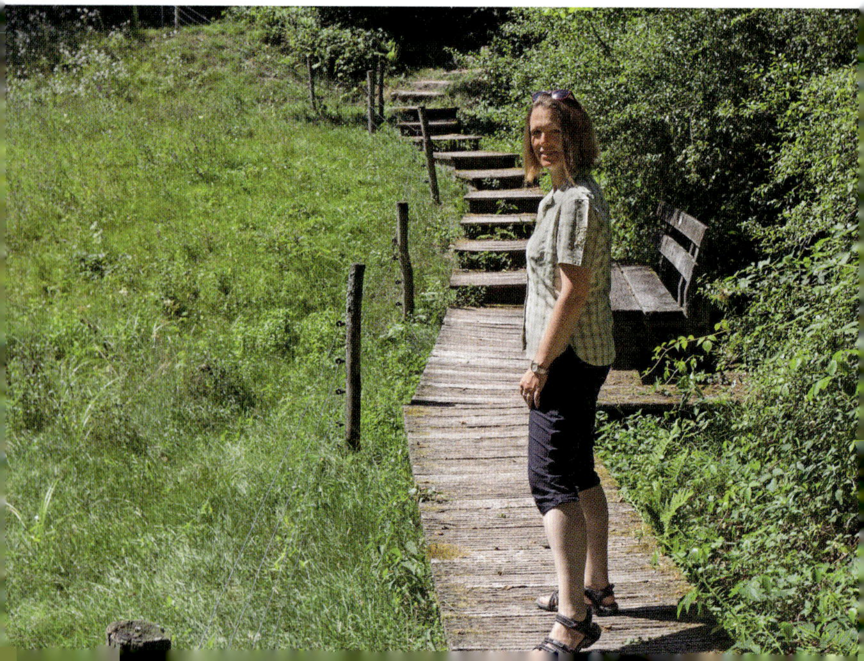

STILLE IM OOSTAL

Tour TOUR 4 der Stille

Aufstieg ab dem Portal Gaisbach

Das Oostal zählt zu den typischen Schwarzwaldtälern bei Baden-Baden. Bis zur Bushaltestelle ist es zwar ein Kilometer, dafür aber bietet der Zuweg mit dem Forellenhof eine beliebte Einkehrmöglichkeit. Schließlich können wir die Wanderung über die Querwegbrücke deutlich entschärfen.

Verlockende Orte in der Umgebung Beim Wanderportal finden wir eine ganze Reihe an Wandervorschlägen. Mit Hummelsberg, Nachtigall oder dem Honiggrabenbrunnen führen diese auch zu einigen Zielen, die schon dem Namen nach verlockend klingen. Immerhin: Unsere Runde führt uns beim Hinweg um den Kuchenberg herum, ehe wir später den Engelsgrund passieren. So eingestimmt, folgen wir dem Oostal-Rundweg zum Wegweiser »Oostalzugang West«.

Aufstieg zur Querbrücke Bei der Gabelung halten wir uns rechts, sodass wir auf dem breiten und bequem zu wandernden Forstweg bleiben. Der Weg führt bei mäßiger Steigung beständig bergauf und eröffnet uns auf der Ostseite des Kuchenbergs mehrere schöne Ausblicke auf den von Wiesen und lockerem Baumbestand geprägten Talgrund. Auch eine kleine Heuhütte ist im unteren Bereich des Oostals zu sehen. Nach rund 1,5 Kilometern lädt an heißen Sommertagen eine Furt zu einem erfrischenden Fußbad ein. Gleich danach kommen wir zur Querbrücke, wo wir Rastbänke und eine offene Hütte finden. Wem die untere Oostal-Runde reicht, der wechselt hier auf den östlichen Oostalweg.

Hinteres Oostal Alle anderen laufen weiter dem Oosbach entgegen und halten sich beim Wegweiser »Lindengehren« rechts. Der auch hier breite Weg führt uns weiter bergan durch das vom Menschen weniger beeinflusste Hintere Oostal. Mit ein wenig Glück können wir Hochland-Rinder

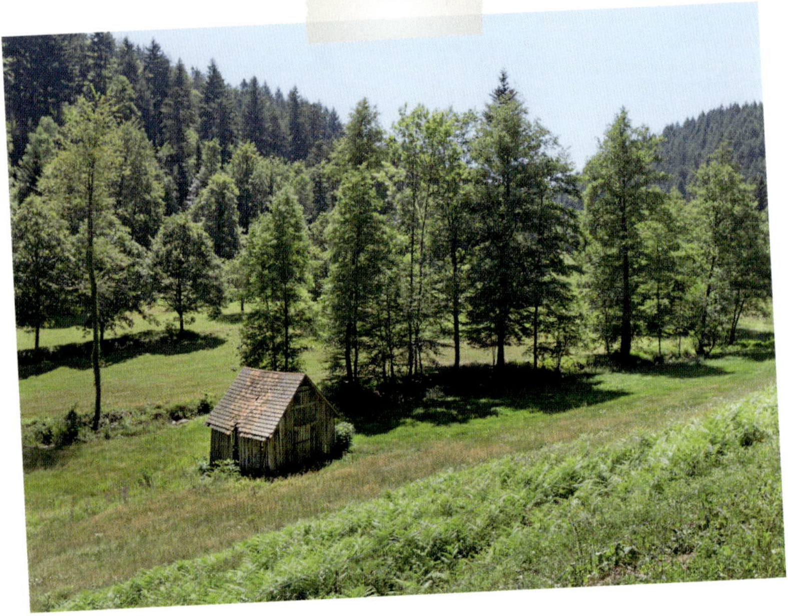

↑ **Heuhütte im unteren Oostal**

auf den Talwiesen beobachten. Nach 2,2 Kilometern ab der Querbrücke taucht der Wanderweg in den Wald ein, und wir haben den Umkehrpunkt beim Wegweiser »Zwiesel« erreicht. Dort wechseln wir auf die östliche Seite des Oostals und folgen der gelben Raute über die Querwegbrücke bis zum Wegweiser »Oostalzugang Ost« sowie links über den Oosbach zurück zum Wanderportal.

Tipp

Verbindung zum Scherrhof: Ab Zwiesel kann die Tour bis zum Scherrhof verlängert werden. Der Aufstieg erfolgt mit der gelben Raute zunächst auf einem breiten Waldweg, dann geradeaus weiter über einen steilen felsigen Pfad bis zum Ausflugslokal Scherrhof. Auf der 1,2 km langen Verbindung sind 120 Hm zu bewältigen.

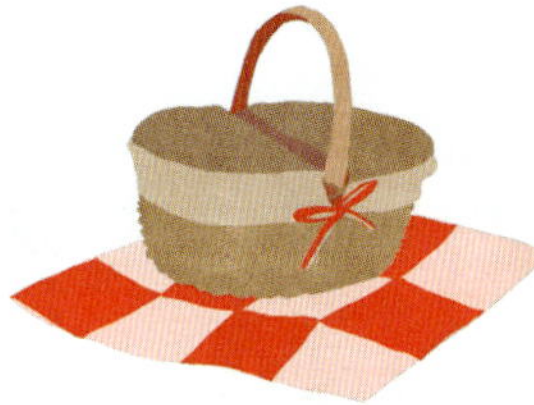

AUF EINEN BLICK

Tour 4: Tour der Stille

Dauer: 2.30–3 Std.

Höhenmeter: 300 Hm

Länge: 7,9 km

Schwierigkeit: Leicht

Tourencharakter: Die Wanderung verläuft überwiegend auf breiten, bequem zu gehenden Wirtschaftswegen. Durch die lange Steigung ist eine gute Kondition am Berg von Vorteil, insbesondere bei der Verlängerung bis zum Scherrhof.

Ausgangs-/Endpunkt: Wanderportal Gaisbach (287 m) östlich von Oberbeuren

Anfahrt: GPS 48.7379, 8.2859
Pkw: In Baden-Baden von der B 500 bei Lichtental auf die L 78 Richtung Gernsbach, nach Oberbeuern rechts auf die L 79 und außerhalb vom Ort rechts zum Wanderportal Gaisbach
Bahn/Bus: Busverbindungen ab Baden-Baden bis zur Endhaltestelle Lichtental Oberbeuern; von dort sind es gut 900 m zum Wanderportal.

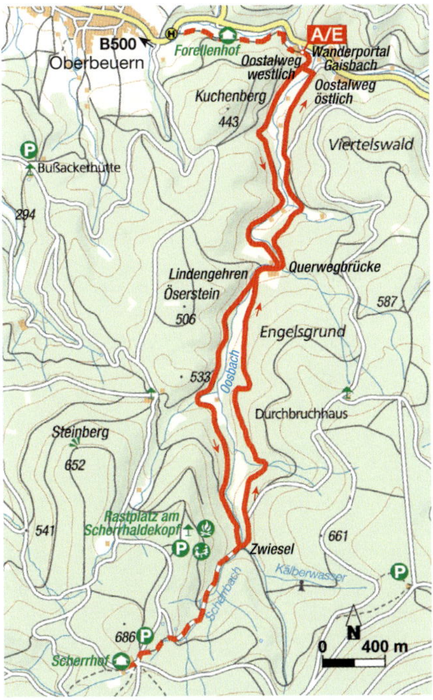

Höchster Punkt: Zwiesel (542 m)

Einkehr: Unterwegs keine

Karte: Karte des Schwarzwaldvereins 1:25 000, W225 Baden-Baden

Information: Touristinfo Baden-Baden, Tel. 07221/27 52 00, www.baden-baden.com

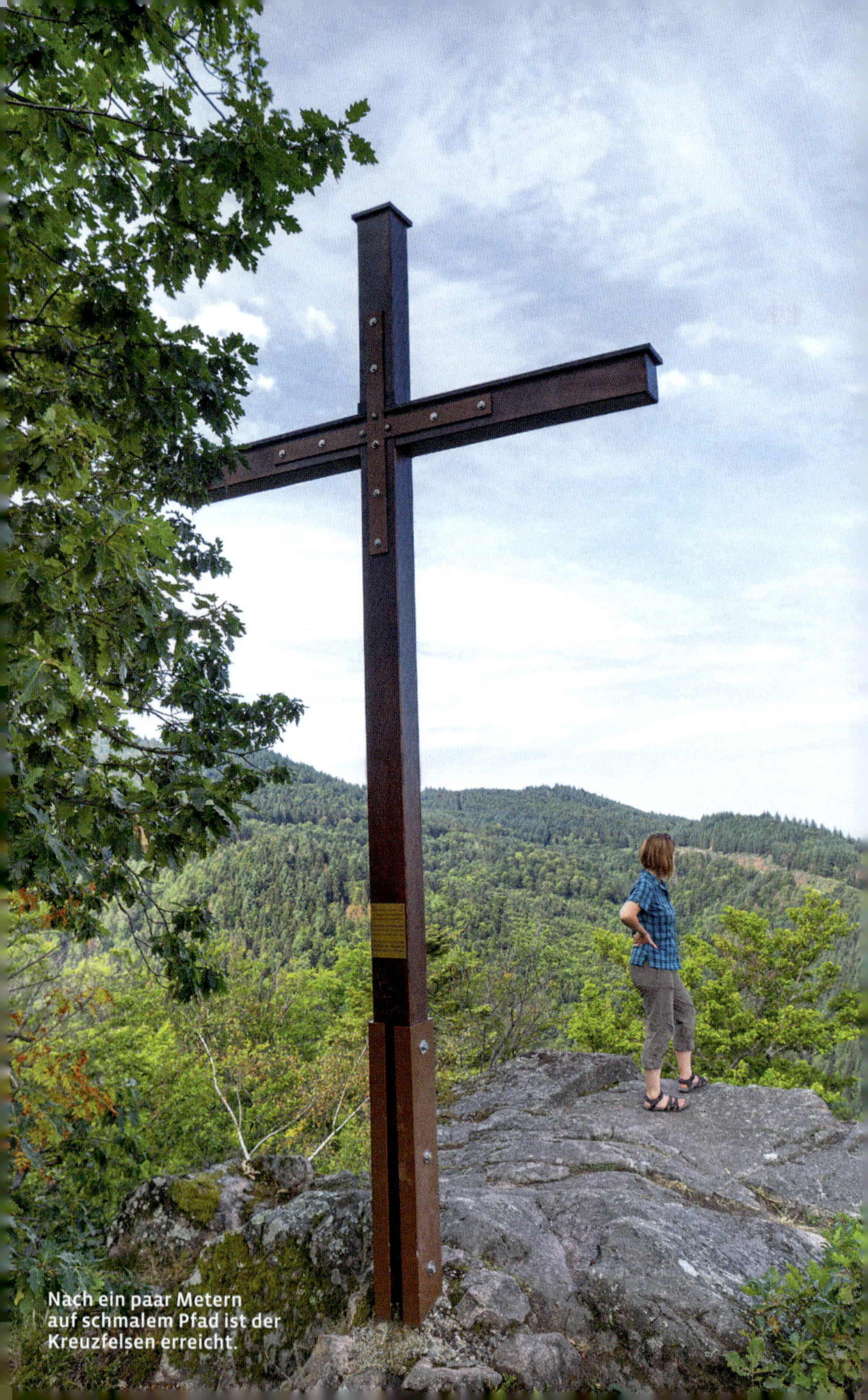

Nach ein paar Metern auf schmalem Pfad ist der Kreuzfelsen erreicht.

Tour für
TOUR 5
die Sinne

FERNSICHTEN UND EIN WASSERFALL

Kreuzfelsen und Geroldsauer Schlucht

Blumenliebhaber sollten sich die Wanderung zum Geroldsauer Wasserfall für einen Tag im Juni merken. Dann nämlich besticht die enge Schlucht mit einer leuchtenden Rhododendronblüte. Doch auch im Frühjahr und Herbst bietet uns die Tour eine Fülle an schönen Eindrücken.

Brahms-Brunnen und Littersbach Los geht es am Wanderparkplatz und Wanderportal Malschbach. Für den Einstieg in die Runde kehren wir der B 500 den Rücken und nutzen die Zufahrtsstraße bis zum Brahms-Brunnen. Bis zur Mündung des Littersbachs teilen wir uns den Weg mit dem Wasserfall-Rundweg. Damit biegen wir beim Brunnen rechts ab und laufen mit der Markierung blauer Ring in den Wald an den Grobbach. Nachdem wir die Grobbach-Brücke überquert haben, sind es rechts noch 200 Meter bis zum Wegweiser »Einmündung Littersbach«. Wir biegen hier scharf links ab, wechseln wenige Schritte weiter rechts auf die Wasserfallstraße und halten uns vor der Brücke links. Wir befinden uns nun auf dem Kreuzfelsen-Rundweg, der uns dem Littersbach entgegenführt.

Auf den Kreuzfelsen Wenige Minuten, nachdem wir den Markgrafen-Brunnen passiert haben, erreichen wir eine schmale Lichtung. Wir bleiben noch auf dem Littersbachweg, bis uns – wieder im Wald – ein aus Stein gefertigter Wegweiser rechts auf den Herrgottstannenweg führt. Weiter bergan leitet uns dieser auf den Bernickel, von wo wir der Beschilderung zum noch einen Kilometer entfernten Kreuzfelsen folgen. Der Zugang auf die auch als Bernickelfelsen bekannte Felsgruppe erfolgt an der Schutzhütte vorbei auf einem kurzen Pfad und eröffnet uns eine schöne Sicht vor allem nach Norden zum Merkur, dem Hausberg von Baden-Baden. Links

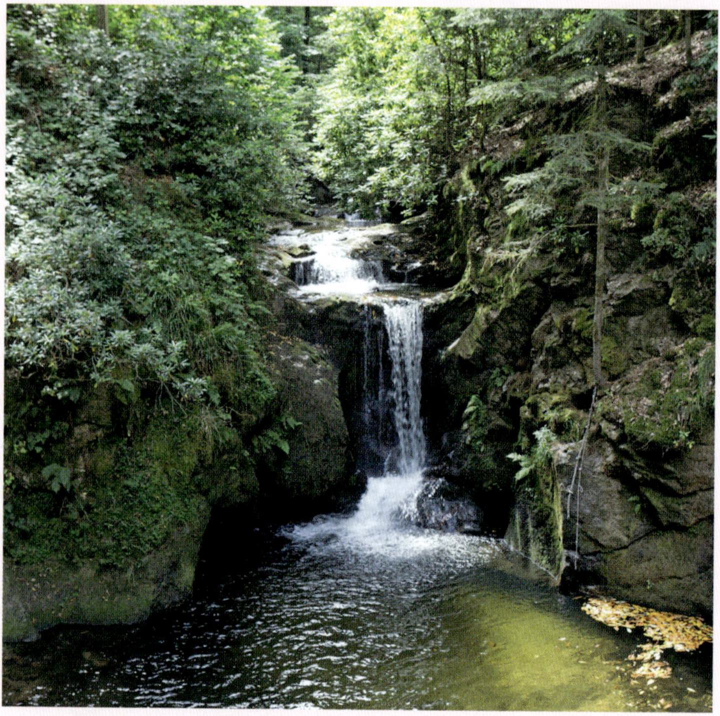

»Das Wasser ist das schönste Ding der Welt.«

Thales von Milet

daneben sehen wir den Battert, der im Westen mit der Ruine des Alten Schlosses Hohenbaden abschließt.

Kurz oder lang zum Bütthof Zurück bei der Schutzhütte geht es mit dem gelb-orangen Ring der Kreuzfelsen-Runde hinunter zum Wegweiser »Bütsträßle«. Wer möchte, kann ab dort mit der gelben Raute direkt hinunter zum Bütthof abkürzen. In dem Fall hat man das Gasthaus in rund 600 Metern erreicht. Um auf der Kreuzfelsen-Runde zu bleiben, biegen wir stattdessen links ab, lassen nach 850 Metern den Abzweig rechts aus und treffen am Ende des Wegs wieder auf die Wasserfallstraße. Rechts ab nutzen wir als Nächstes die Neubrücke über den Harzbach, um sogleich auf den mit der gelben Raute markierten Pfad rechts zum Bütthof zu wechseln. Dieser führt uns am zugänglichen Zusammenfluss von Harz- und Grobbach vorbei. An heißen Sommertagen ist es herrlich, in das hier meist seichte Wasser zu steigen und den Sand und Kies unter seinen Füßen zu spüren. Anschließend folgen wir dann immer dem Bachlauf bis zur Waldgaststätte Bütthof. Der Gasthof selbst ist für seine rustikale Gemütlichkeit bekannt und verwöhnt Wanderer mit Salaten, dem Schwarzwälder Schinken- und Speckteller sowie einfachen Gerichten.

Geroldsauer Wasserfall Unterhalb des Ausflugslokals treffen wir bei »An der Bütte« wieder auf den Wasserfall-Rundweg, orientieren uns beim Abzweig rechts und kommen nach rund 200 Metern zum Geroldsauer Wasserfall. Eine besonders schöne Sicht auf das Naturschauspiel öffnet sich im Bereich der Wasserfallhütte. Von dort führt uns der Wanderweg durch die wildromantische und vor allem zur Rhododendronblüte bezaubernde Schlucht bis zur

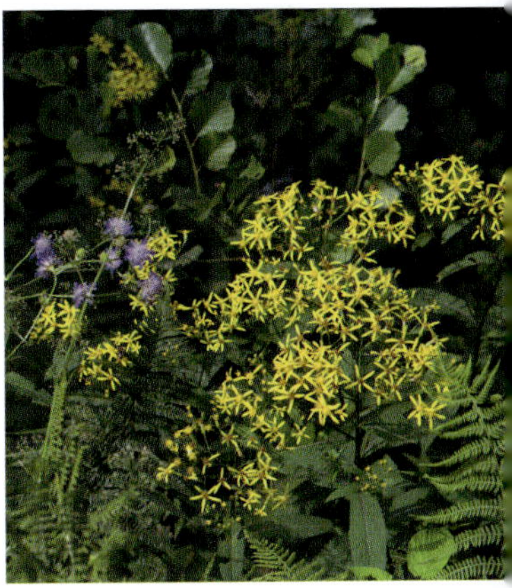

← **Geroldsauer Wasserfall**
→ **Fuchssches Greiskraut**

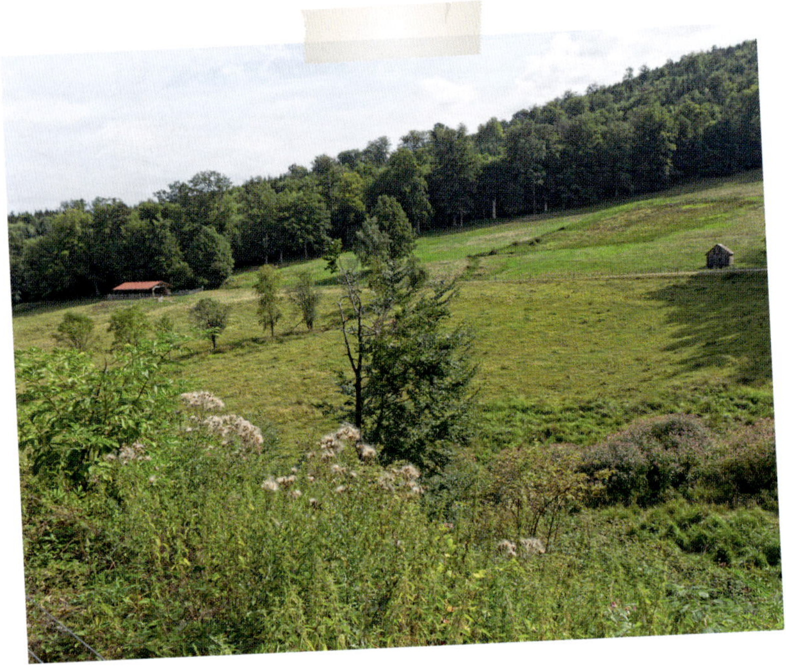

↑ **Blick über die Bergwiese am Littersbach**

Littersbach-Mündung und ab dort weiter auf bereits bekanntem Weg über die Grobbach-Brücke zurück zum Wanderparkplatz Malschbach. Je nachdem, welche Variante wir gewandert sind, können wir am Ziel auf eine vielleicht nicht immer ganz leichte, dafür aber umso abwechslungsreichere Tour zurückblicken, die sicher noch lange in uns nachklingen wird.

Tipp

Wasserfall-Genuss: Die reine Wasserfall-Runde führt von der Einmündung des Littersbachs weiter flussaufwärts bis zum Wegweiser »An der Bütte«. Nach einem Abstecher zum Bütthof erfolgt der Rückweg über »Überm Wasserfall« bis zum Wanderparkplatz Malschbach (1.15–1.30 Std./ 3 km/70 Hm).

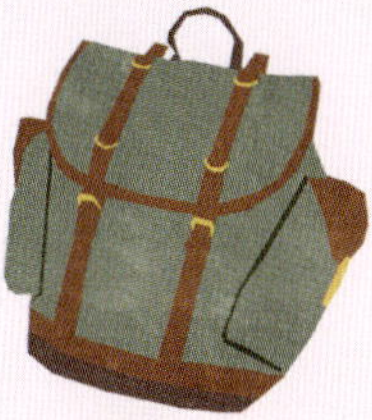

AUF EINEN BLICK

Tour 5: Tour für die Sinne

Dauer: 3.30–4 Std.

Höhenmeter: 400 Hm

Länge: 10,8 km

Schwierigkeit: Mittel

Tourencharakter: Der Anstieg zum Bernickel erfordert eine gute Kondition.

Ausgangs-/Endpunkt: Wanderportal Malschbach (280 m) bei Geroldsau

Anfahrt: GPS 48.7206, 8.2429
Pkw: Ab Baden-Baden auf der B 500 Richtung Freudenstadt und südlich von Geroldsau links zum Wanderportal Malschbach abbiegen
Bahn/Bus: Busverbindungen ab Bahnhof Baden-Baden mit Umstieg beim Augustaplatz zur Haltestelle Malschbach nahe dem Wanderportal

Höchster Punkt: Nahe der Kreuzfelsenhütte (bis 550 m)

Einkehr: Bütthof (Mi–So ab 11 Uhr), Tel. 07221/737 47, www.buetthof.de

Karte: Karte des Schwarzwaldvereins 1:25 000, W225 Baden-Baden

Information: Touristinfo Baden-Baden, www.baden-baden.com

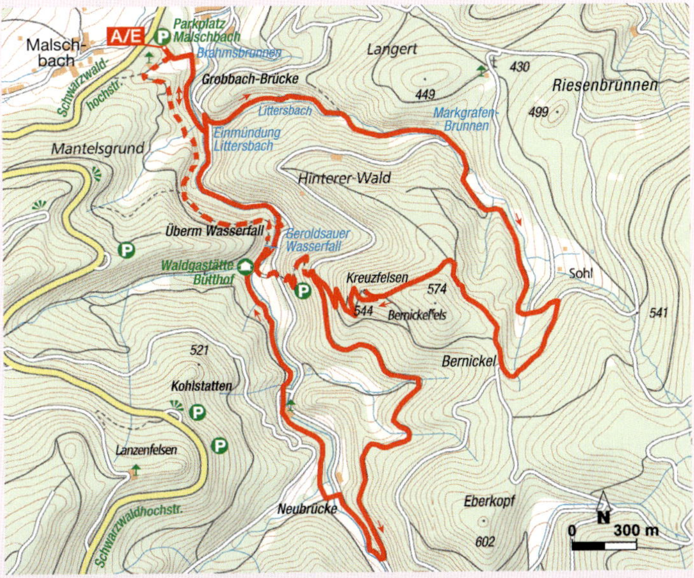

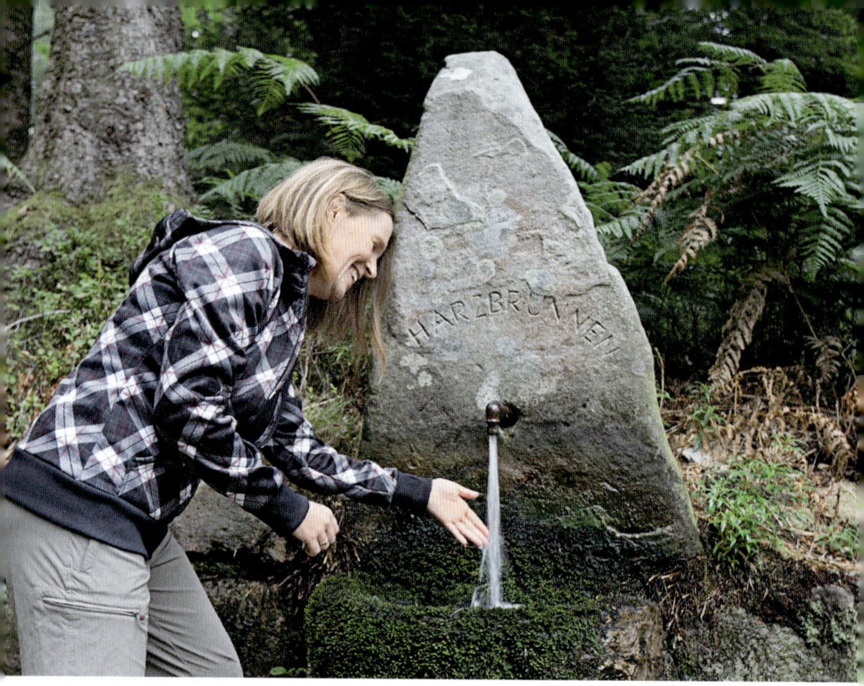

↑ Am Harzbrunnen ↓ Zugang in den Friedrichsturm

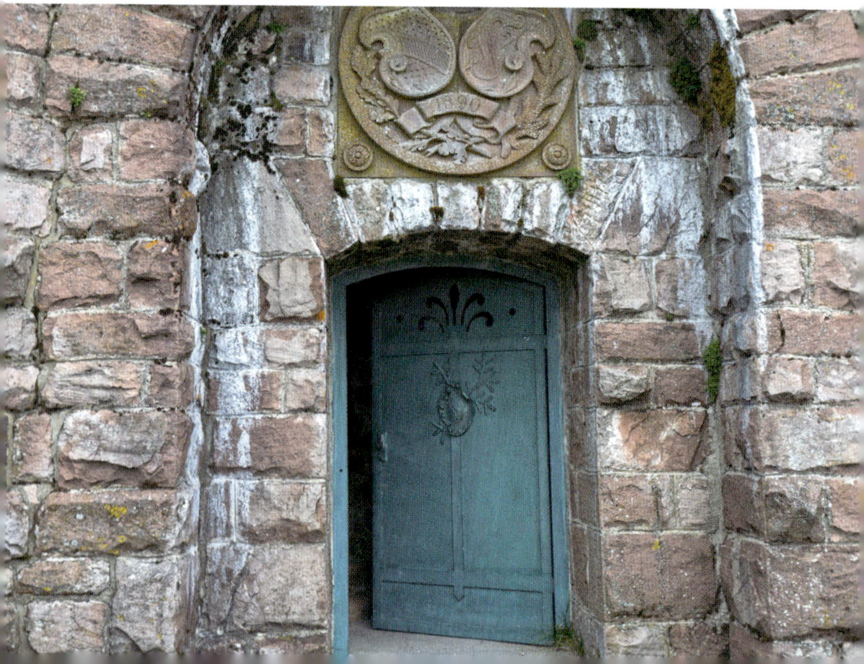

Tour TOUR 6 der Stille

AUF DIE BADENER HÖHE

Zugang ab dem Scherrhof

Die Badener Höhe bildet den höchsten Punkt der Stadt Baden-Baden. Gekrönt wird das flache Gipfelplateau durch den 1890 errichteten Friedrichsturm. Doch das sind nur zwei der Gründe, die diese Wanderung so besonders machen.

Ungewohnter Einstieg Die meisten Wanderer nutzen den Westweg, um auf die Badener Höhe zu gelangen. Dieser führt zwischen Sand und der Schwarzenbachtalsperre auf die markante Anhöhe und hat ebenfalls seine Reize. Weniger bekannt – und damit weniger frequentiert – sind die Wege nördlich der Badener Höhe. Diese nutzen wir. Nach der ersten Orientierung folgen wir ab dem Wegweiser nahe dem Scherrhof der blauen Raute durch den Wald zum Harzbrunnen. Dort halten wir uns rechts, passieren die Immensteinhütte und erreichen gleich danach einen mit Holzmöbeln ausstaffierten Rastplatz.

Auf die Badener Höhe Wo sich der Weg rund 200 Meter weiter vor uns gabelt, halten wir uns links, sodass wir auf dem Höhenweg bleiben. Dieser führt uns am Fritz-Brunnen vorbei auf den Badener Sattel sowie links an der Schutzhütte vorbei und über naturbelassene Pfade und einige Sandsteinbrocken hinweg durch den Wald. Nach etwa 900 Metern ab dem Sattel haben wir diese Passage bewältigt und biegen beim Wegweiser »Unter der Badener Höhe« links auf den Westweg ab. 600 Meter weiter haben wir den Friedrichsturm erreicht und finden auf dem Areal rund um den Turm einige Möglichkeiten für eine ausgedehnte Rast.

Wir leihen uns einen Radweg Für den Rückweg kehren wir zunächst zum Wegweiser »Unter der Badener Höhe« zurück, laufen dann aber geradeaus weiter bis zum Herrenwieser Sattel. Dort trennen sich die Wege: Während es auf dem Westweg hinunter nach Sand ginge, wechseln wir

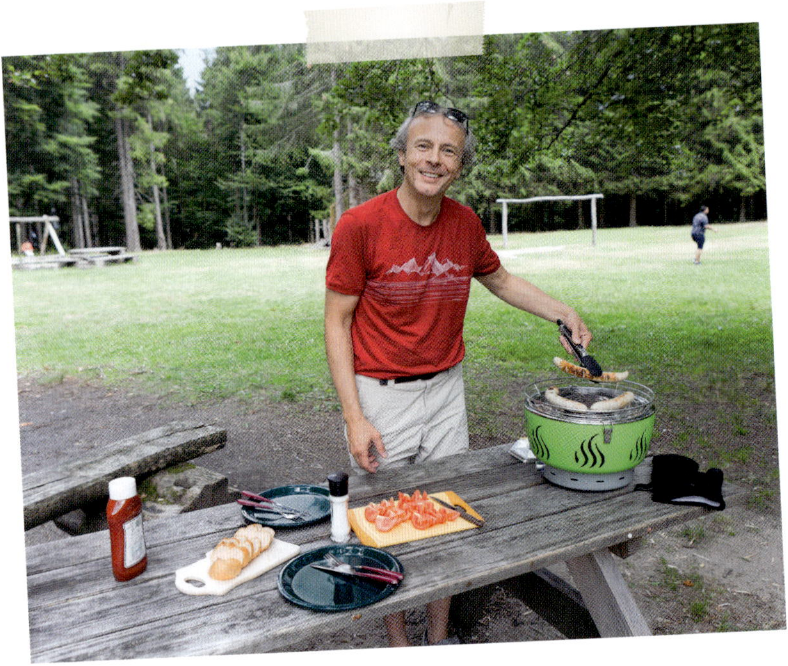

↑ **Wohlverdienter Abschluss am Grillplatz Scherrhaldekopf**

auf den mit gelber Raute markierten Wanderweg bis zur Mittelfeldhütte, wo wir rechts auf den als Radweg ausgewiesenen Forstweg abbiegen. 1,3 Kilometer weiter lassen wir den Abzweig rechts liegen, passieren den Brunnen und folgen der nun auch wieder für Wanderer gedachten Beschilderung an der Bernsteinhütte und an einem Gedenkstein zum Freiwilligen Arbeitsdienst vorbei zurück zur Waldgaststätte Scherrhof.

Tipp

Grillplatz Scherrhaldekopf: Die Zufahrt zu den Parkplätzen führt in ihrer Verlängerung nach 900 m zum Rast- und Spielplatz Scherrhaldekopf. Zu der Ausstattung des Geländes zählen vier Grillstellen, Spielgeräte, ein Volleyball-Spielfeld und eine Schutzhütte.

AUF EINEN BLICK

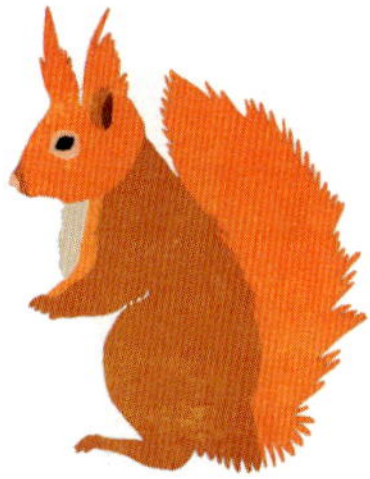

Tour 6: Tour der Stille

Dauer: 4.30–5 Std.

Höhenmeter: 400 Hm

Länge: 13,7 km

Schwierigkeit: Mittel

Tourencharakter: Der Aufstieg ab dem Badener Sattel bis zum Westweg erfordert Trittsicherheit und auch etwas Kondition am Berg. Ansonsten technisch eher leichte Wege ohne besondere Anforderungen

Ausgangs-/Endpunkt: Scherrhof (676 m)

Anfahrt: GPS 48.7013, 8.2821
Pkw: In Baden-Baden von der B 500 bei Lichtental auf die L 78 Richtung Gernsbach, nach Oberbeuern rechts auf die L 79 und rund 5,5 km weiter rechts zum Scherrhof abbiegen

Höchster Punkt: Badener Höhe (1003 m)

Einkehr: Am Ausgangspunkt Waldgasthaus Scherrhof (Mi–Mo ab 12 Uhr, Tel. 0176/80 22 95 08, www.waldgasthaus-scherrhof.de)

Karte: Karte des Schwarzwaldvereins 1:25 000, W225 Baden-Baden und W235 Freudenstadt

Information: Touristinfo Baden-Baden, Tel. 07221/27 52 00, www.baden-baden.com

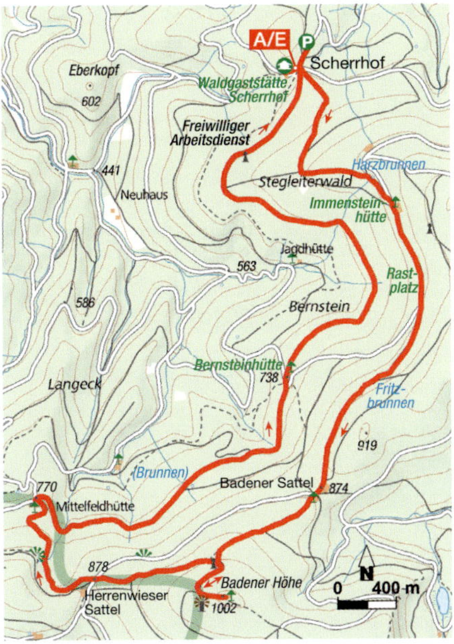

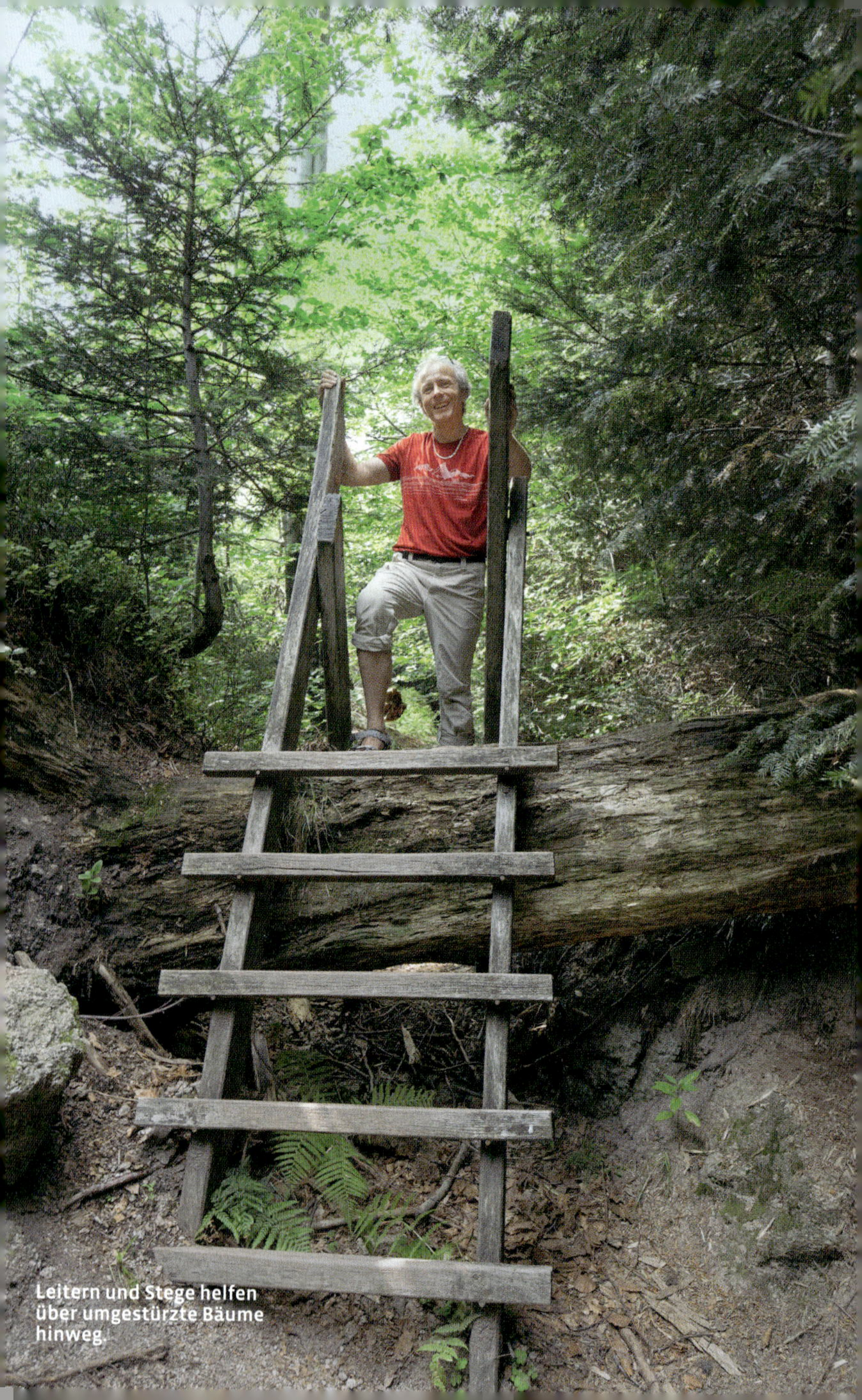
Leitern und Stege helfen über umgestürzte Bäume hinweg.

Tour für
TOUR 7
die Sinne

BUCHENDOM, ADLERHORST UND WOLLSACKFELSEN

Auf dem Baden-Badener Wildnispfad

Als der Orkan Lothar am 26. Dezember 1999 über den Schwarzwald hinwegfegte, knickten selbst mächtige Bäume reihenweise wie Streichhölzer um. Seitdem ruht die Bewirtschaftung auf dem Oberen Plättig. Freuen wir uns auf ein kleines Abenteuer!

Im Buchendom Ab den Parkplätzen und der Haltestelle Plättig folgen wir den Wegweisern am ehemaligen Kurhotel vorbei in Richtung der Antonius-Kapelle. Dort lassen wir den Zugang zum Luchspfad links liegen und biegen erst rund 170 Meter weiter links in Richtung Badener Höhe ab. Beim offiziellen Start des Wildnispfads wird von uns erwartet, dass wir uns der Gefahren eines naturbelassenen, nicht bewirtschafteten Walds bewusst sind. Wir nehmen dies wohlwollend zur Kenntnis und folgen dem Pfad an den ersten liegenden Wurzeltellern vorbei bzw. über den Grobbach hinweg in den Buchendom. In dem Tohuwabohu ermöglichen mal Leitern das Vorwärtskommen, mal der Gang tief in die Hocke.

Ort der Zweisamkeit Nachdem wir die Grenze des Nationalparks überschritten haben, erreichen wir den Adlerhorst. Dahinter verbirgt sich eine aufwendige, rund um einen Tannenstamm angebrachte Holzkonstruktion. Vor allem nachmittags, wenn nur noch wenige Wanderer unterwegs sind, finden wir hier ein herrliches Plätzchen, um die Stille im Wald auf uns wirken zu lassen. Anschließend folgen wir dem Wildnispfad bis zum Brautsteinweg, auf den wir links einbiegen. Beim Wegweiser »Am Kreuzweg« besteht links die Möglichkeit, auf einem leichteren Weg abzukürzen.

Auf den Wollsackfelsen Um auf dem Wildnispfad zu bleiben, biegen wir erst knapp 200 Meter weiter links ab und nehmen als Nächstes den

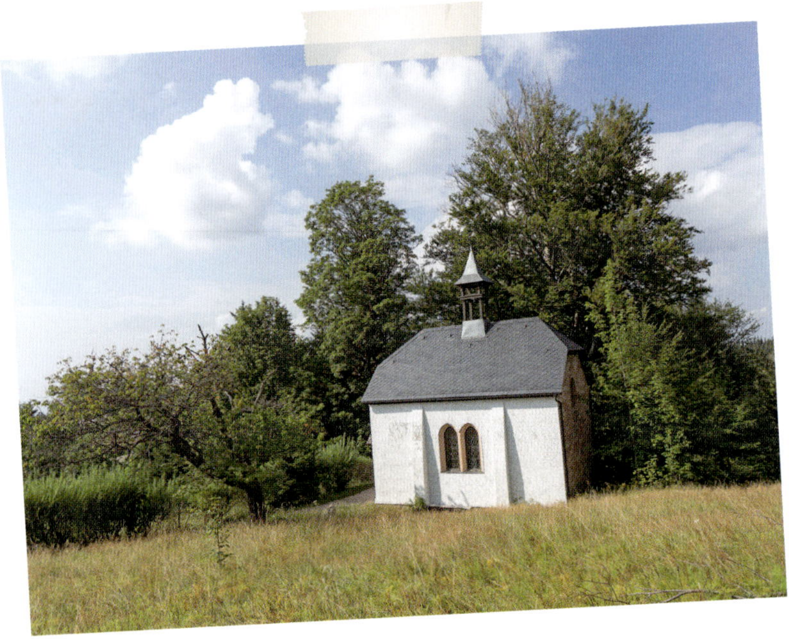

↑ **St.-Antonius-Kapelle**

Abstecher zum Wollsackfelsen mit. Vor Ort erfahren wir, wie diese steinernen Säcke entstanden sind und wo wir in der Umgebung sowie auch in der Pfalz besonders schöne Exemplare dieser Felsenform finden. Im weiteren Verlauf vereint sich unser Pfad mit dem Luchspfad. Während Letzterer beim Wegweiser oberhalb der Märchenwiese rechts abzweigt, laufen wir hier geradeaus weiter. Am Ende des Pfads treffen wir wieder auf den Zugang von den Parkplätzen Plättig.

Tipp

Der Wildnispfad teilt sich den Ausgangspunkt mit dem Luchspfad. Diese rund 5 km lange Strecke informiert über den Lebensraum der scheuen Jäger. Den Luchspfad stellen wir als eine von 50 Touren in unserem Wanderführer »Leichte Wanderungen Schwarzwald« vor.

AUF EINEN BLICK

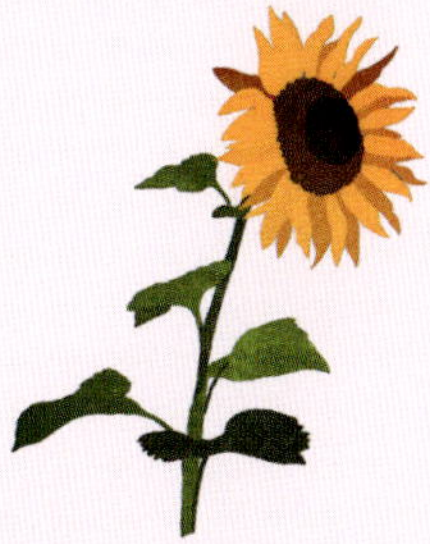

Tour 7: Tour für die Sinne

Dauer: 2 Std.

Höhenmeter: 120 Hm

Länge: 3,8 km

Schwierigkeit: Mittel bis schwer

Tourencharakter: Der Wildnispfad führt über eine Waldwurffläche bzw. einen naturbelassenen, nicht bewirtschafteten Weg. Liegende Baumstämme werden z.T. über Leitern, teils durch tiefes Bücken überwunden.

Ausgangs-/Endpunkt: Parkplatz Plättig (770 m)

Anfahrt: GPS 48.6700, 8.2317
Pkw: Der Parkplatz befindet sich direkt ab der B 500 bzw. der Schwarzwaldhochstraße zwischen Geroldsau und Sand.
Bahn/Bus: Ab Bühl ZOB/Bahnhof und Mummelsee bestehen Busverbindungen zur Haltestelle Bühlerhöhe/Plättig.

Höchster Punkt: Nahe dem Brautsteinweg (ca. 820 m)

Einkehr: Unterwegs keine; schöner Rastplatz

Karte: Karte des Schwarzwaldvereins 1:25 000, W235 Freudenstadt

Information: Touristinfo Baden-Baden, Tel. 07221/27 52 00, www.baden-baden.com

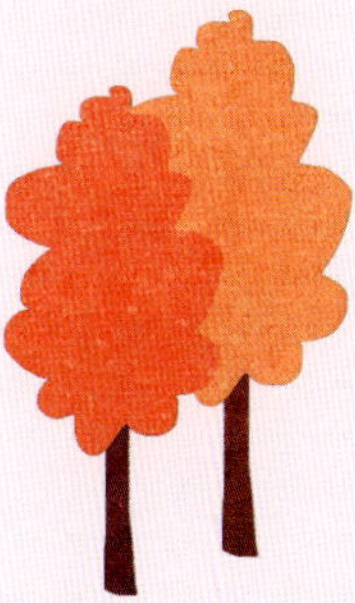

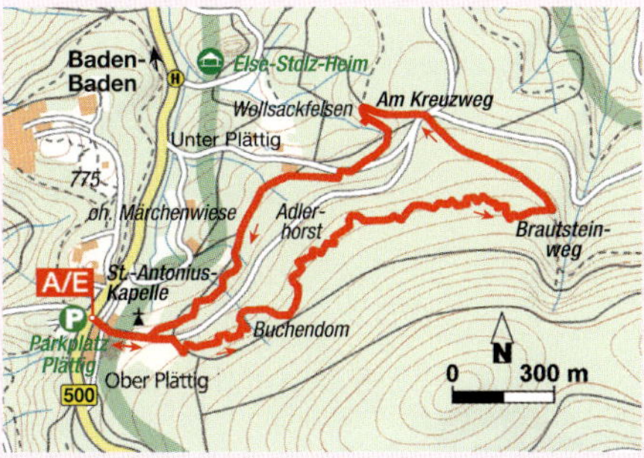

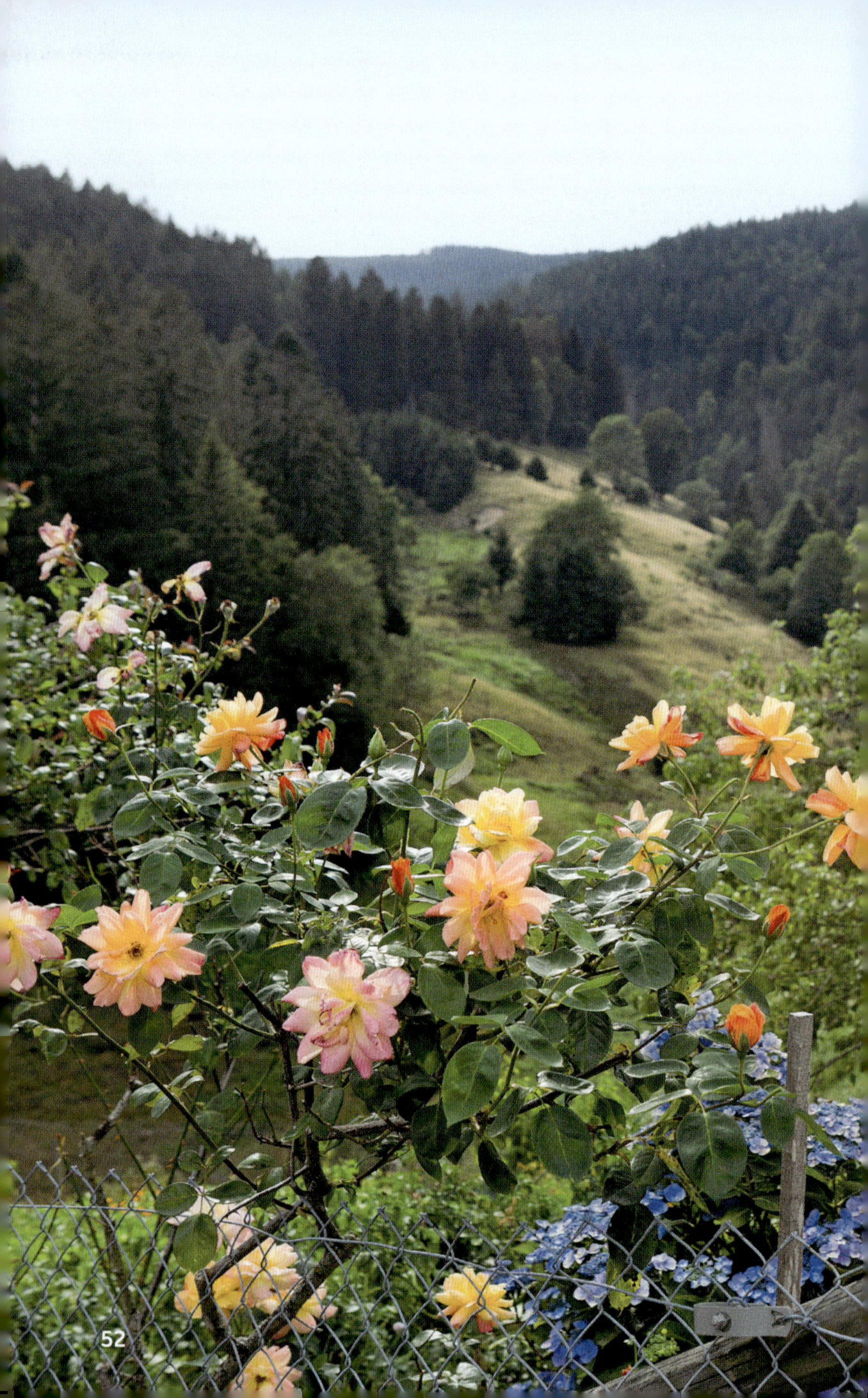

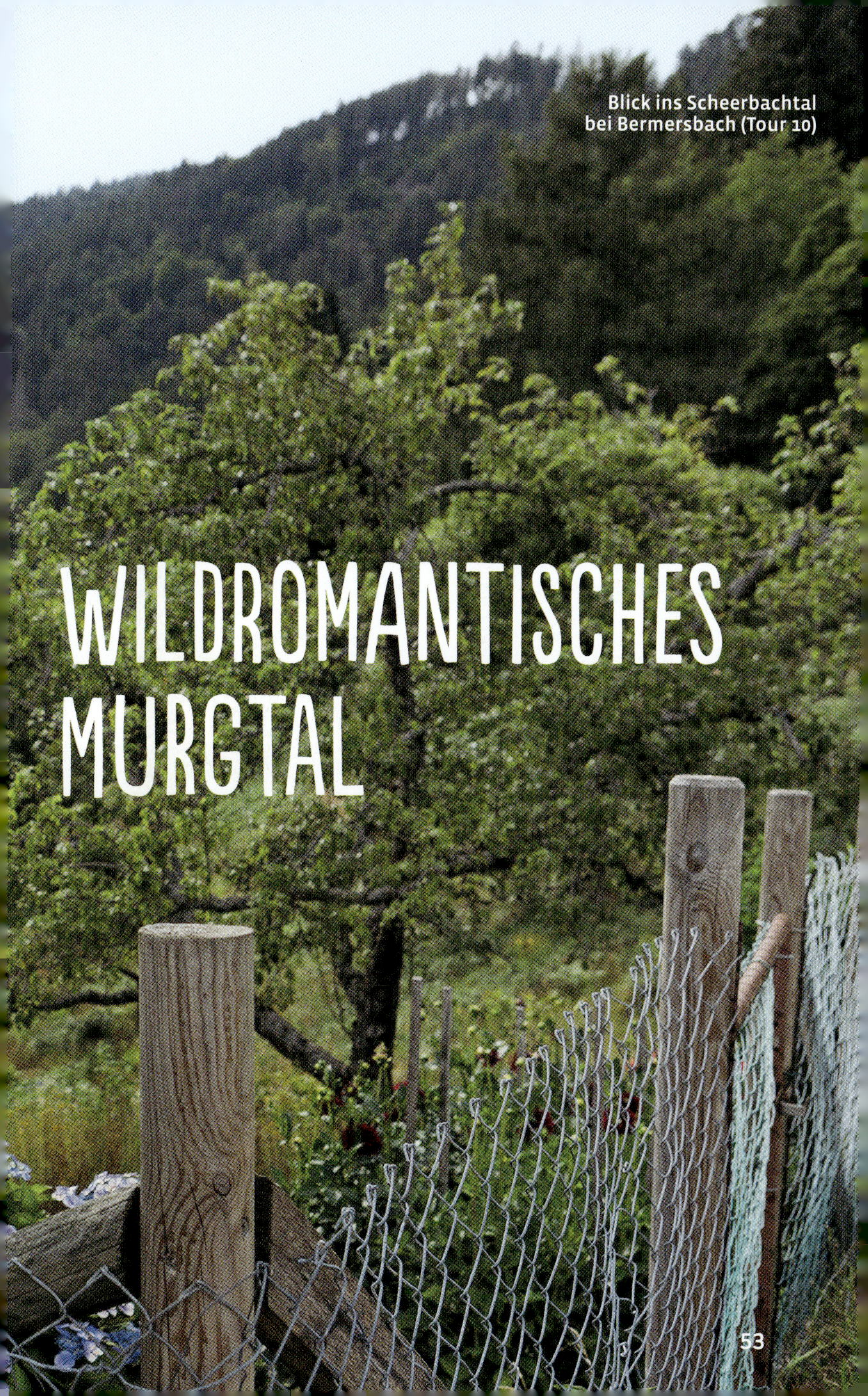

Blick ins Scheerbachtal bei Bermersbach (Tour 10)

WILDROMANTISCHES MURGTAL

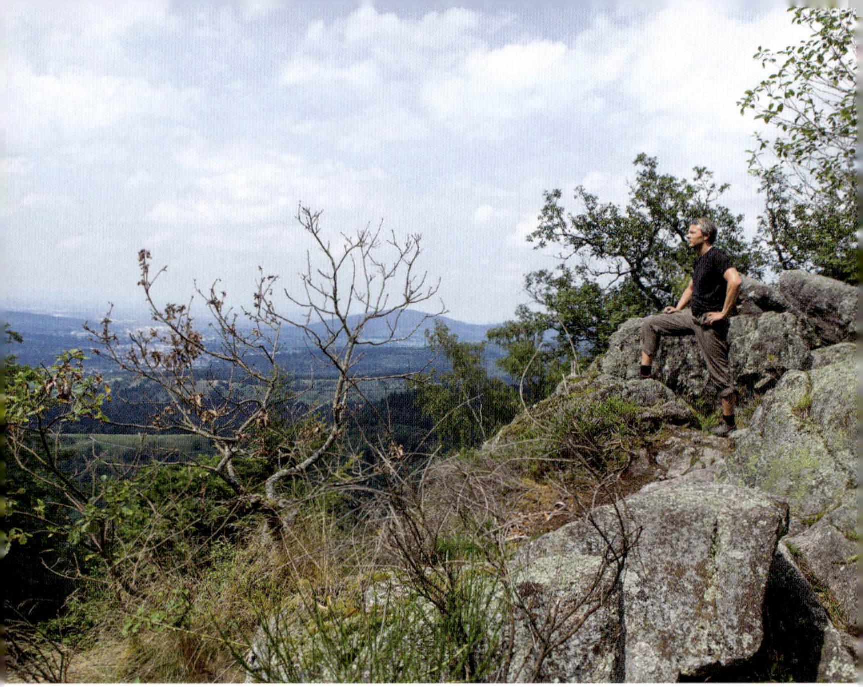

↑ Felskulisse nahe dem Lautenfelsen ↓ Igelbach

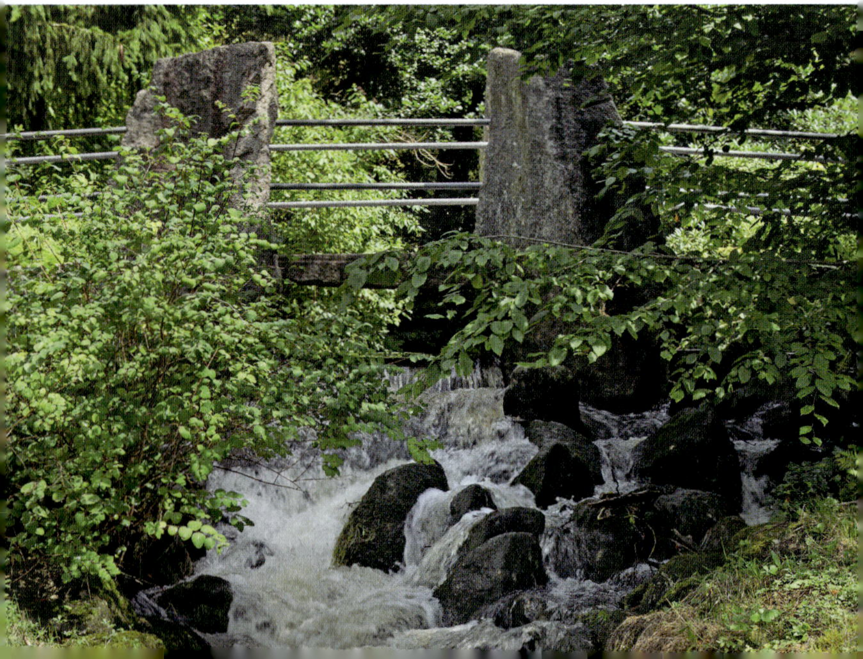

Tour
TOUR 8
ohne Uhr

AUF DEN LAUTENFELSEN

Aufstieg über die Illertkapelle

Diese Tour führt uns ab Gernsbach durchs Igelbach- und Lautenbachtal zum Lautenfelsen. Das Naturschutzgebiet ist ein landschaftlicher Leckerbissen und bedeutender Lebensraum für spezialisierte Tiere und Pflanzen. Für Wanderer ist es einfach schön.

Igelbachtal und Illertkapelle Ab dem Parkplatz am unteren Ende des Kurparks geht es zunächst zum Igelbachbad und weiter über den Fahrweg und den Galgenbergweg durchs Igelbachtal. Beim Wegweiser »Igelbachtal« biegen wir rechts ab und folgen der gelben Raute über die Käferplatte zur Hardtberghütte. Vor der Hütte biegen wir links ab. Nachdem wir den Hardtberg passiert haben, geht der Schotterweg in eine landwirtschaftliche Straße über. Links und rechts des Wegs erfreuen uns nun offene Wiesen und Streuobstbestände. Beim Wegkreuz Heiderain trennen uns noch 500 Meter von der Illertkapelle. Die Gelübdekapelle empfängt uns mit einem liebevoll angelegten Außenbereich.

Auf der Gernsbacher Runde Bei der Kapelle treffen sechs Wanderwege zusammen. Für uns geht es auf dem Pfad rechts der Kapelle an den Waldrand zum Wegweiser »Über der Illertkapelle«. Zur Orientierung hilft hier auch das Rosensymbol der Gernsbacher Runde, der wir durch den Wald über Steintal und das Lautenbachtal (beim Abzweig zum Wasserhochbehälter den rechten Weg wählen) bis zum höchsten Punkt der Wanderung unterhalb vom Vogelhartskopf folgen. Sobald wir auf der Anhöhe auf einen breiteren Weg stoßen, biegen wir rechts ab, sodass wir 200 Meter weiter den Wegweiser »Im Haselbrunnen« passieren. Rund einen Kilometer weiter ist der Lautenfelsen erreicht.

Alter Granitbuckel Der Lautenfelsen wird von einem 300 Millionen Jahre alten Granitbuckel gebildet. Sein prägnantes Aussehen hat der Felsen der

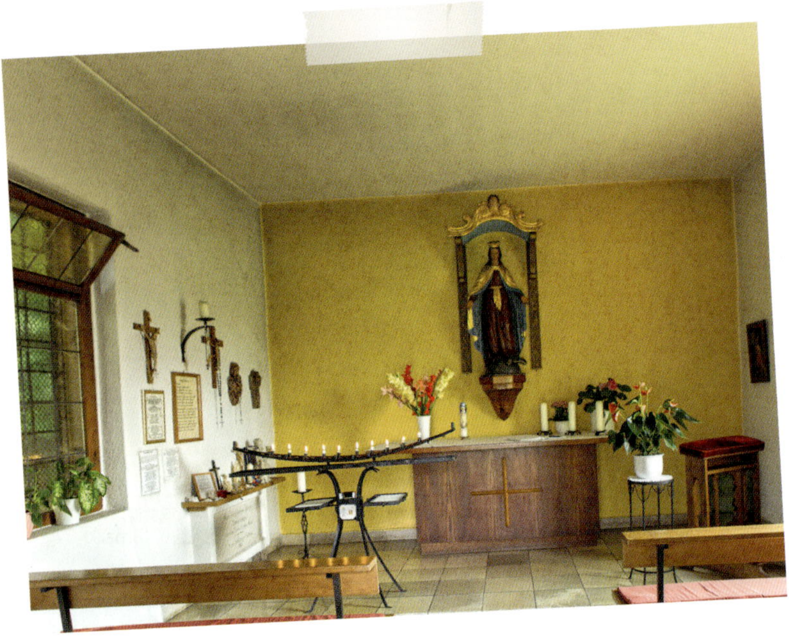

↑ **Blick in die Illertkapelle**

Wollsackverwitterung zu verdanken, bei der an den Kanten gerundete Gesteinsblöcke entstehen. Der Aufstieg auf den Großen Lautenfelsen wird mit einem herrlichen Panorama über das Murgtal belohnt. Der Rückweg erfolgt alsdann mit der gelben Raute über Heiderück, den Birketsgrund, den Rehackerbrunnen und das Brandeck bis hinunter zum Kurpark von Gernsbach.

Tipp

Die Illertkapelle geht auf eine mysteriöse Krankheit im Winter 1834 zurück. Nachdem die Ärzte weder die Ursache noch deren Lösung fanden, beschlossen die Bürger, jedes Jahr zu Maria Heimsuchung (am 2. Juli) eine Madonnenfigur auf den Hügel zu tragen. Im Jahr nach der ersten feierlichen Prozession war die Krankheit besiegt.

AUF EINEN BLICK

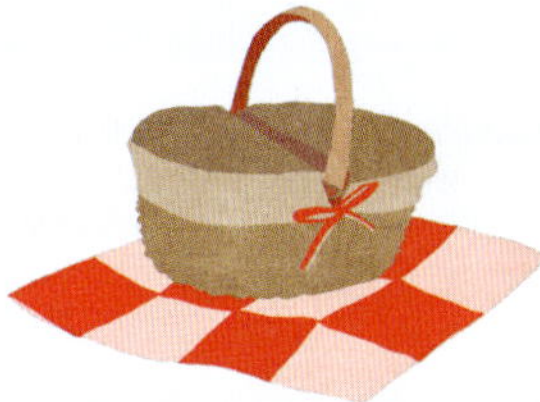

Tour 8: Tour ohne Uhr

Dauer: 4–4.30 Std.

Höhenmeter: 500 Hm

Länge: 12,5 km

Schwierigkeit: Mittel

Tourencharakter: Technisch einfache Runde auf zumeist breiten Wegen; kurze Abschnitte erfordern etwas Kondition am Berg.

Ausgangs-/Endpunkt: Parkplatz Kurpark Gernsbach (171 m)

Anfahrt: GPS 48.7605, 8.3406
Pkw: Von der B 462 Freudenstadt–Rastatt bei Gernsbach auf die L 78 bzw. die Hördener Straße abfahren und weiter über die Igelbachstraße bis zum Kurpark
Bahn/Bus: Bahn- und Busverbindungen ab Freudenstadt, Karlsruhe und Baden-Baden zur Haltestelle Gernsbach-Mitte

Höchster Punkt: Vogelhartskopf (650 m)

Einkehr: Unterwegs keine; schöne Rastmöglichkeiten

Karte: Karte des Schwarzwaldvereins 1:25 000, W225 Baden-Baden

Information: Touristinfo Gernsbach, Tel. 07224/64 44 46, www.gernsbach.de

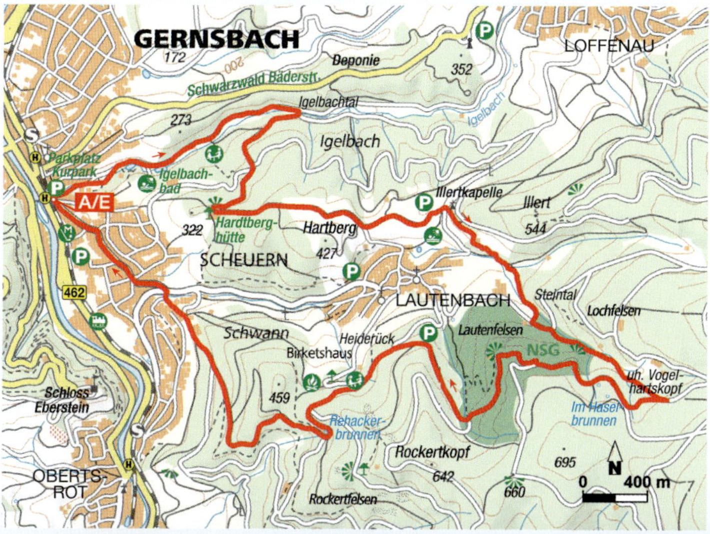

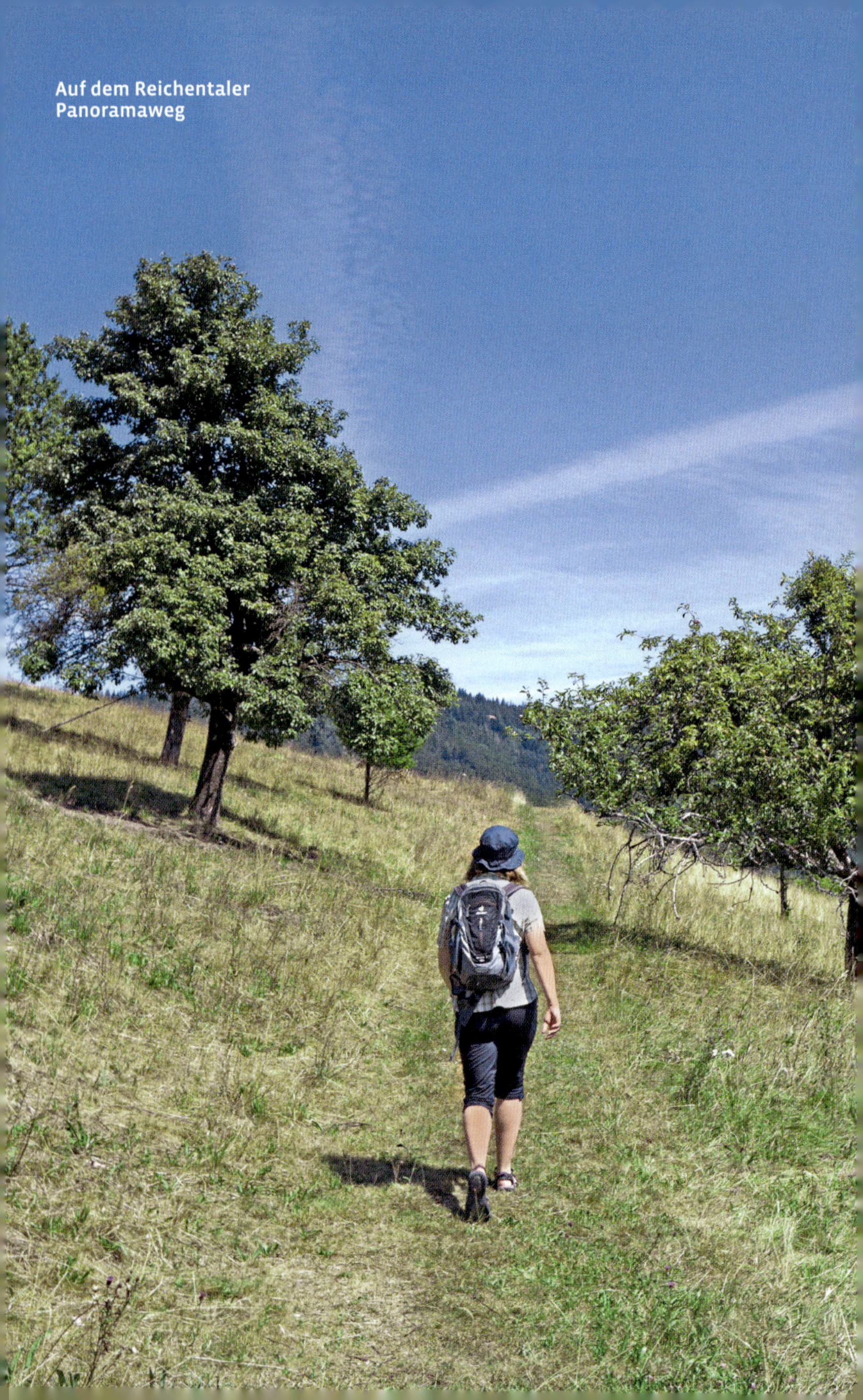

Auf dem Reichentaler Panoramaweg

ZWISCHEN ORGELFELSEN UND SCHÖLLKOPF

Tour für TOUR 9 den Genuss

Wanderglück am Panoramaweg Reichental

Oberhalb von Gernsbach hat der Reichenbach eines der schönsten Seitentäler der Murg geschaffen. Der Panoramaweg führt uns um das beschauliche Reichental über die Anhöhe Flasland bis an den Fuß des Orgelfelsens und von dort erst ins Milbigbachtal, dann auf den Schöllkopf.

Fatima-Kapelle und Hardbergweg Ab dem Johannesplatz in Reichental erfolgen die ersten Schritte entlang der Landstraße bis zum Auerhahn. Dort biegen wir rechts in den Gernweg ein, passieren die alte Ölmühle und nutzen die hier als Murgleiter beschilderte Straße hoch zur Fatima-Kapelle. Auf dem Weg zu der idyllisch gelegenen Ruhe- und Besinnungsstätte öffnet sich bereits die Sicht nach Nordwesten bis zum Merkur. 100 Meter nach der Kapelle biegen wir dann beim Wegweiser »Gernweg« mit der Gernsbacher Runde zweimal kurz nacheinander rechts in Richtung Hardbergweg ab. Der Weg führt uns auf diesem kurzen Abschnitt durch den Wald zu einem genialen Aussichtspunkt direkt nördlich von Reichental – ein Vorgeschmack auf weitere solche Aussichten.

Alte Eichen auf dem Flasland Beim Wegweiser »Hardbergweg« biegen wir scharf links ab, ehe wir rund 150 Meter weiter rechts auf den Berg- und Talweg wechseln. Somit bleiben wir auf der Gernsbacher Runde und folgen dem Rosensymbol weiter bergan durch den Wald sowie an markanten Felsformationen vorbei auf das Flasland (auch Flachsland) und zu den Alten Eichen. Vor Ort erfahren wir den Hintergrund der alten Volksweisheit »Auf den Eichen wachsen die besten Schinken« und lernen die historische Nutzung des Weidelands kennen. Ein kurzer Abstecher auf dem Flachslandweg führt zu einem Pavillon und zu bis zu 400 Jahre alten Eichen.

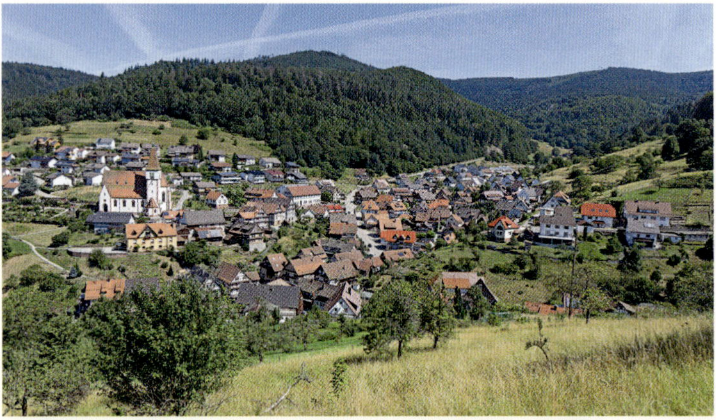

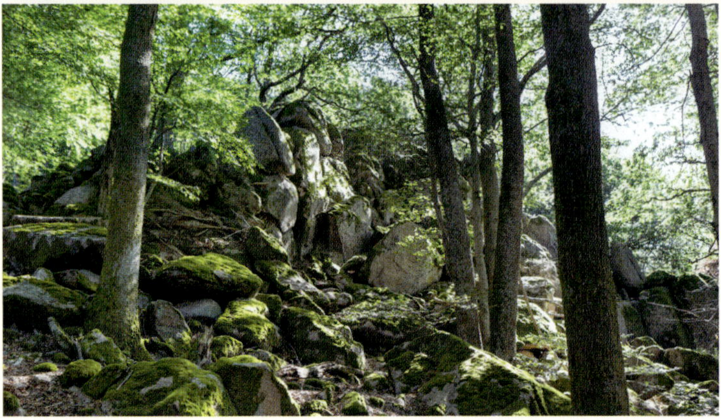

»Die Natur muss gefühlt werden.«

Alexander Freiherr von Humboldt

Verlockungen am Wegrand Um auf dem Panoramaweg zu bleiben, biegen wir beim Wegweiser »Alte Eichen« rechts ab, laufen bei den nächsten Wegeinmündungen in etwa geradeaus weiter und folgen der Beschilderung hinunter an die L76b bzw. zum Fuß des Orgelfelsens. Jenseits der Landstraße ist das Freibad Reichental bald erreicht. Ganz ehrlich: Wir selbst hätten bei unserer Recherche gern mehr Zeit – und vor allem Schwimmsachen – im Gepäck gehabt, denn das Bad ist einfach traumhaft gelegen. Am kleinen Parkplatz vorbei, nutzen wir die Badstraße bis hinunter zum Wegweiser »Auwiesen«. Geradeaus besteht die Möglichkeit, direkt nach Reichental zurückzukehren und die Wanderung um die Hälfte zu verkürzen.

Im Milbigtal Für den Panoramaweg indes biegen wir erst scharf links, 180 Meter weiter dann rechts mit der gelben Raute zu den Milbigwiesen ab. Mit Sicht erst über Reichental auf den Schöllkopf, dann über das Murgtal hinweg bis zum Merkur tauchen wir bald in einen Kiefernwald ein und wandern um den Milbigberg herum. Wo unser Pfad in einen breiteren Wirtschaftsweg mündet, biegen wir scharf rechts ab und folgen dem Milbigbach wieder Richtung Reichental. Wenn wir die Häuser sehen, nutzen wir links die Brücke über den Bach und passieren die kleine Kapelle. Beim Wegweiser »Goldloch« trennen uns erneut nur wenige Meter von unserem Ausgangspunkt am Johannesplatz.

Auf den Schöllkopf Für den letzten Abschnitt des Panoramawegs nutzen wir erst links den Sohlweg, 200 Meter weiter rechts den Wirtschaftsweg. Dieser führt uns durch einen Waldstreifen, um uns das nächste tolle Panorama über Reichental zu präsentieren. Wo der Weg endet, orientieren wir uns kurz rechts,

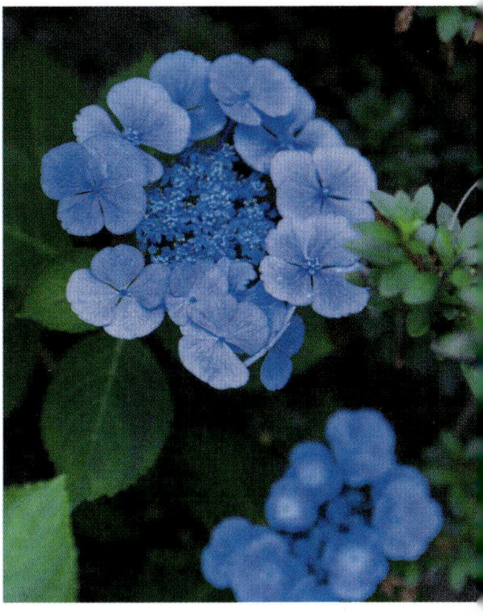

↑ **Aussicht vom Schöllkopf auf Reichental**
↓ **Markante Felsen am Hardberg**
→ **Hortensien bei der Fatima-Kapelle**

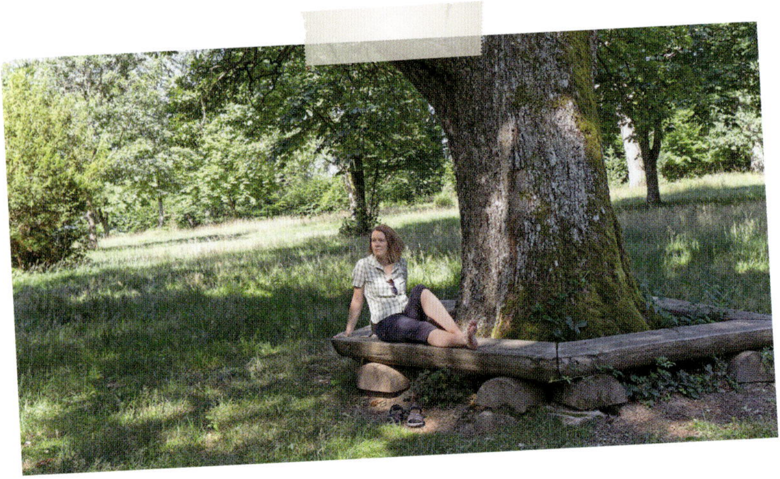

↑ **Kurze Rast bei den Alten Eichen**

um dann nach Süden zum Wegkreuz Eben zu gehen. Mehrmals nacheinander rechts gehend, erfolgt ab der Landmarke der letzte Aufstieg zum Aussichtspunkt unterhalb des Schöllkopfs. Über einen Grasweg ist dieser direkt mit dem Gipfel verbunden. Sowohl beim Gipfelkreuz als auch beim Aussichtspunkt des Panoramawegs lädt eine Bank zum Verweilen und Aussichtgenießen ein. Anschließend folgen wir dem Pfad bis zu seinem Ende. Im Nordwesten sollten dort das Schloss Eberstein und, je nach Witterung, die Vogesen zu sehen sein (wo wir uns ebenfalls »glücklich wandern« können). Nochmals scharf rechts ab, sind es ab da noch gut 1,3 Kilometer bis zurück zum Johannesplatz, wo wir zufrieden auf eine Fülle herrlicher Eindrücke zurückblicken können.

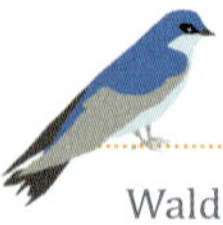

Tipp

Waldmuseum Reichental: Im ehemaligen Dorfsägewerk von Reichental gibt das Waldmuseum Einblicke ins Leben früherer Generationen und informiert über die Nutzung der Waldweide. Außerdem werden die Abläufe der Gewinnung von Holzkohle, Pottasche und Gerbrinde anschaulich erklärt. Das Museum ist Mai–Okt. jeweils sonntags von 14–18 Uhr geöffnet.

AUF EINEN BLICK

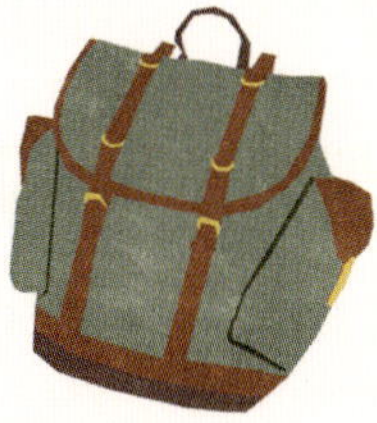

Tour 9: Tour für den Genuss

Dauer: 3.30 Std.

Höhenmeter: 500 Hm

Länge: 9,8 km

Schwierigkeit: Mittel

Tourencharakter: Für den ersten längeren Anstieg ist eine gute Kondition von Vorteil. Nach 4 bzw. 6,6 km ist ein Ausstieg aus der Runde möglich, sodass die weiteren Aufstiege gekappt werden bzw. die Tour in zwei Wanderungen aufgeteilt werden kann.

Ausgangs-/Endpunkt: Johannesplatz in Reichental (390 m)

Anfahrt: GPS 48.7297, 8.3894
Pkw: Von der B 462 Freudenstadt–Rastatt zwischen Hilpertsau und Weisenbach auf die L 76b nach Reichental. Die Zufahrt zum Kirchenparkplatz erfolgt durch die Langenackerstraße, der Zuweg zum Johannesplatz über den Ölrain südlich der Kirche.
Bahn/Bus: Ab Bahnhof Gernsbach mit dem Anruf-Linien-Taxi ALT 242 (Tel. 07225/96 45 60) nach Reichental/Johannesplatz

Höchster Punkt: Alte Eichen (639 m)

Einkehr: Unterwegs keine; mehrere schöne Rastmöglichkeiten

Karte: Karte des Schwarzwaldvereins 1:25 000, W225 Baden-Baden

Information: Touristinfo Gernsbach, Tel. 07224/64 44 46, www.gernsbach.de

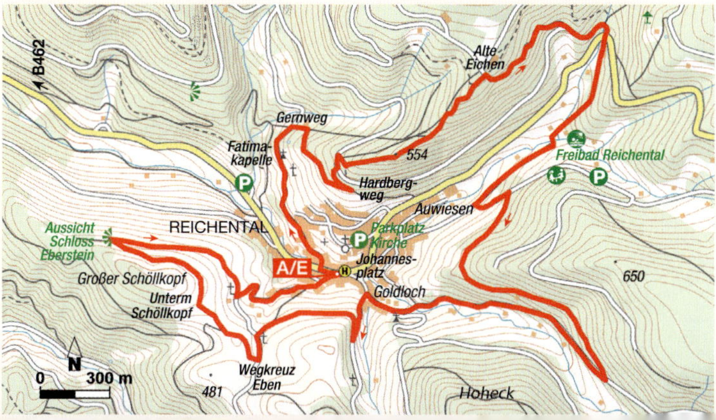

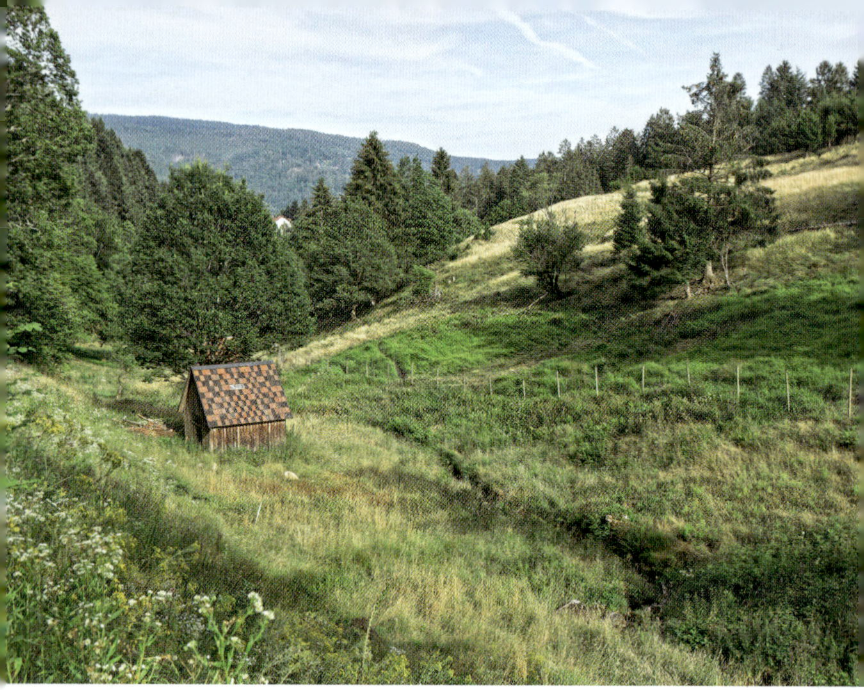

↑ Scheerbachtal ↓ Zugewachsener Brunnen oberhalb des Wildgeheges

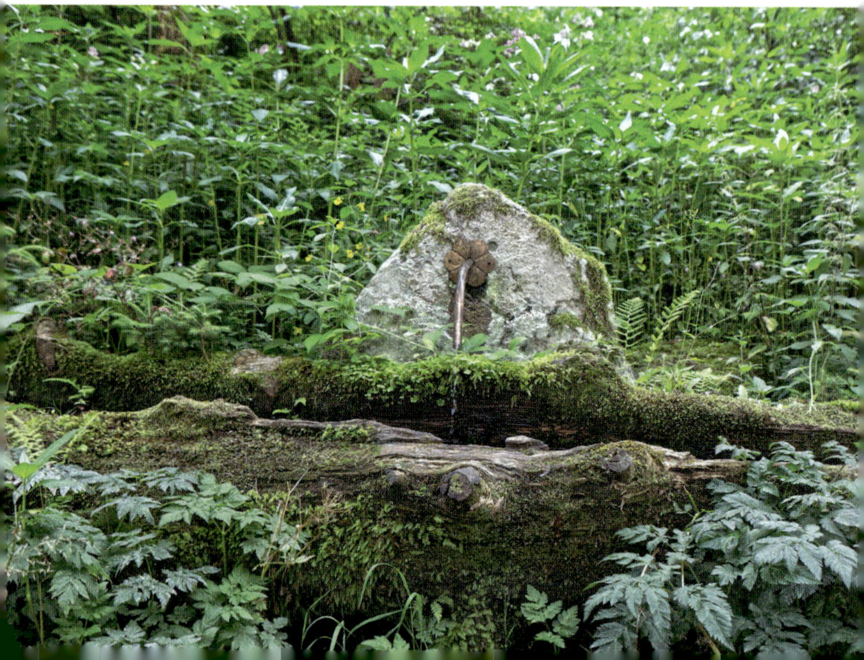

Tour für
TOUR 10
die Sinne

FÜR KINDER UND ALLE JUNGGEBLIEBENEN

Am Bermersbacher Glücksweg

Der Bermersbacher Glücksweg richtet sich vorrangig an Familien mit jungen Kindern, doch Erwachsene werden an der kurzen Wanderung genauso ihre Freude haben. Auf dem Weg begleitet uns »Amanda«; sie stellt uns ihre Familie sowie auch einige andere Tiere des Waldes vor.

Auf dem Glücksweg Von der Ortsmitte und der Bushaltestelle in Bermersbach erfolgt der Zugang zum Glücksweg über die Luisenstraße und, links, die Haulerstraße bis zum Wiesenweg. Nahe dem offiziellen Anfang des Glückswegs hält sich Amanda versteckt – sowie wir das reizende Feuersalamander-Weibchen entdeckt haben, wird es uns nach und nach mit Familie und Freunden bekannt machen. Bei der Weggabelung halten wir uns links und folgen dem ansteigenden Weg ins Scheerbachtal. Vorbei an der Eule Eusebia und Frieda, einer Bangbüchs-Maus, kommen wir bald zu einer langen Kinderrutsche und zur Zwergenhütte. Die hiesigen Bewohner finden wir in der Umgebung: Schauen wir über den Bach zur gegenüberliegenden Talseite, können wir mit etwas Glück Rotwild beobachten.

Tiere am Scheerbach Ein kurzes Stück weiter führt links ein Pfad hinunter zur Station der Frösche. Entsprechend ihrer Gewohnheit begrüßen sie uns auf den Steinen im Scheerbach. Von der Station führt ein schmaler Pfad zu mehreren privaten Hütten. Besser jedoch ist es, wir kehren auf demselbem Weg zurück auf den breiten Schotterweg. Damit begegnen wir als Nächstes einem Igel und dem Hasen Kasimir. Sobald wir die beiden ungleichen Freunde zurückgelassen haben, geht es rechts mit Hilfe eines Seils auf einen etwas höher gelegenen Pfad. Er führt uns zur Elster Else, die mit viel Geschrei über ihre Sore – das Diebesgut – wacht. Diese Station kann auf dem breiten Weg ausgelassen werden.

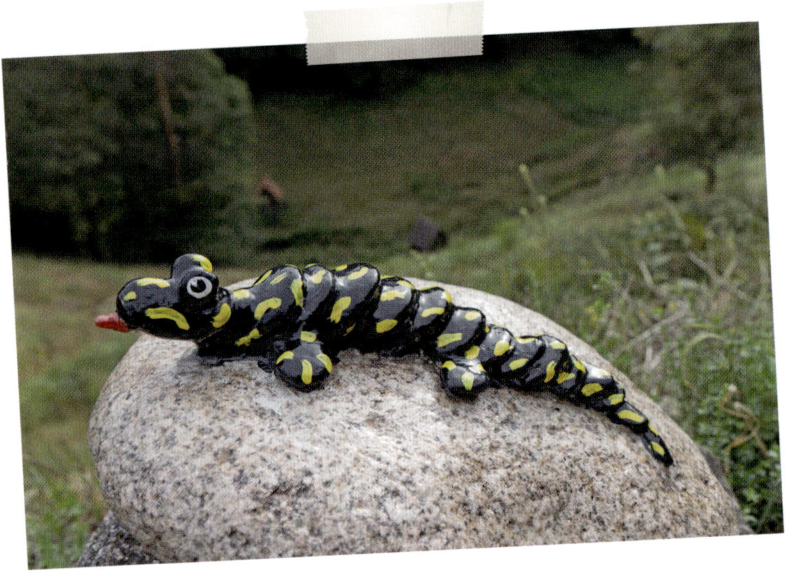

↑ **Amanda begleitet uns sicher über den Glückspfad.**

Aussichtskanzel und Ebet-Mühle Schließlich endet der Glücksweg beim Rastplatz Bambi. Für einen barrierefreien Rückweg können wir hier einfach umkehren. Ansonsten folgen wir der gelben Raute über den Scheerbach, wechseln auf die rechte Talseite, passieren als Nächstes eine Heuhütte und gelangen auf dem Panoramaweg zu einer Aussichtskanzel mit Blick über das Rotwildgehege. Etwas oberhalb von Bermersbach finden wir bei der Ebet-Mühle und dem Holzbackofen des Heimatvereins eine weitere schöne Rastmöglichkeit, bevor wir glücklich und entspannt zurück zu unserem Ausgangspunkt laufen.

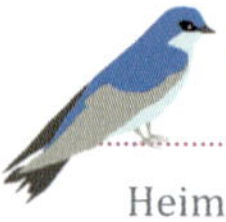

Tipp

Heimatweg Bermersbach: Der Weg führt ab der Ortsmitte zu 21 Stationen, die uns Einblicke in die Geschichte Bermersbachs geben und Interessantes zu Kirche, Schule, den Brunnen und Plätzen vermitteln. Der Heimatweg ist 4 km lang (bei 100 Hm).

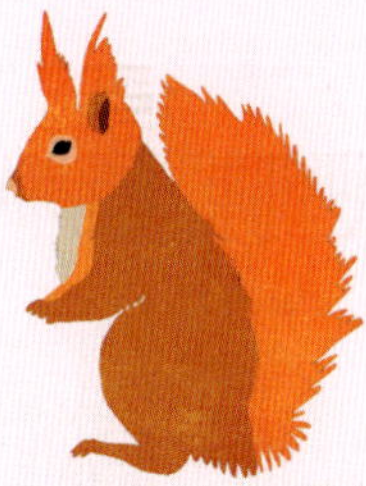

AUF EINEN BLICK

Tour 10: Tour für die Sinne

Dauer: 1.30 Std.

Höhenmeter: 170 Hm

Länge: 3,8 km

Schwierigkeit: Leicht

Tourencharakter: Bis zum Rastplatz Bambi ist der Weg, mit Ausnahme der Zugänge zu den Stationen Frösche und Elster, barrierefrei. Der Rückweg erfolgt über bequem zu wandernde Waldpfade und Wege.

Ausgangs-/Endpunkt: Rathaus Bermersbach (410 m)

Anfahrt: GPS 48.6931, 8.3424
Pkw: Von der B 462 bei Langenbrand zur Haltestelle der Murgtalbahn abbiegen, anschließend der Kreisstraße bis nach Bermersbach folgen. Der Parkplatz befindet sich in der Luisenstraße.
Bahn/Bus: Busverbindungen ab Bahnhof Forbach zur Haltestelle Bermersbach-Rathaus/Forbach

Höchster Punkt: Rastplatz Bambi (560 m)

Einkehr: Unterwegs keine; schöne Rastmöglichkeit

Karte: Karte des Schwarzwaldvereins 1:25 000, W225 Baden-Baden

Information: Touristinfo Forbach, Tel. 07228/390, www.forbach.de

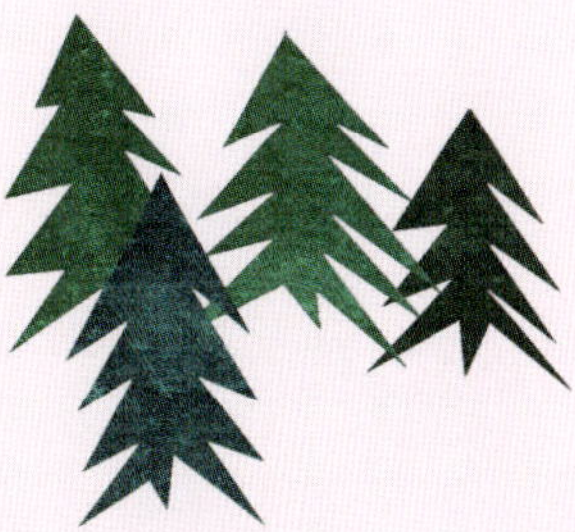

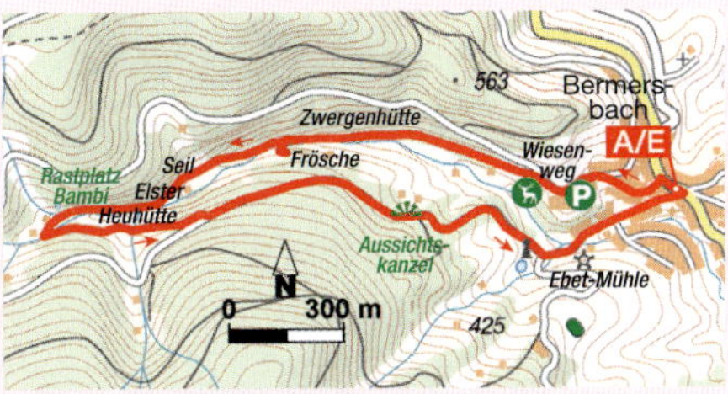

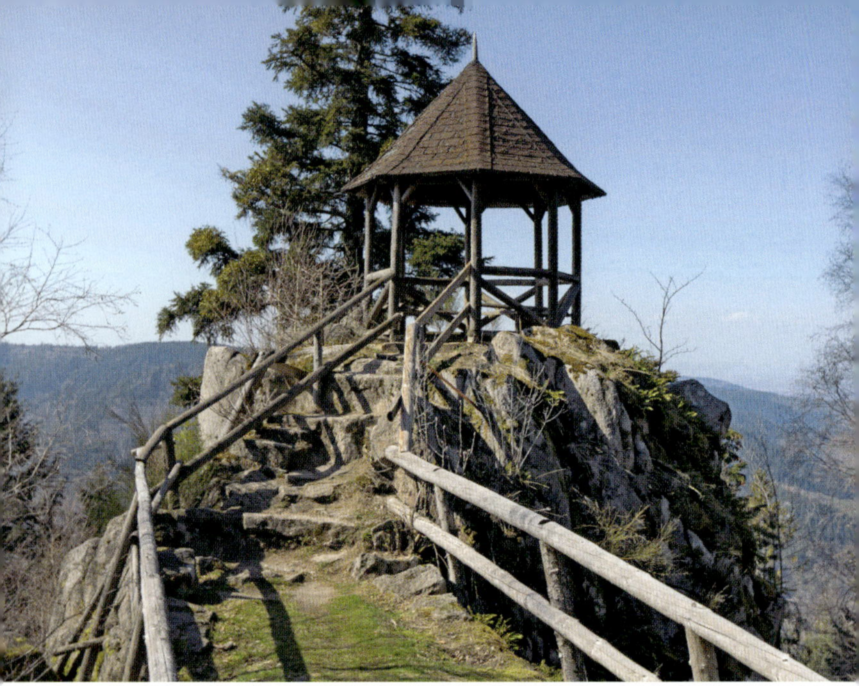

↑ Pavillon auf dem Latschig ↓ Heuhütten und Ziegen am Kauersbach

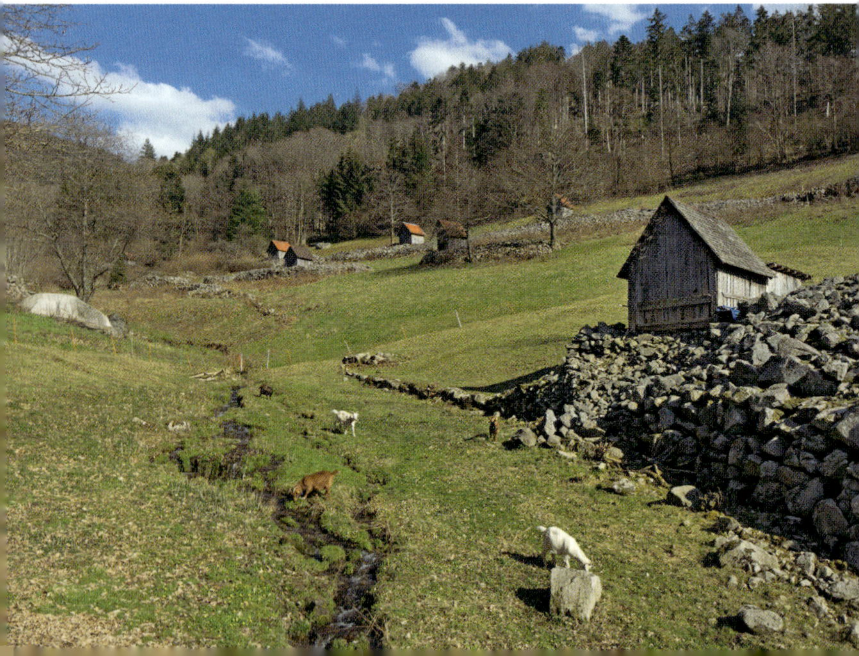

LOGE ÜBER DEM MURGTAL

Tour
TOUR 11
ohne Uhr

Auf den Latschigfelsen

Der Latschigfelsen zählt zu den Aussichtskanzeln, die von gleich mehreren Fernwanderwegen angesteuert werden. Neben der Murgleiter sind dies der Westweg und der Europäische Fernwanderweg E1. Freuen wir uns also über ein Highlight hoch über dem Murgtal.

Hexen am Werk Vom Sportplatz laufen wir die Zufahrtsstraße ein paar Schritte zurück in Richtung Gausbach und nutzen den Pfad hinunter zum Hexenbrunnen. Dort treffen die alte und die neue Variante des Westwegs zusammen, und eine Tafel informiert über den Sagenweg. Die am Brunnen sitzende Hexe steht für die Geschichten von Hexen und Geistern, die sich die Menschen seit Generationen erzählen. Ab und an sollen sich die zauberhaften Wesen auch heute noch in der Gegend aufhalten. So liegt in Sichtweite des Brunnens ein vergessener Besen oben auf einem Granitbrocken. Nur einen Katzensprung davon entfernt überqueren wir den Kauersbach und lernen die Geschichte des Schulmeisterfelsens kennen.

Aufstieg über den Ringberg Nach dieser schönen Einstimmung folgen wir der roten Westwegraute durch den Wald zur Ringbergstraße. Rechts ab gelangen wir zu einer scharfen Linkskurve. Auf dem leicht zu übersehenden Weg geradeaus werden wir später zurückkommen. Für den Aufstieg jedoch bleiben wir auf der Forststraße, biegen beim Wegweiser »Ringberg« rechts ab, halten uns dann bei der Gabelung links und wandern auf der Murgleiter und auf reizvollen Waldpfaden hoch zum Latschigfelsen.

Auf dem Latschig Oben angekommen, erwartet uns eine traumhafte Sicht hinab auf Forbach und Gausbach sowie zu den Kuppen jenseits der Murg. Wenige Schritte weiter lädt außerdem der Pavillon auf dem Latschig zum Verweilen ein. Für den Rückweg biegen wir beim Wegweiser oberhalb

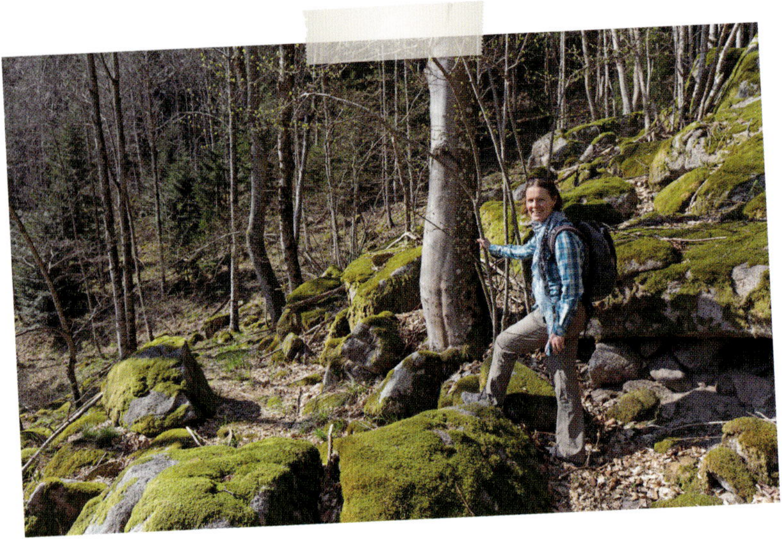

↑ **Auf dem Grabsteinweg**

des Pavillons rechts ab und wechseln damit auf den nach Süden führenden Forstweg. Gut 300 Meter weiter halten wir uns bei der Latschighütte rechts, ehe wir nochmals 200 Meter weiter auf den »Nur für Geübte« empfohlenen Grabsteinweg abzweigen. Am namengebenden Grabstein von 1945 vorbei erfolgt der Abstieg über eine bewaldete Geröllhalde. Am unteren Ende treffen wir auf einen breiteren Waldweg, der uns rechts zur Ringbergstraße und ab dort auf dem bereits bekannten Weg zurück zum Hexenbrunnen führt.

Tipp

Finstere Klinge und Schulmeisterfelsen: Als Finstere Klinge wird eine Bergöffnung nahe der Murg bezeichnet. Lange Zeit mieden die Menschen den Ort, weil sie dort Geister vermuteten. Ein Lehrer jedoch glaubte nicht an Geister – bis er eines Nachts vom rechten Weg abkam und wie von Geisterhand auf die Spitze eines unzugänglichen Felsens gehoben wurde, den heutigen Schulmeisterfelsen.

AUF EINEN BLICK

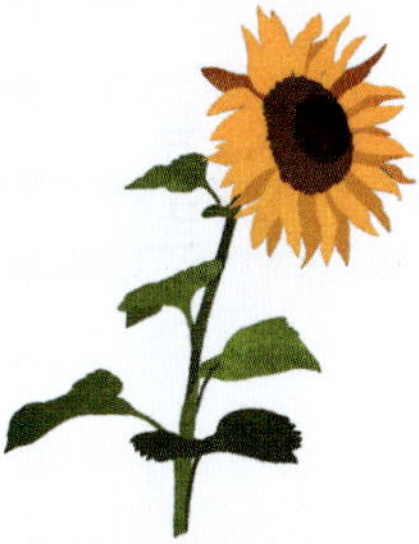

Tour 11: Tour ohne Uhr

Dauer: 2.30 Std.

Höhenmeter: 400 Hm

Länge: 5,9 km

Schwierigkeit: Mittel bis schwer

Tourencharakter: Der Pfad hoch auf den Latschig ist felsig und von Wurzeln überzogen; der Grabsteinweg ist nur für Geübte und fordert entsprechende Trittsicherheit, belohnt aber auch mit wilder Natur.

Ausgangs-/Endpunkt: Sportplatz in Forbach-Gausbach (400 m)

Anfahrt: GPS 48.6839, 8.3698
Pkw: Über die B 462 Rastatt–Freudenstadt bei Forbach auf die Schulstraße und weiter über die Winterhardtstraße bis zum Sportplatz oberhalb von Forbach
Bahn/Bus: S-Bahn-Verbindungen ab Freudenstadt und Karlsruhe zur S-Bahn-Haltestelle in Forbach. Der Zugang erfolgt dann über den Westweg.

Höchster Punkt: Oberhalb (745 m) der Latschigfelsen

Einkehr: Unterwegs keine; sehr schöne Rastmöglichkeiten

Karte: Karte des Schwarzwaldvereins 1:25 000, W225 Baden-Baden

Information: Touristinfo Forbach, Tel. 07228/390, www.forbach.de

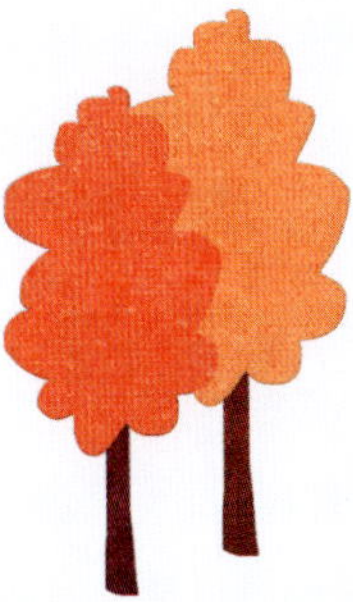

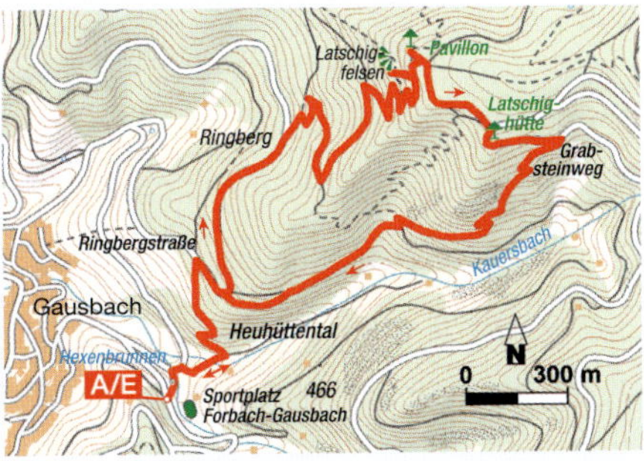

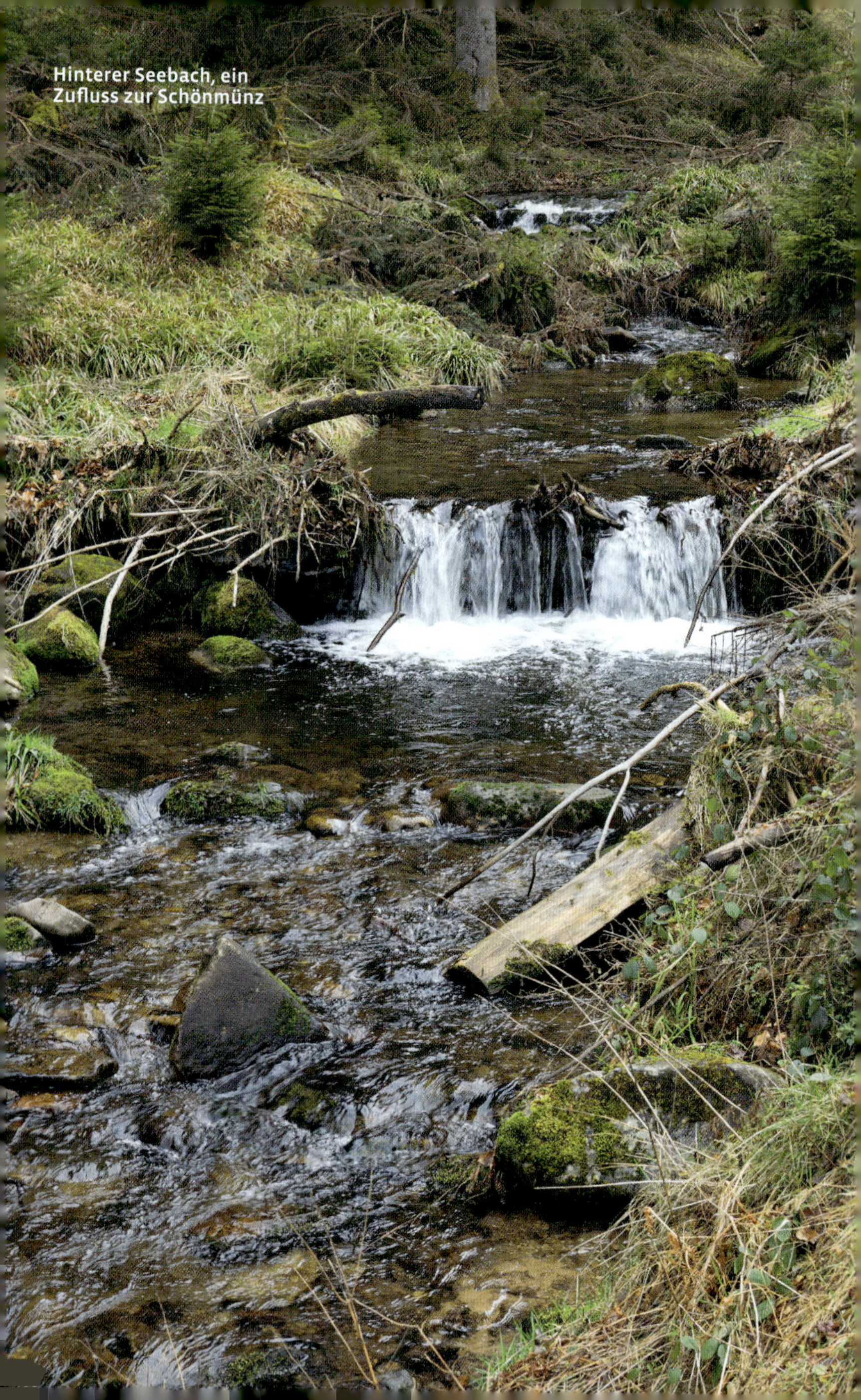
Hinterer Seebach, ein Zufluss zur Schönmünz

Tour
TOUR 12
der Stille

STUMME ZEUGEN DER EISZEIT

Von der Murg zu Schurm- und Blindsee

Schönmünzach-Schwarzenberg zählt zu den traditionellen Kurorten im Murgtal. Als Gast ist es ein Leichtes, sich zu erholen und das Sein zu genießen. Vom Tal wandern wir zu zwei Seen, die uns mit herrlicher Ruhe umgeben – und unterschiedlicher kaum sein könnten.

Seensteig und Murgleiter Die Touristinfo von Schönmünzach ist über eine Unterführung mit dem gegenüberliegenden Parkplatz und dem Kurpark verbunden. Nach wenigen Schritten in der Schifferstraße wechseln wir halb rechts auf die deutlich ansteigende Murgleiter sowie die vierte Etappe des Seensteigs. Nachdem wir die Zufahrt zu einem Hof gekreuzt haben, geht es im Zickzack an den Waldrand. Hier bereits öffnet sich die Sicht über Schönmünzach und das Tal der Schönmünz. Am Waldrand biegen wir links ab und folgen den Wanderzeichen nach einer flacheren Passage bergan durch den Wald. Beim Wegweiser »School« trennen sich die beiden Themen- und Fernwanderwege. Während die Murgleiter rechts nach Forbach abzweigt, halten wir uns mit dem Seensteig links und nutzen die Forststraße zum Schurmsee.

Abstecher an den Schurmsee Die nächsten drei Kilometer führen durch einen reizlosen Fichtenwald. 200 Meter vor dem See passiert die Forststraße den Wegweiser »Schurmsee Abzweig« und senkt sich hinunter an den Schurmsee. Wie alle Karseen im Nördlichen Schwarzwald ist auch dieser ein Relikt der letzten Eiszeit. Zu erkennen ist dies bereits an der fast kreisrunden Form und der steil abfallenden Karwand unterhalb der Schurmseehöhe. Im 19. Jahrhundert wurde der See für die Holzflößerei aufgestaut. Durch schwallweises Ablassen des Wassers war es möglich, das Holz über den Vorderen Seebach zur Murg zu befördern – bis der Holzbedarf die

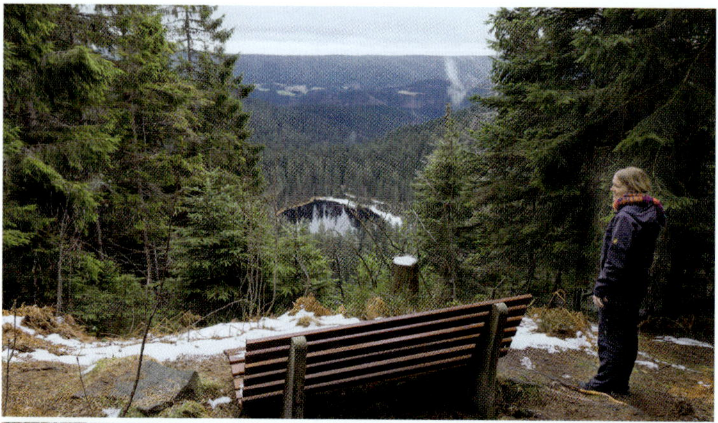

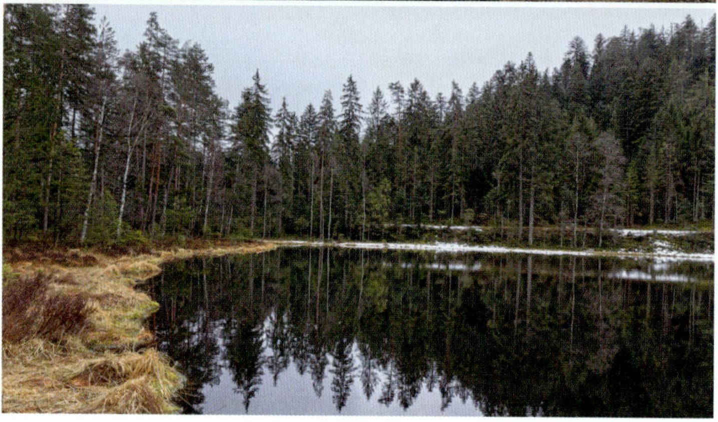

»Eile mit Weile!
Das war selbst Kaiser Augustus' Devise.«

Johann Wolfgang von Goethe

Natur überholte, die Gier des Menschen die Bäume dahinraffte und der Wald für einige Jahrzehnte verschwand. 1985 wurde hier eine 7,8 Hektar große Fläche unter Naturschutz gestellt. Einblicke in den heute wieder wertvollen Lebensraum gibt der 1,2 Kilometer lange Seerundweg.

Auf die Schurmseehöhe Anschließend kehren wir zurück zum Schurmsee-Abzweig und biegen links zur Schurmseehöhe ab. Damit wechseln wir auf einen steil ansteigenden Pfad. Etwa 250 Meter weiter biegen wir beim Wegweiser »Schurm« scharf links ab und folgen der blauen Raute weiter bergan bis auf einen Forstweg. Dort halten wir uns abermals links, passieren das Vordere Langeck und erreichen bald die Schurmseehöhe. Einen Katzensprung voneinander entfernt, ermöglicht die Anhöhe zwei Blicke auf den Schurmsee und ins Murgtal. Der erste ist vom Wanderweg aus zu sehen, zum zweiten müssen wir ein paar Schritte durch den Wald an den oberen Rand der Karwand laufen. Bei beiden Aussichtspunkten lädt je eine Bank zur Rast ein. Am höchsten Punkt der Runde angelangt, haben wir uns diese auch verdient!

Hochmoor Blindsee Gut erholt folgen wir anschließend der gelben Raute über den Abzweig Blindsee zum Blindsee. Aber was heißt hier See? Im Vergleich zum Schurmsee ist die Verlandung hier deutlich weiter vorangeschritten. Nur während der Schneeschmelze und nach ergiebigen Regenfällen tritt der See als solcher in Erscheinung. Stattdessen werden die meisten Wanderer den Blindsee als ein beinahe baumfreies Moor vorfinden, auf dem sich an mehreren Vertiefungen, den bis zu sieben Meter breiten »Schlenken«, Wasser sammelt. Da es keinen Weg um das Hochmoor, sondern nur einen gelb markierten

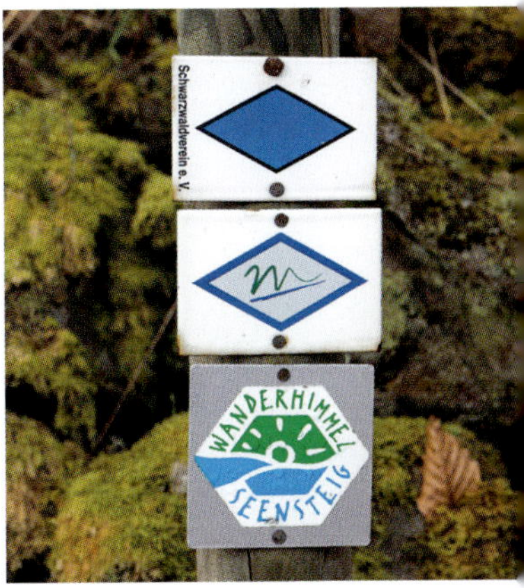

↑ **Ausblick bei der Schurmseehöhe**
↓ **Ostufer des Schurmsees**
→ **Markierung der Murgleiter und des Seensteigs**

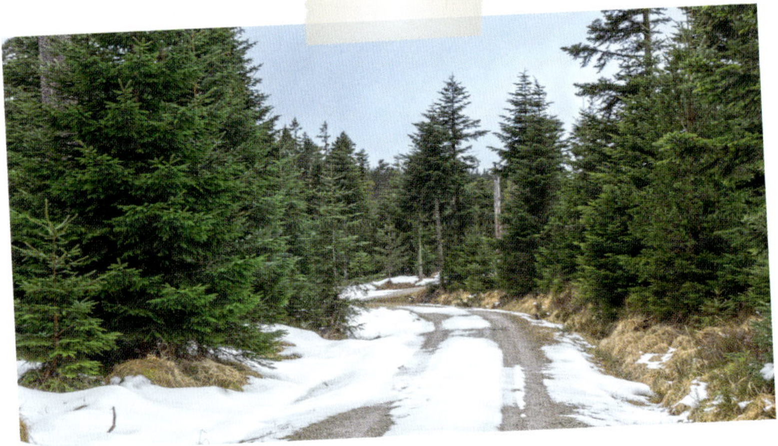

↑ **Auch im Winter ist diese Wanderung oft gut möglich.**

Trampelpfad an den Rand des Blindsees gibt, muss jeder für sich entscheiden, ob sich der Abstecher lohnt.

Wieder runterkommen Nach dem Abstecher geht es auf demselben Weg zurück zum Abzweig Blindsee. Rechts ab auf den breiten Forstweg folgen wir fortan der gelben Raute bis nach Schönmünzach. Der Weg dorthin führt erst durch das bewaldete Tal des Hinteren Seebachs bis an die Schönmünz, dann links auf dem Flößerweg und einem Abschnitt der Baiersbronner Romantik-Tour zurück zur Ortsmitte. Dieser letzte Abschnitt gleicht einem Spaziergang und bietet mit den Rastplätzen Flößerweg und Ochsenbad Gelegenheit für eine abschließende Pause.

Tipp

Lebensraum für Spezialisten: Der Schurmsee ist nährstoffarm und – insbesondere nach der Schneeschmelze – so sauer, dass er Fischen keinen Lebensraum bietet. Stattdessen fühlen sich seltene und streng geschützte Tier- und Pflanzenarten in dem Gewässer wohl, wie z. B. das Pfeifengras, mehrere Seggen, Sonnentau und die Gelbe Teichmummel.

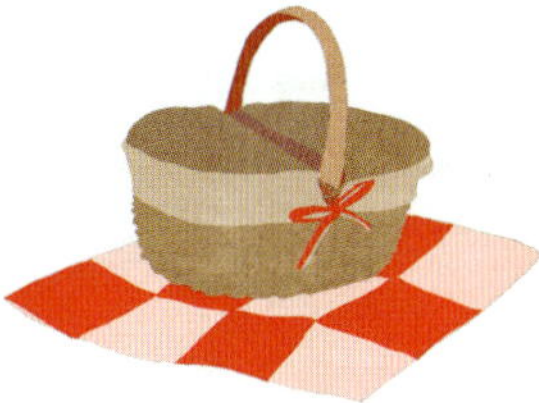

AUF EINEN BLICK

Tour 12: Tour der Stille

Dauer: 5–5.30 Std.

Höhenmeter: 570 Hm

Länge: 18 km

Schwierigkeit: Mittel

Tourencharakter: Für den Anstieg bis zum Schurmsee und weiter zur Schurmseehöhe ist etwas Kondition am Berg von Vorteil. Danach eher leichte Wanderung auf zumeist breiten Wald- und Forstwegen

Ausgangs-/Endpunkt: Bahnhof Schönmünzach (464 m)

Anfahrt: GPS 48.6070, 8.3664

Pkw: Über die B 462 Rastatt–Freudenstadt bis Schönmünzach, dort über die Waldstraße zum Bahnhof; oder zum Parkplatz gegenüber der Baiersbronn Touristik an der B 462 fahren

Bahn/Bus: Bahnverbindungen ab Freudenstadt und Karlsruhe zum Bahnhof Schönmünzach

Höchster Punkt: Schurmseehöhe (960 m)

Einkehr: Unterwegs keine; Rastplätze am See und entlang der Schönmünz

Karte: Karte des Schwarzwaldvereins 1:25 000, W235 Freudenstadt

Information: Baiersbronn Touristik, Tel. 07442/841 40, www.baiersbronn.de

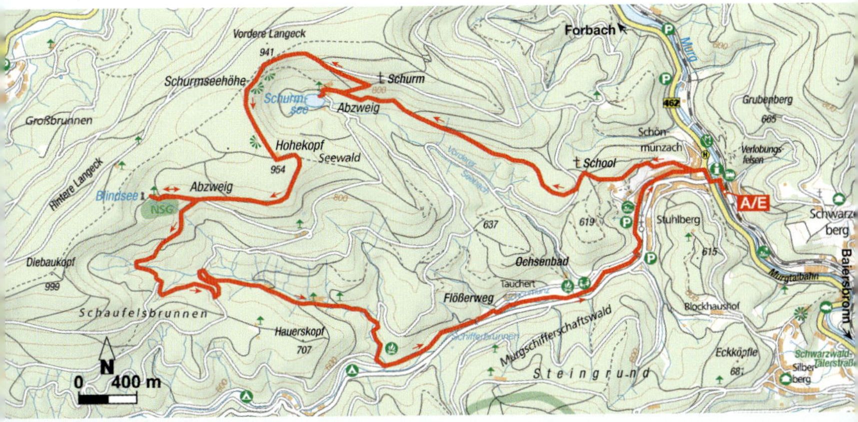

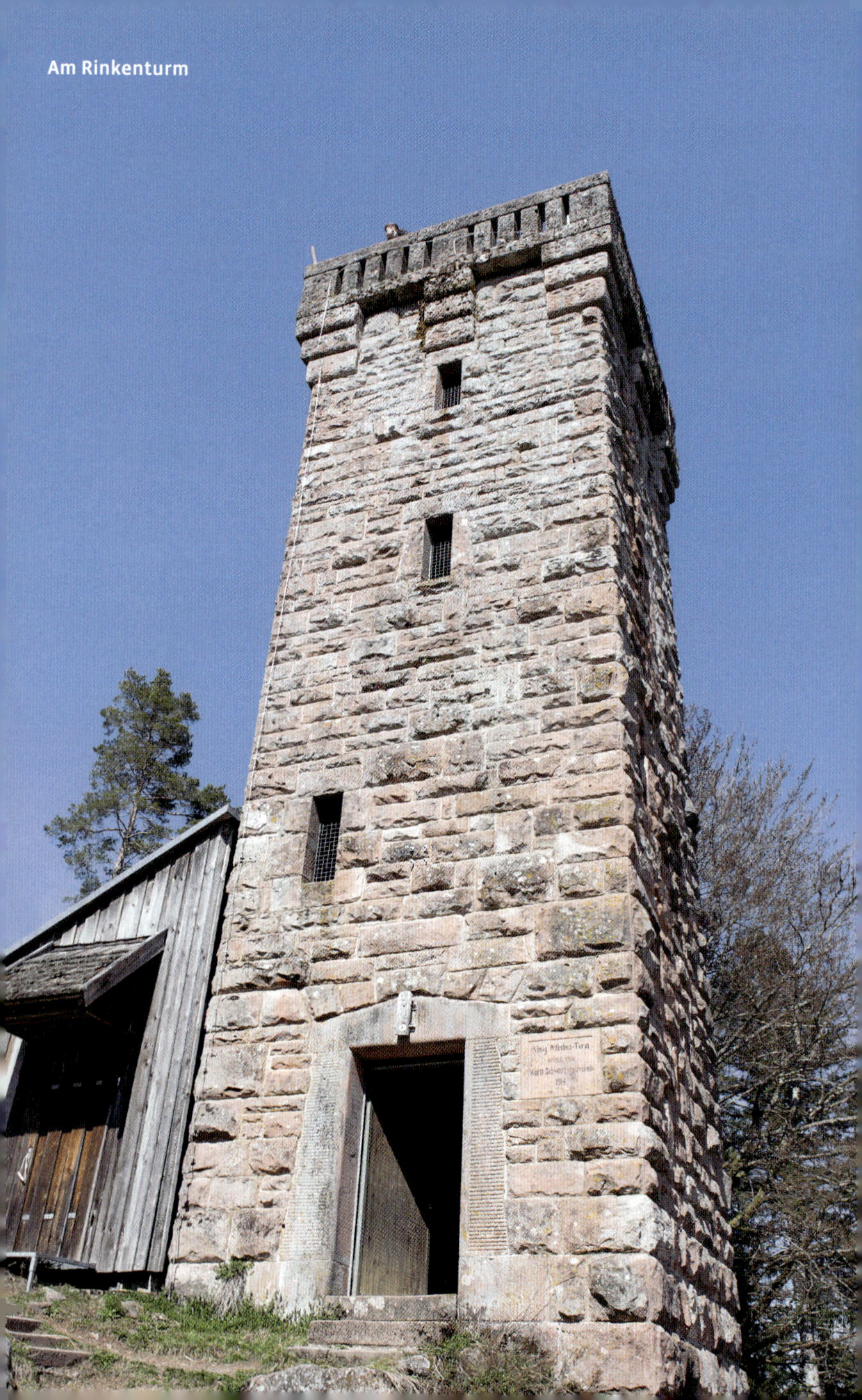

Am Rinkenturm

GENUSSVOLL UM DEN RINKENKOPF

Tour für TOUR 13 den Genuss

Auf dem Satteleisteig

Der Satteleisteig zählt zu den beliebtesten Rundwanderwegen bei Baiersbronn. Wechselnde Aussichten gehen mit traumhaft gelegenen Rastplätzen einher. Ein Sahnehäubchen ist die Wanderhütte Sattelei, die ihre Gäste zu moderaten Preisen verwöhnt.

Sommerseite und Murgleiterportal Vom Wanderparkplatz Sommerseite folgen wir der gelben Raute in den Wald bis zum Wegweiser »Rechen«. Der Satteleisteig ist in beide Richtungen beschildert. Um erst gegen Ende der Tour zur Wanderhütte Sattelei zu kommen, biegen wir mit der blauen Raute rechts auf den ansteigenden Forstweg ab. Nach 400 Metern geben die Bäume den Blick über die Murg ins Forbachtal und zum Stöckerkopf frei. Gleich danach treffen wir beim Rinkenkopfwegle auf die Murgleiter. Knapp unterhalb unseres Wegs befindet sich das Murgleiter-Portal. Für unsere Runde folgen wir dem Satteleisteig und hier auch der Murgleiter um den Rinkenkopf zum Wegweiser »Häslen« und weiter ins Tonbachtal. Nach einer schönen Sicht über das idyllische Tal tauchen wir nochmals kurz in den Wald ein, ehe wir den Rastplatz Heideweg erreichen.

Aufstieg zum Petermännlestein Von dort führt uns der Genießerpfad ins Rinkenbachtal. Wo wir das nur wenig Wasser führende Rinnsal kreuzen, schwenkt der Satteleisteig wieder in östliche Richtung, um beim Rinkenteichwegle in eine Forststraße zu münden. Wer nur eine kurze Runde wandern möchte, kann hier gern links abbiegen; nach 600 Metern kommt man zur Wanderhütte Sattelei. Um auf dem Steig zu bleiben, biegen wir stattdessen rechts auf die Forststraße ab, um diese nach 80 Metern – in Sichtweite des Wegweisers »Kohlwegrank« – auf der linken Seite wieder zu verlassen. Einen Katzensprung weiter endet der Pfad, und wir nutzen links

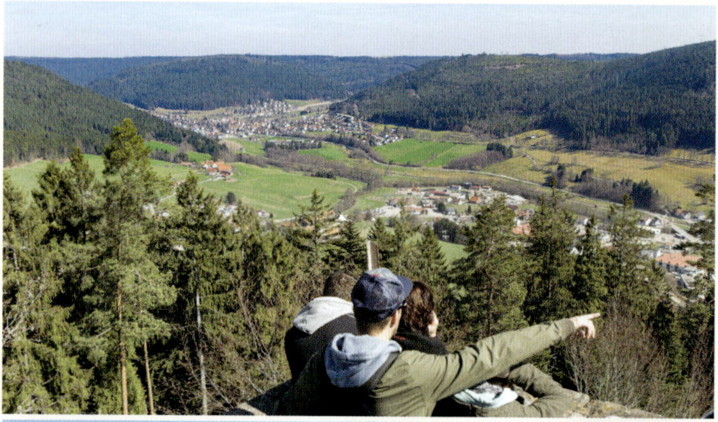

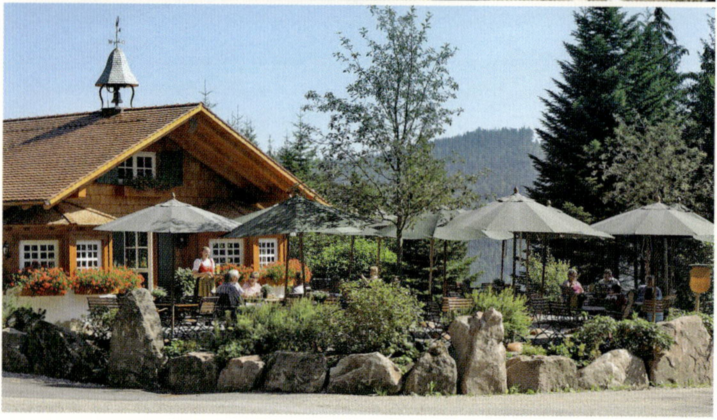

»Wein ist Poesie in Flaschen.«

Robert Louis Stevenson

den Forstweg, um bei der nächsten Gabelung rechts auf den Waldpfad einzubiegen. Dieser führt uns bergan zum Schlittwegle. Bei dem Wegweiser trennen sich die Wege. Während die Murgleiter als Nächstes rechts Kurs auf den Huzenbacher See nimmt, biegt der Satteleisteig links ab. Über den Schuhhanselsbrunnen (scharf links) und das Braunbergle (rechts) wandern wir hinauf zum Rastplatz am Petermännlestein.

Labbronnerkopf und Gartenbühlwegle Anschließend erreichen wir beim Wegweiser »Petermännle« den höchsten Punkt des Satteleisteigs. Wir biegen links auf den breiten Weg zum Labbronnerkopf ab, wo wir in etwa geradeaus weiterlaufen und dem Satteleisteig bergab zum Gartenbühlwegle folgen. Auf diesem Abschnitt kreuzt unser Pfad mehrere breitere Forstwege, setzt sich – z. T. nach rechts versetzt – aber stets fort. Daneben ist es beim Wegweiser »Labbronnerwegle« ein zweites Mal möglich, zur Wanderhütte Sattelei abzukürzen. Beim Gartenbühlwegle biegen wir schließlich scharf links ab und treffen wieder auf die Murgleiter. Der Weg führt nun an mehreren Aussichtspunkten übers Mitteltal vorbei, ehe wir links zum Fuchsloch abzweigen.

Wanderhütte Sattelei und Rinkenturm Ab dem Fuchsloch ist es noch rund ein Kilometer über die Wasserstube bis zur Wanderhütte Sattelei. Obwohl mitten im Wald gelegen, wird die Terrasse vor dem Ausflugslokal schon am Vormittag von der Sonne verwöhnt. Bei kühlem Wetter finden wir in der Kaminstube ein gemütliches Plätzchen. Und das Wichtigste: Als Wanderer können wir es uns hier so richtig gut gehen lassen. Die Portionen sind groß, das Ambiente ist klasse und der Sattelei-Fleischkäs' ein Gaumenschmaus.

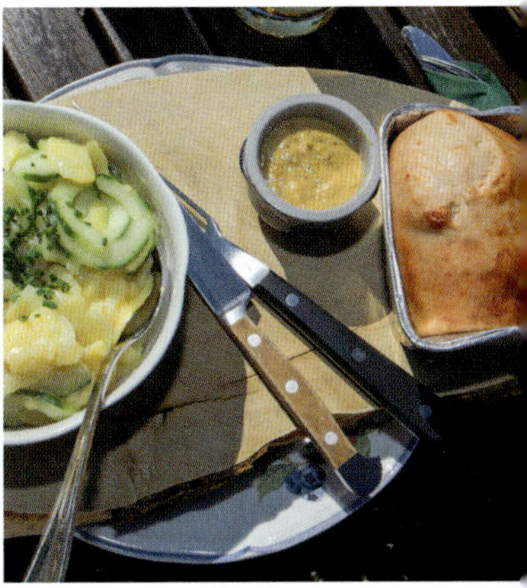

↑ Ausblick ins Tonbachtal
↓ Wanderhütte Sattelei
→ Einfach nur lecker!

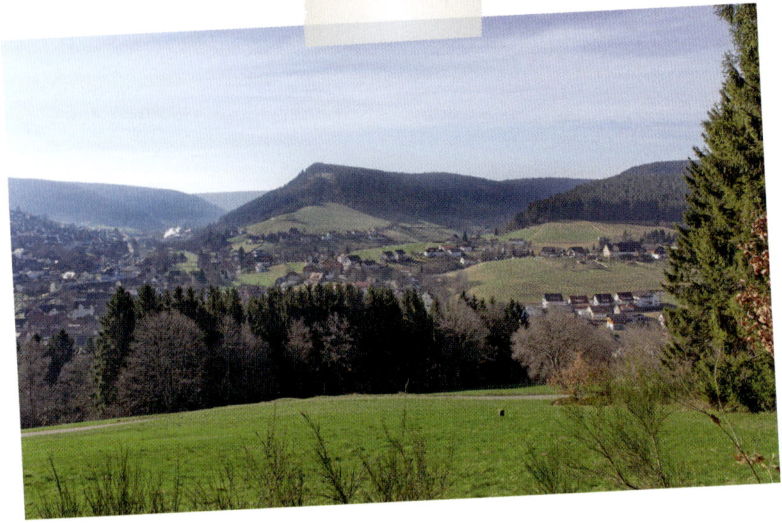

↑ **Blick über Baiersbronn zum Stöckerkopf**

Auf den Rinkenturm Badisch-schwäbisch gestärkt, folgen wir dem Satteleisteig anschließend zum Wegweiser »Rinkenwall«, zweigen links ab und nutzen den Pfad oberhalb vom Forstweg zum Rinkenturm. Der Aufstieg auf die auch als König-Wilhelm-Turm bekannte Landmarke wird mit einer weiteren Aussicht über das Tonbachtal sowie über Baiersbronn hinweg ins Forbachtal belohnt. Für den weiteren Rückweg folgen wir der Beschilderung über Rinkenkopf und Rinkenkopfwegle zum Rauhfelsen. Links ab kommen wir zurück zum Wanderparkplatz Sommerseite, wo wir zufrieden und glücklich auf eine vielseitige Wanderung zurückblicken können.

Tipp

Das Petermännle war ein finsterer Gesell, der den Wald über dem Tonbachtal für sich allein beanspruchte. Um andere fernzuhalten, schüttete er die Körbe von Beerensammlern aus und verprügelte so manchen Knaben. Um ihn zu besänftigen, soll es genügen, eine Hand voll Heidelbeeren auf den Stein zu werfen.

AUF EINEN BLICK

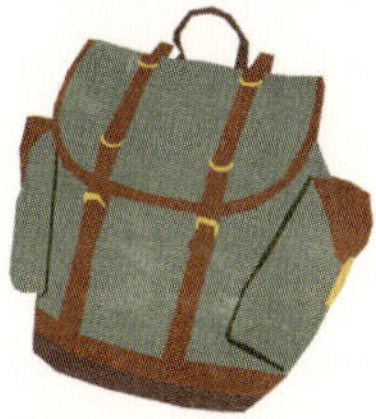

Tour 13: Tour für den Genuss

Dauer: 3.30 Std.

Höhenmeter: 450 Hm

Länge: 11,1 km

Schwierigkeit: Mittel

Tourencharakter: Abwechslungsreiche Runde auf sehr gut gepflegten Wegen und Pfaden; der Aufstieg zum Petermännle erfordert etwas Trittsicherheit und Kondition. Abkürzungen sind gut möglich.

Ausgangs-/Endpunkt: Parkplatz Sommerseite (620 m) von Baiersbronn

Anfahrt: GPS 48.5123, 8.3626
Pkw: Von der B 462 Freudenstadt–Rastatt in Baiersbronn in die Häslergasse und über die Schiefelgasse und den engen Sommerseitenweg zum Parkplatz
Bahn/Bus: Mit der S-Bahn 41 zum Bahnhof Baiersbronn; von dort sind es 1,3 km zu Fuß bis zum Ausgangspunkt. Alternativ mit dem Hüttenbus von Baiersbronn direkt zur Wanderhütte Sattelei fahren

Höchster Punkt: Petermännle (837 m)

Einkehr: Wanderhütte Sattelei (täglich ab 11 Uhr geöffnet, www.bareiss.com)

Karte: Karte des Schwarzwaldvereins 1:25 000, W235 Freudenstadt

Information: Baiersbronn Touristik, Tel. 07442/841 40, www.baiersbronn.de

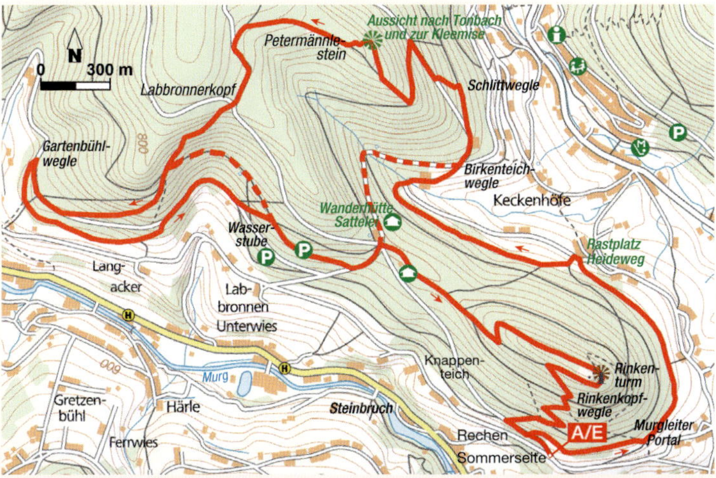

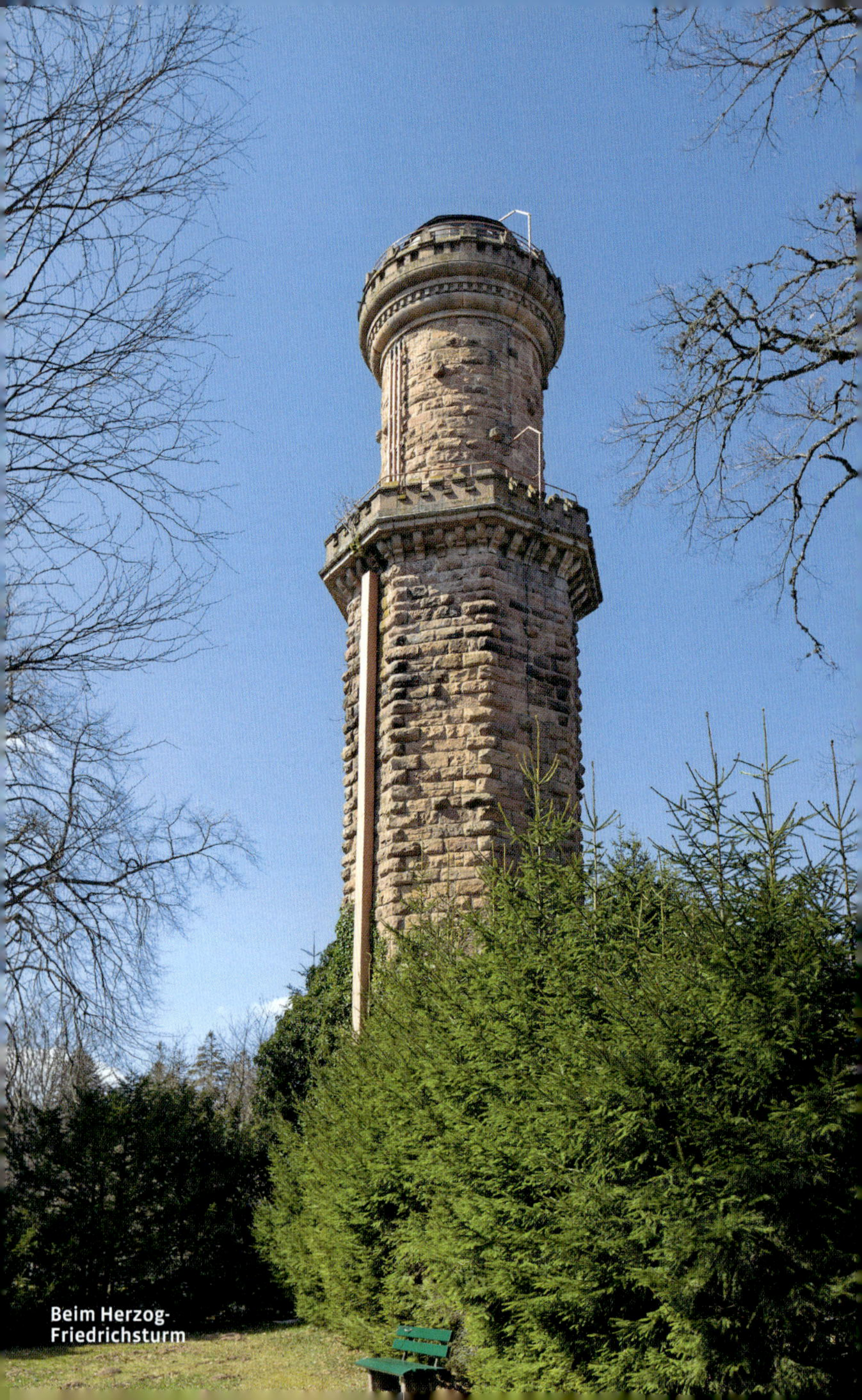

Beim Herzog-
Friedrichsturm

TANNENRIESEN UND FRIEDRICHSTURM

Tour für den Genuss
TOUR 14

Von Freudenstadt zur Großvatertanne

Die als Premiumwanderweg ausgezeichnete Runde führt uns über sowohl bequeme als auch attraktive Waldwege und Pfade zu einigen Besonderheiten zwischen der Stadt und dem Masselkopf. Highlight ist die Großvatertanne, die mächtigste Tanne im Schwarzwald.

Auf dem Teuchelweg Als Ausgangspunkt haben wir den Wanderparkplatz Teuchelwald an der Bässler Brücke gewählt. Der erste Abschnitt verläuft auf dem Mittelweg, der uns von der Stadt weg und an einem Teuchel vorbeiführt. Derart ausgehöhlte Stämme dienten einst dazu, Wasser von den Langwaldquellen zum Marktplatz von Freudenstadt zu leiten. Der historischen Trinkwasserversorgung haben wir den hier schnurgeraden Wegverlauf zu verdanken. Leicht bergan folgen wir der Beschilderung am Olgabrunnen und der Tannenhütte vorbei, ehe wir links auf den Pfad zum Waldcafé Teuchelwald wechseln. Alternativ ist das mitten im Wald gelegene Ausflugslokal auch über den breiten Forstweg zu erreichen.

Optionen zum Ruhen und Liegen Oberhalb des Waldcafés treffen wir auf den Kasernenbrunnenweg, der uns rechts an einer historischen Laderampe vorbei zur Schutzhütte Agnesruhe führt. Etwas abseits (südwestlich) der Hütte finden wir einen mit »Eselsteich« beschrifteten Felsen; er erinnert an die Zeit, als im Schwarzwald noch vielerorts Esel eingesetzt wurden, um Lasten – hier etwa Eisenerz und Holzkohle – zu befördern. Bei der Hütte verlassen wir den Mittelweg und folgen links der gelben Raute über den Agnesruheweg an die L405. Jenseits der Straße laufen wir um den Parkplatz herum bis zum Wegweiser »Wölperweg«. Links bietet sich ein Abstecher zur Goldenkugelhütte an – die urige Rasthütte befindet sich am Rand einer vom Wald umschlossenen Liegewiese bzw. dem Alten Festplatz.

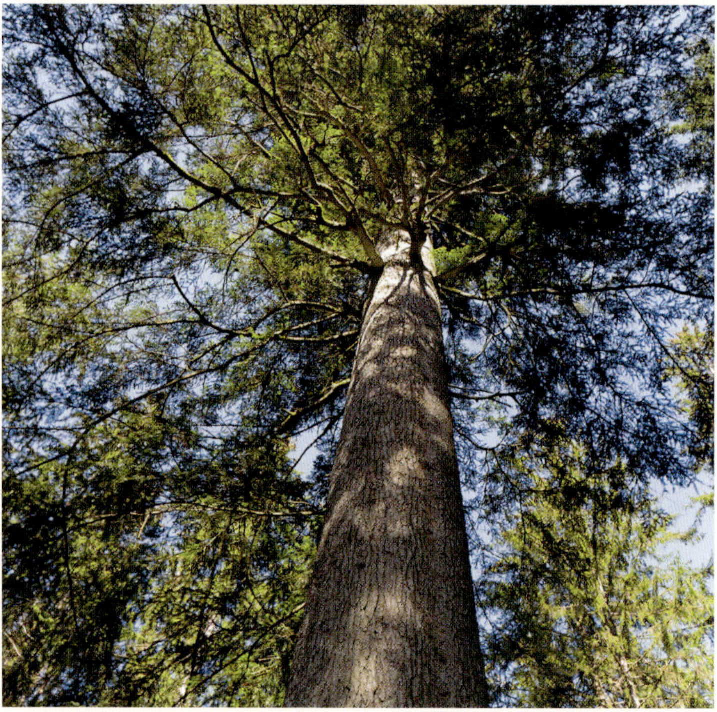

»Je größer die Stürme,
desto fester wurzelt die Eiche.«

Deutsches Sprichwort

Stippvisite bei der Großvatertanne Zurück beim Wegweiser »Wölperweg« geht es als Nächstes über den Großen Stein zur Äußeren Rivera sowie rechts zur Lauterhütte. Um zur Großvatertanne zu gelangen, laufen wir zunächst geradeaus weiter auf den Masselkopf. Rechts ab haben wir nach weiteren gut 300 Metern die Großvatertanne erreicht. Gern können wir die Großvatertanne eine Weile auf uns wirken lassen oder auch einmal versuchen, sie zu umarmen.

Attraktive Pfade Sowie wir wieder bei der Lauterhütte sind, haben wir anschließend die Wahl: Wer leichte Wege bevorzugt, kann bis zur Äußeren Rivera weiterlaufen und erst dort rechts abbiegen. Alle anderen wechseln bei der Lauterhütte auf den schmalen Waldpfad. Dieser führt uns erst an den Baldenhofer Graben, ehe er sich zwischen den Bäumen hindurchschlängelt. Wo der Pfad nach rund 1,2 Kilometern beim Wegweiser »Burgkopf« endet, treffen beide Varianten zusammen. Nach wenigen Schritten rechts auf dem Forstweg wechseln wir links auf einen eigens für diese Runde angelegten Pfad. Auch hier besteht die Möglichkeit, auf dem Forstweg zu bleiben und den leichteren Weg zum Wegweiser »Am Zollernblickweg« zu nehmen.

Zollernblick und Berghütte Erneut nur einen Katzensprung weiter weicht der Premiumwanderweg rechts vom Forstweg ab, beschreibt diesmal jedoch einen deutlich weiteren Bogen bis zum Wegweiser »Baldenhofer Graben«, von wo es ein letztes Mal zurück auf den Zollernblickweg und rechts zur Berghütte Lauterbad geht. Die am Skihang gelegene Berghütte kommt wie gerufen, um den Ausflug mit einer entspannten Einkehr zu verbinden. Für den

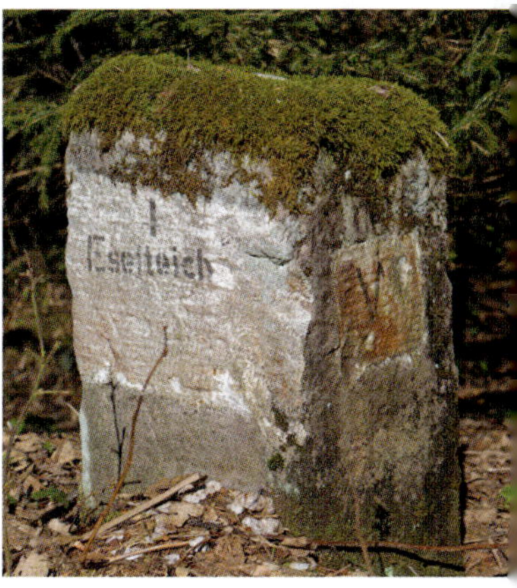

← **Mächtige Großvatertanne**
→ **Alter Flurstein beim Eselsteich**

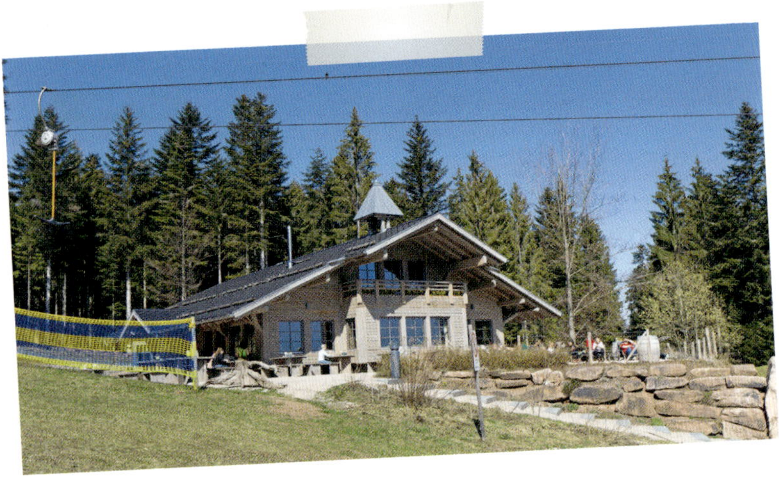

↑ **Berghütte Lauterbad**

Rückweg folgen wir dann der Beschilderung durch den Wald zur Zollernblicksteige, wo wir erst links, dann sogleich rechts abbiegen und den Wegmarkierungen durch den Wald folgen.

Zum Friedrichsturm Bei der Köhlerhütte biegen wir links ab, sodass wir uns zunächst am Waldrand befinden, ehe wir nach 300 Metern rechts über den Wiesenpfad zum Friedrichsturm gelangen. Am nächsten Ausflugslokal vorbei haben wir beim Wegweiser »Gartengolf« die Wahl: Wer direkt zurück zur Bässler Brücke will, biegt links ab und folgt der gelben Raute durch den Park. Wer beim Bahnhof gestartet ist oder den Ausflug mit einem Bummel in Freudenstadt verbinden möchte, bleibt auf dem Ostweg, bis dieser auf dem Marktplatz mit dem Mittelweg zusammentrifft.

Tipp

Einst stand die Großvatertanne als Weidtanne frei auf einer Weide des Schöllkopfhofs und konnte sich unbedrängt entwickeln. Auch mit einem schattigen Standort kommt die Tanne gut zurecht, sodass sie trotz des sie mittlerweile umgebenden Walds weiterhin an Masse gewinnt.

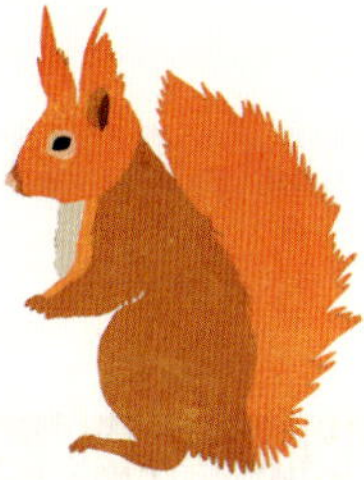

AUF EINEN BLICK

Tour 14: Tour für den Genuss

Dauer: 3–3.30 Std.

Höhenmeter: 200 Hm

Länge: 10,4 km

Schwierigkeit: Leicht bis mittel

Tourencharakter: Die Streckenführung wechselt zwischen breiten Forstwegen und wurzelüberzogenen Pfaden. Letztere können umgangen werden.

Ausgangs-/Endpunkt: Bässler Brücke (735 m) in Freudenstadt

Anfahrt: GPS 48.4567, 8.4070
Pkw: Der Parkplatz an der Bässler Brücke befindet sich direkt an der B 28 von Freudenstadt Richtung Kniebis bzw. am Abzweig auf die L 405 nach Schömberg.
Bahn/Bus: Ab Freudenstadt zur Haltestelle Straßburger Straße

Höchster Punkt: Alter Festplatz (840 m)

Einkehr: Waldcafé Teuchelwald; Berghütte Lauterbad; Friedrichs am Kienberg

Karte: Karte des Schwarzwaldvereins 1:25 000, W235 Freudenstadt

Information: Touristinfo Freudenstadt, Tel. 07441/86 47 30

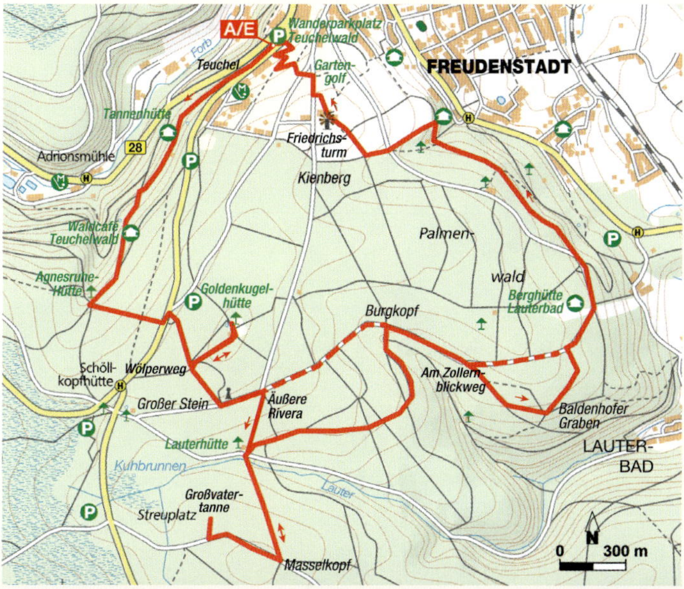

Der Hornisgrinde-
turm

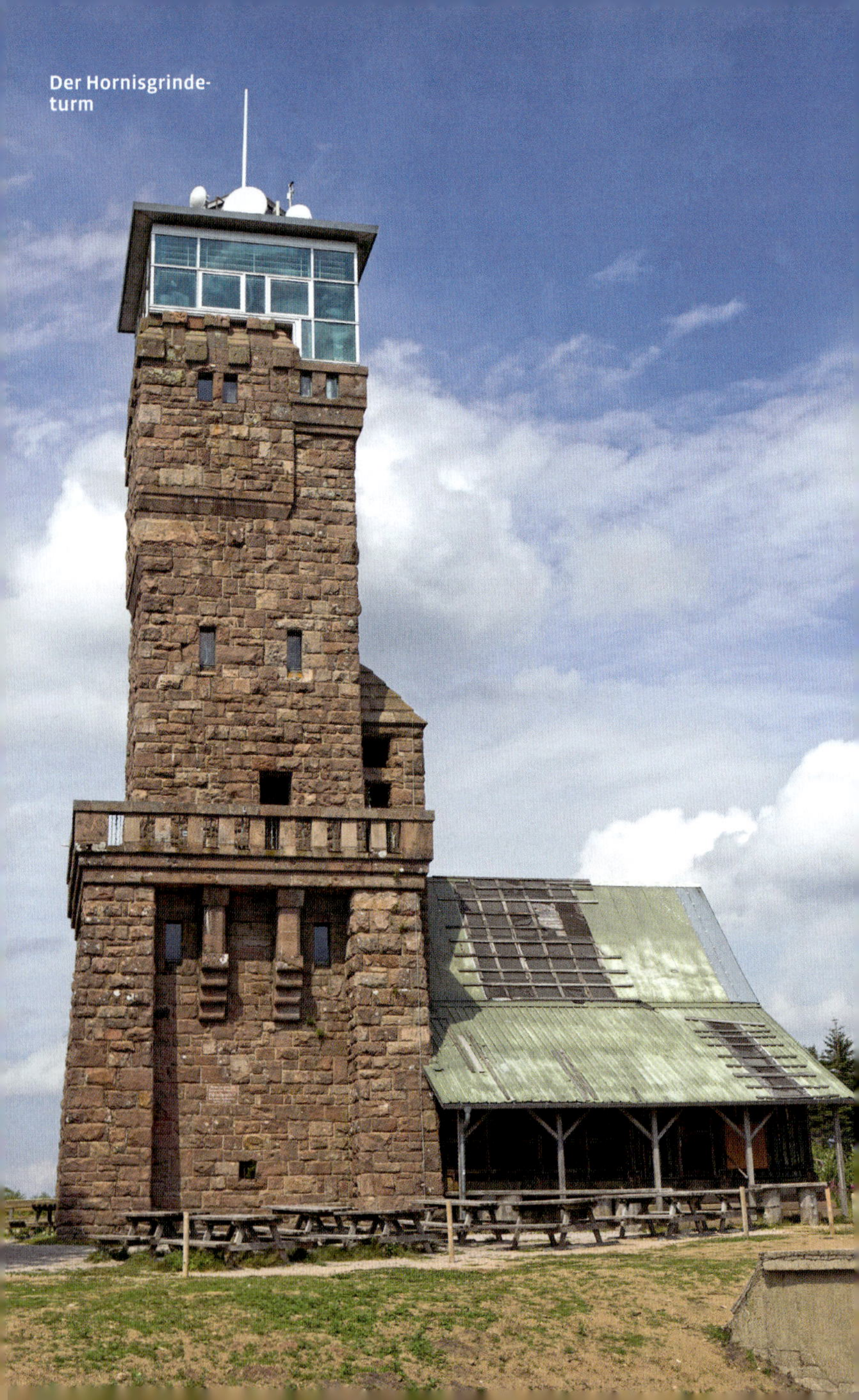

AUF DIE HORNISGRINDE

Tour
TOUR 15
ohne Uhr

Aufstieg ab Unterstmatt

Die Hornisgrinde bildet die höchste Erhebung im Nordschwarzwald. Durch ihre Nähe zum Mummelsee und zur Schwarzwaldhochstraße zählt sie zugleich zu den am stärksten besuchten Ausflugszielen. Ruhiger und entspannter ist der Aufstieg von Norden.

Staubfrei auf dem Westweg Der Einstieg in die Wanderung erfolgt beim Wegweiser »Unterstmatt« am südlichen Ende des Parkplatzes; alle wichtigen Ziele unserer Tour stehen dort bereits angeschrieben. Damit folgen wir der roten Westwegraute auf dem Hans-Reymann-Weg in den Wald. Vor Ort wird der Pfad als »staubfreier Wanderweg« beschrieben – das können wir gern so glauben, denn durch das ausgesprochen feuchte Klima auf der Hornisgrinde werden allerlei Partikel aus der Luft ausgewaschen.

Über den Ochsenstall auf die Grinde Wo unser Pfad auf einen breiteren Weg trifft, biegen wir links ab und folgen der roten Raute weiter zum Ochsenstall. Direkt beim Wanderheim biegt der Westweg links ab, führt an einem Wohnmobilstellplatz vorbei und durch den Wald auf die Kleine Grinde. Sobald wir den Sender Hornisgrinde passiert haben, trennen uns nur noch wenige Schritte vom Bismarckturm. Seine Aussichtsplattform eröffnet uns eine leicht erhöhte Rundumsicht über die Hochfläche. An dem Turm orientieren wir uns links und wechseln auf den Hornisgrinde-Rundweg. Wo dieser in einen breiteren Weg mündet, bietet sich links ein Abstecher zum Hornisgrindeturm und der 2018 eröffneten Grinde-Hütte an.

Varianten am Rückweg Anschließend laufen wir zurück zum Bismarckturm und weiter zum Wegweiser »Windpark«. Dort biegen wir links ab, orientieren uns am Waldrand rechts und folgen der blauen Raute stetig bergab bis zum Kaltenbrunnen. Bereits wieder in Hörweite der B 500 biegen wir dort rechts mit der gelben Raute zur Horngass ab und haben die

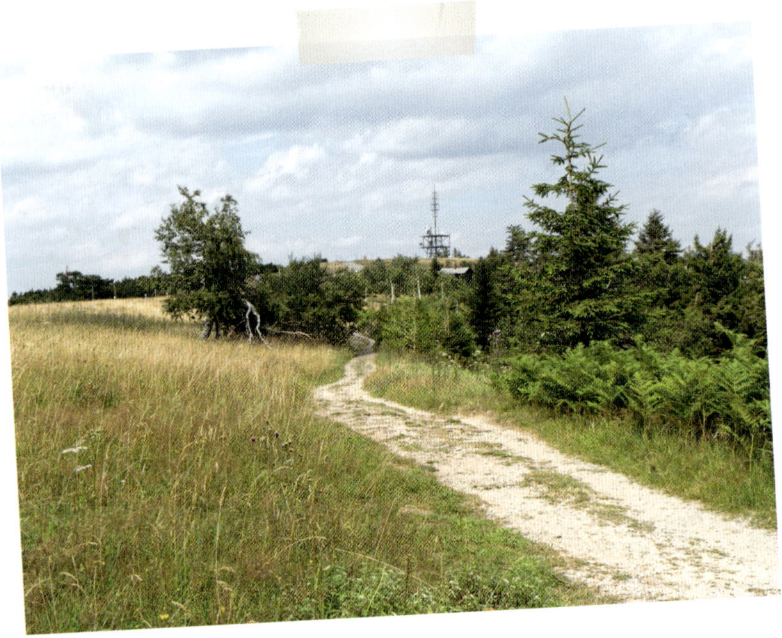

↑ **Westweg auf die Hornisgrinde**

Wahl: Für den kürzeren Weg zurück nach Unterstmatt laufen wir geradeaus weiter; oder wir biegen rechts in die Horngass ein und nehmen den Umweg übers Kleine Mur. Bei der zweiten Variante müssen wir 40 Höhenmeter mehr leisten, wandern dafür aber abseits der Bundesstraße. Auch müssen wir so nicht um den 2018 erstellten Wasserspeicher für die Beschneiung des Skihangs Unterstmatt herumlaufen.

Tipp

Ausstieg aus der Runde: Ab dem Hornisgrindeturm bestehen Busverbindungen hinunter zum Mummelsee und weiter zum Bahnhof in Achern. An den Wochenenden fährt die Panoramalinie 423 um 10.15 Uhr, 12.15 Uhr, 15.15 und 17.15 Uhr beim Hornisgrindeturm ab. Unter der Woche starten die Busse um 11.24 Uhr, 14.17 Uhr, 16.47 Uhr, 18.06 Uhr und 18.36 Uhr.

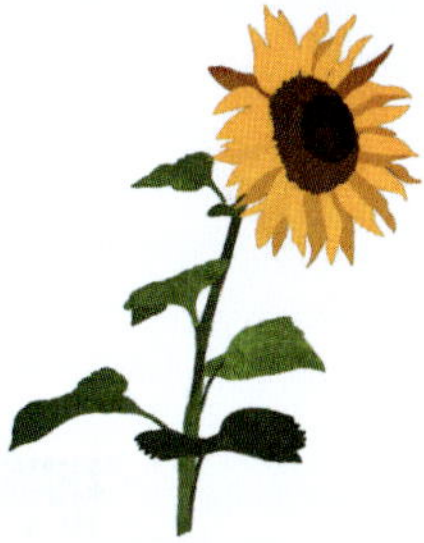

AUF EINEN BLICK

Tour 15: Tour ohne Uhr

Dauer: 3 Std.

Höhenmeter: 290 Hm

Länge: 8,2 km

Schwierigkeit: Mittel

Tourencharakter: Der Anstieg auf die Hornisgrinde erfolgt auf bequem zu gehenden Pfaden sowie auch auf teils etwas steileren Forstwegen. Im Abstieg nach Kaltenbrunnen ist an zwei, drei Stellen etwas Trittsicherheit gefragt.

Ausgangs-/Endpunkt: Unterstmatt (930 m)

Anfahrt: GPS 48.6292, 8.2065

Pkw: Auf der Schwarzwaldhochstraße Baden-Baden–Freudenstadt bis zu den Parkplätzen in Bühl-Unterstmatt fahren

Bahn/Bus: Busverbindungen vom Bahnhof Achern zu den Haltestellen Bühl-Unterstmatt und Mummelsee-Seebach

Höchster Punkt: Hornisgrinde (1164 m)

Einkehr: Wanderheim Ochsenstall; Grinde-Hütte; in Unterstmatt

Karte: Karte des Schwarzwaldvereins 1:25 000, W235 Freudenstadt

Information: Touristinfo Seebach, Tel. 07842/94 83 20, www.achertal.de

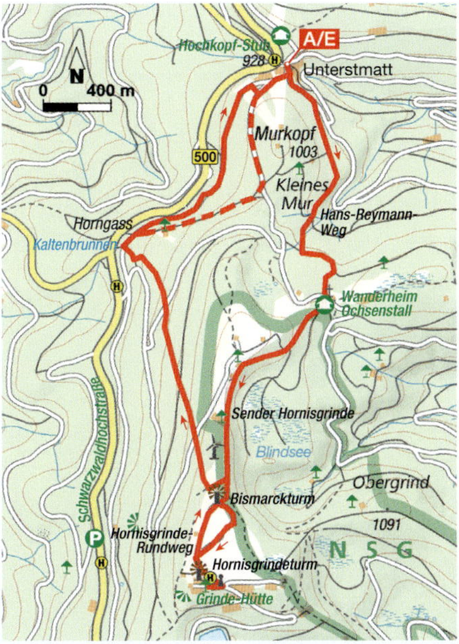

Weinbergidylle bei Durbach (Tour 20)

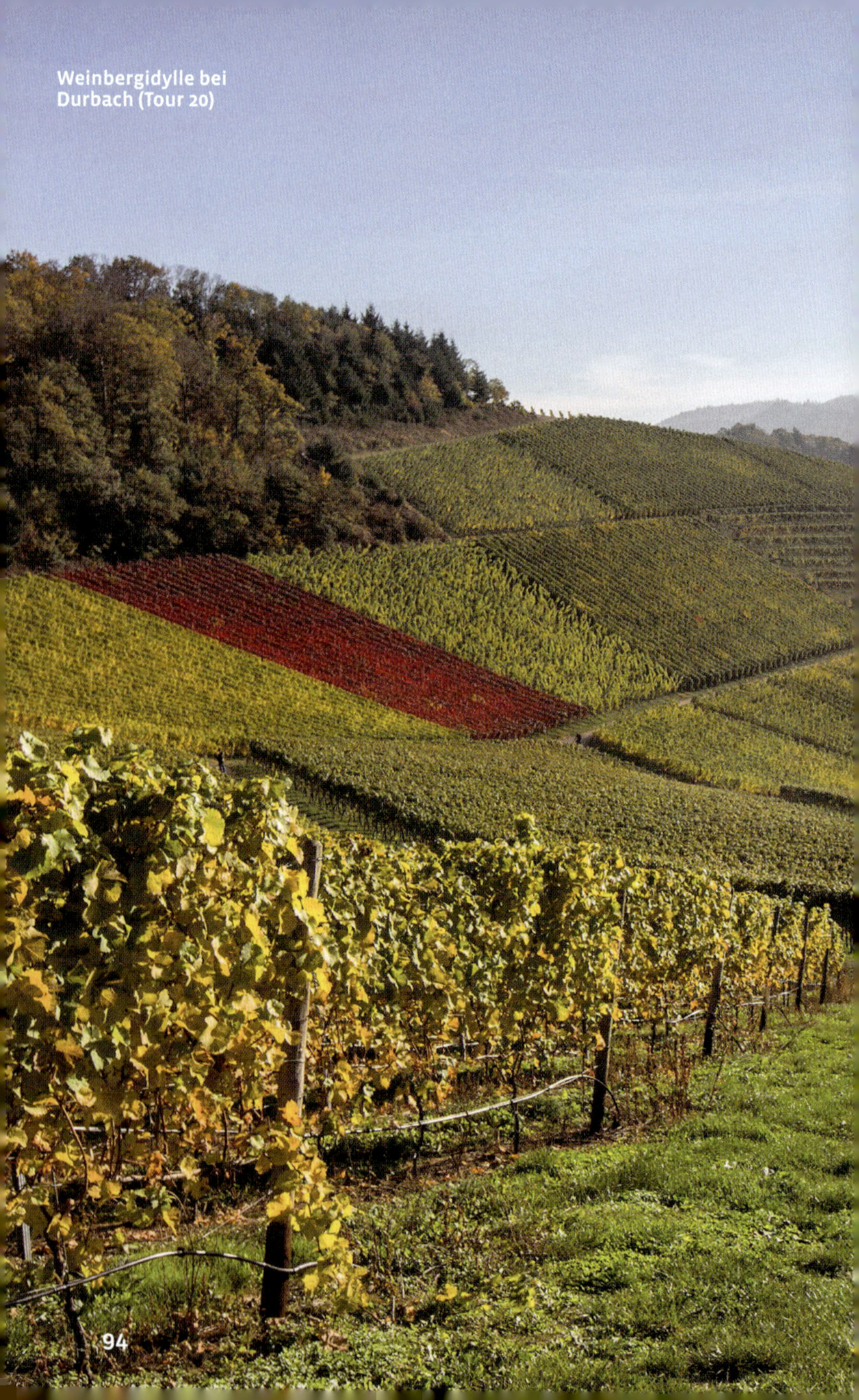

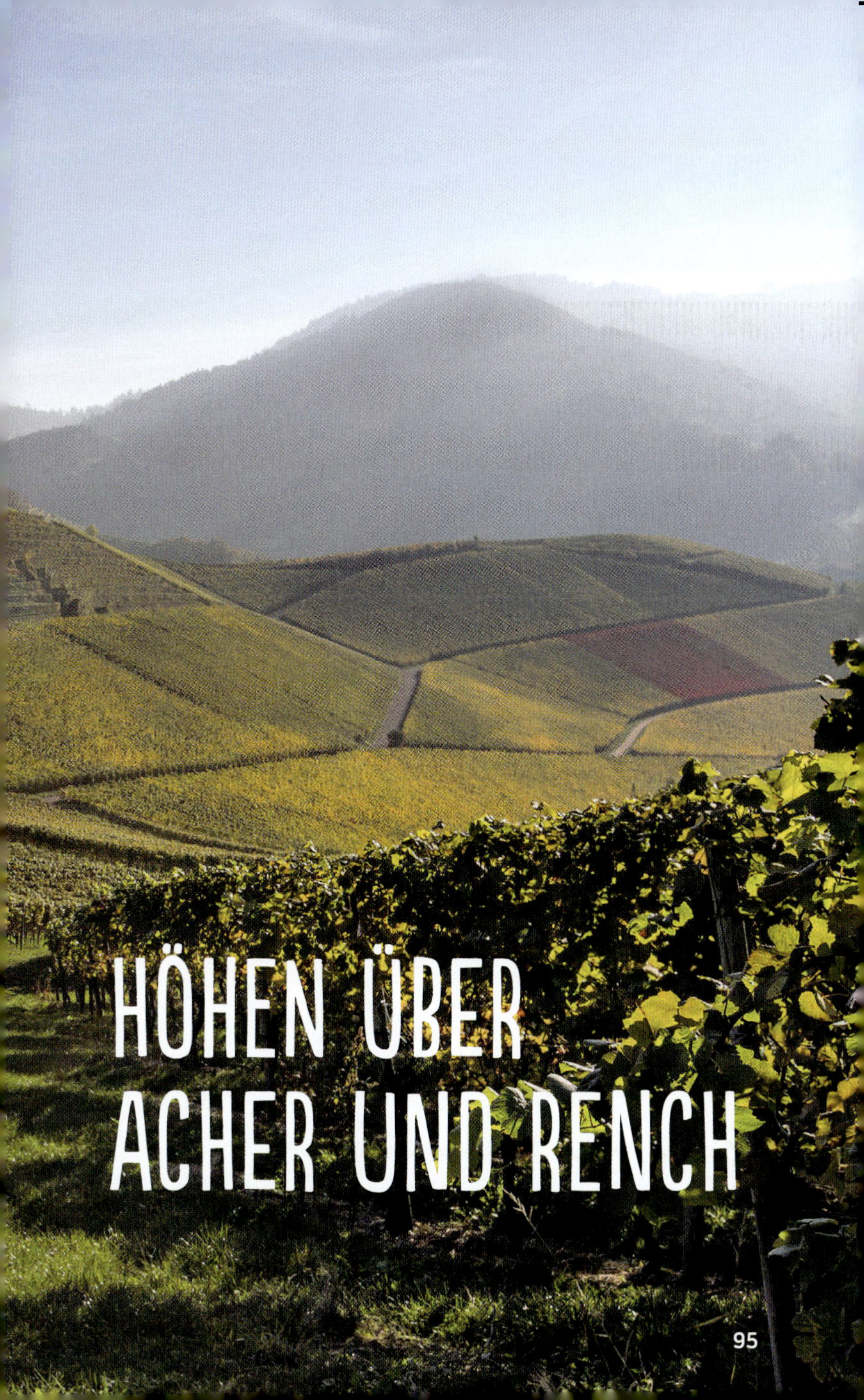

HÖHEN ÜBER ACHER UND RENCH

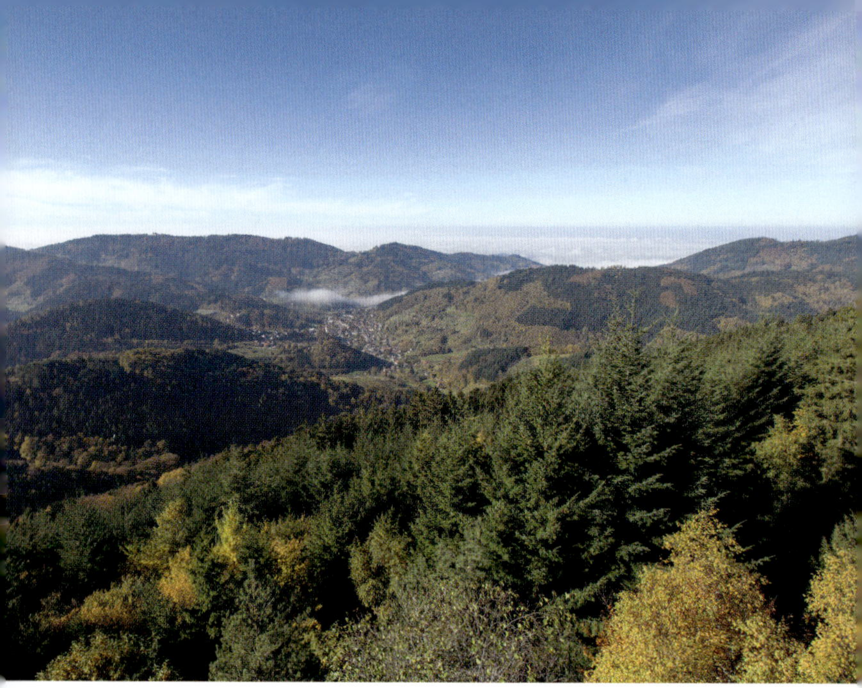

↑ Ausblick vom Brennte Schrofen ↓ Wanderweg beim Bosenstein

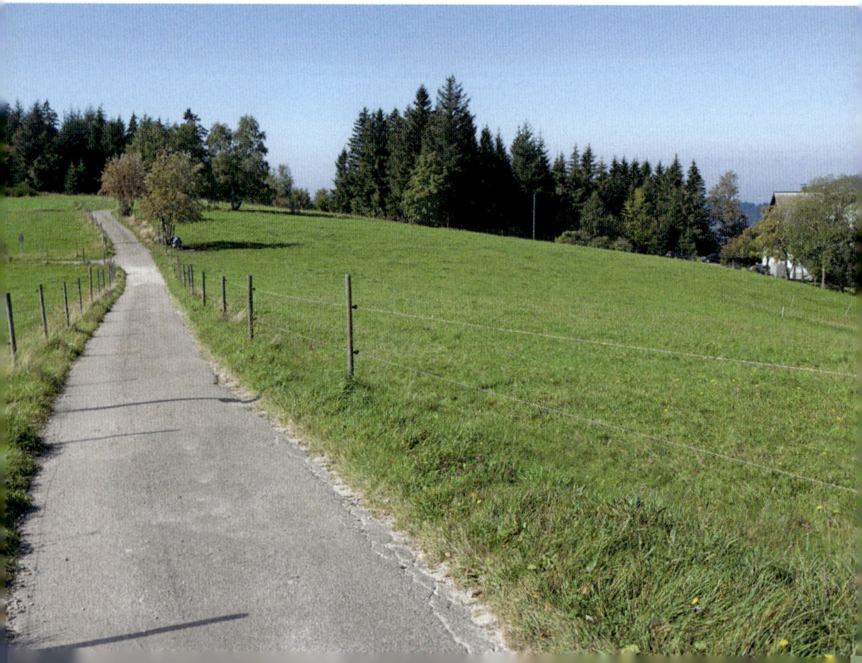

POTPOURRI IM NATIONALPARK

Tour
TOUR 16
ohne Uhr

Zwischen Ruhestein und Brennte Schrofen

Der Ruhestein ist seit jeher ein beliebtes Ausflugsziel. Mit der Gründung des Nationalparks Schwarzwald verstärkte sich der Besucherandrang nochmals, sodass es auf den Parkplätzen teils wie in einem Taubenschlag zugeht. Schöne Wandermomente finden wir dennoch.

Auf den Bosensteiner Almpfad Ab dem Nationalparkzentrum geht es zunächst über die B 500 zum Wegweiser »Bei der Acherquelle«. Dort halten wir uns links und folgen der blauen Raute zum Karl-Ross-Weg sowie auf jenem zum Bosensteiner Eck. Bevor wir links zur Schönen Aussicht abbiegen, lohnt sich ein Abstecher zur Schutzhütte am Brennte Schrofen. Der Weg dorthin führt am Rasthaus Bosenstein vorbei über eine reizvolle Weise, dann am Waldrand entlang und schließlich durch den Wald. Nach rund 750 Metern ab dem Bosensteiner Eck haben wir Hütte und Aussichtskanzel erreicht, und das Mühlendorf Ottenhöfen liegt uns zu Füßen.

Schöne Aussichten am laufenden Band Zurück beim Bosensteiner Eck, folgen wir anschließend der gelben Raute über die Kernhofstraße zur Bushaltestelle sowie über die Kreisstraße hinweg auf einem schmalen Pfad hinauf zur Schönen Aussicht. Der Name ist Programm: Im Westen ist u. a. der berühmt-berüchtigte Karlsruher Grat zu sehen. Am Pfadende biegen wir beim Wegweiser »Am Melkereikopf« rechts ab und können es fortan ruhig angehen lassen. Der Wanderweg pendelt in diesem Bereich um die 1000-Meter-Höhenlinie und eröffnet uns beim Hornisgrinde-Blick sowie dem Sohlberg-Blick weitere schöne Aussichten.

Auf dem Westweg Nachdem wir den Melkereikopf nahezu komplett umrundet haben, treffen wir einen guten Kilometer weiter beim Schweinkopf

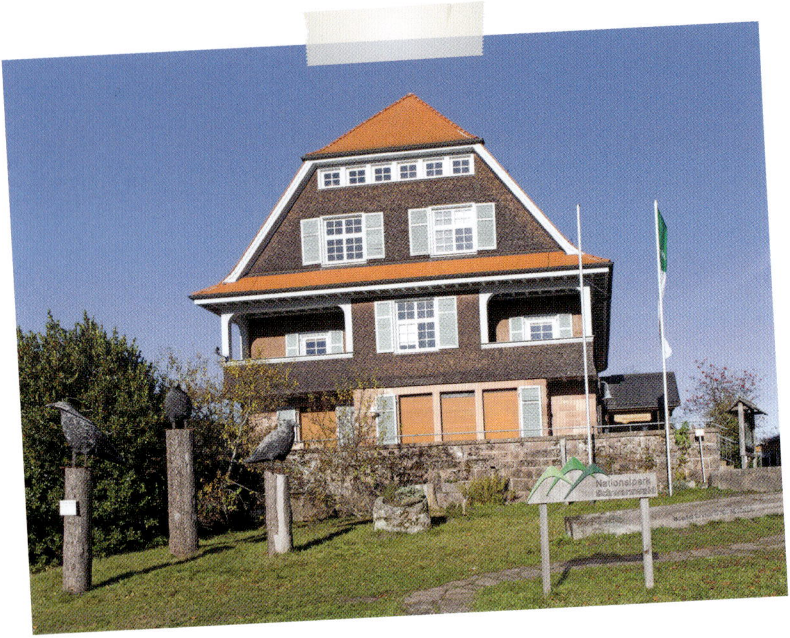

↑ **Nationalparkzentrum Ruhestein**

auf den Westweg. Links ab führt uns dieser erst über eine Wiese in einen lichten Wald bis zum höchsten Punkt dieser Wanderung. Dann geht es wieder sachte bergab und über die B 500 zum Parkplatz der Bergstation vom Skilift Vogelstein. Der letzte Abschnitt erfolgt in nördlicher Richtung zurück zum Ruhestein, wo wir mehrere schöne Möglichkeiten finden, den Ausflug mit einer gemütlichen Einkehr abzuschließen.

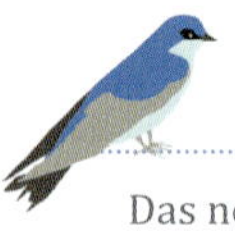

Tipp

Das neue Nationalparkzentrum Ruhestein ist nach vierjähriger Bauzeit im Juni 2021 eröffnet worden und dient Nationalparkbesuchern als zentrale Anlaufstelle. Vom Foyer des Gebäudes führt der »Brücke der Wildnis« genannte Aussichtsturm in den Baumkronenbereich und gibt Einblicke in den benachbarten Tannen- und Fichtenwald (www.nationalpark-schwarzwald.de).

AUF EINEN BLICK

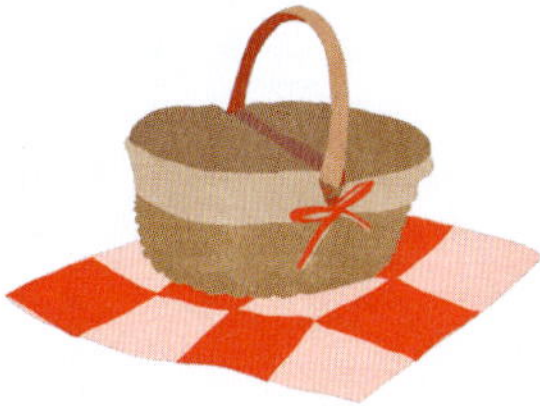

Tour 16: Tour ohne Uhr

Dauer: 3.30 Std.

Höhenmeter: 350 Hm

Länge: 9,6 km

Schwierigkeit: Mittel

Tourencharakter: Bis auf den längeren Anstieg vom Brennte Schrofen zum 1000-m-Weg eher leichte Wanderung auf attraktiven Pfaden und Wegen.

Ausgangs-/Endpunkt: Nationalparkzentrum Ruhestein (917 m)

Anfahrt: GPS 48.5614, 8.2219
Pkw: Zufahrten zum Ruhestein über die B 500 Baden-Baden–Freudenstadt (B 28), von Baiersbronn über die L 401 und von Achern über die L 87
Bahn/Bus: Bahn- und Busverbindungen ab Baiersbronn, Achern und Baden-Baden zur Haltestelle Ruhestein

Höchster Punkt: Nahe dem Skilift Vogelsberg (bis 1030 m)

Einkehr: Gastronomie am Ruhestein

Karte: Karte des Schwarzwaldvereins 1:25 000, W235 Freudenstadt

Information: Baiersbronn Touristik, Tel. 07442/841 40, www.baiersbronn.de; Touristinfo Seebach, Tel. 07842/94 83 20, www.achertal.de

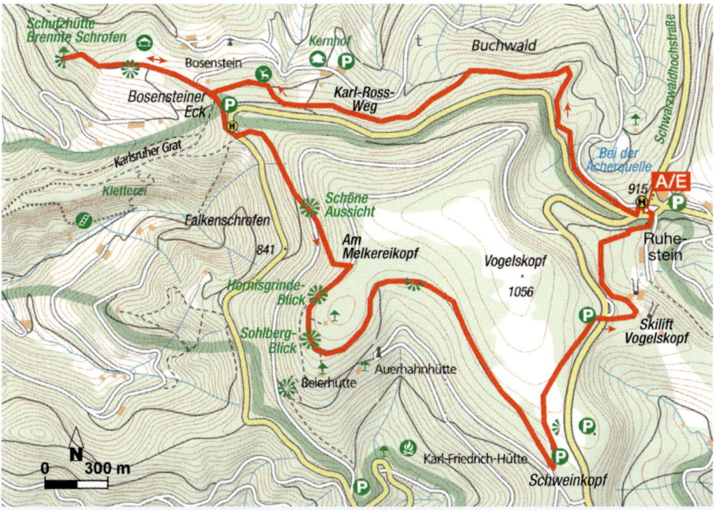

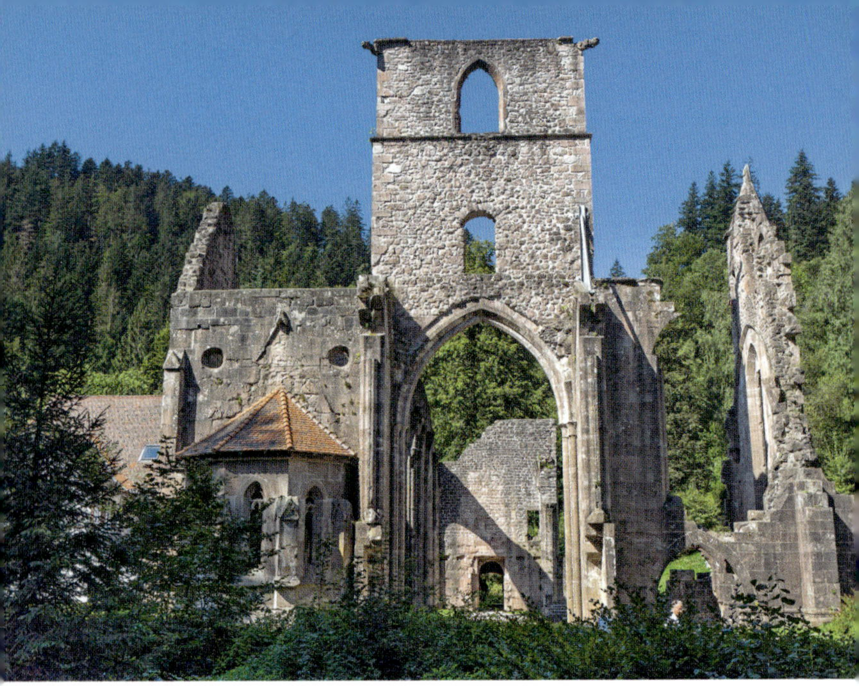

↑ Klosterkirche Allerheiligen ↓ Ehrenmal des Schwarzwaldvereins

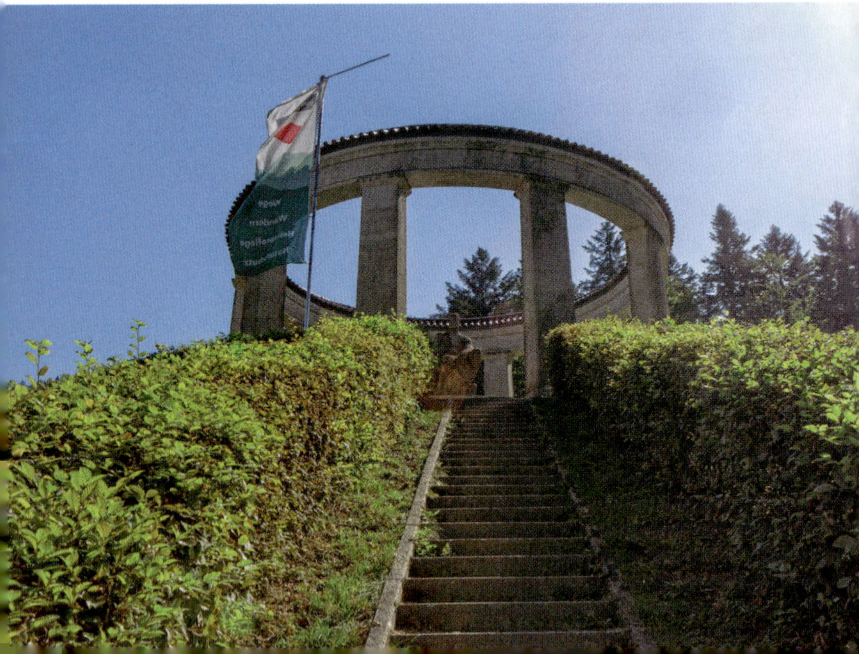

WASSERFÄLLE UND KLOSTER ALLERHEILIGEN

Tour
TOUR 17
ohne Uhr

Aufstieg über das Wahlholz

Die Klosterruine Allerheiligen befindet sich oberhalb der Wasserfälle des Lierbachs und ist umgeben von Bergwiesen und Wäldern. Ab dem 13. bis Anfang des 19. Jahrhunderts war das Kloster eine bedeutende Pilgerstätte. Unsere Variante führt zunächst durch ruhige Wälder.

Das Pferd von hinten aufgezäumt Vom Parkplatz Allerheiligen sind es nur wenige Minuten zu Fuß bis zu den Allerheiligen-Wasserfällen. Sie sparen wir uns als rauschendes Finale auf. Für den Hinweg erfolgen die ersten Schritte entlang der Straße bis über den Lierbach, ehe wir rechts auf den Pfad wechseln. Wo dieser bei Windschlägwald auf einen Fahrweg trifft, biegen wir scharf links nach Hinter-Wahlholz ab. Dort orientieren wir uns schräg links, zweigen auf den Schotterweg ab und folgen der gelben Raute auf wechselnden, ordentlich beschilderten Wegen durch den Wald. Nach gut einem Kilometer treffen wir bei einem Ausguck erneut auf die Wahlholzstraße, auf der wir rechts zum herrlich gelegenen Rastplatz der Wahlholzhütte gelangen.

Auf dem Hirscheckweg Der weitere Weg zum Kloster erfolgt auf dem mit gelber Raute markierten Hirscheckweg Richtung SWV-Ehrenmal. Dieser führt uns über den scharf ins Gelände eingeschnittenen Roten Schliffbach in den Nationalpark. Nach gut zwei Kilometern ab der Wahlholzhütte kommen wir bei einer noch jüngeren Hütte zum Abzweig auf den Büttenkopfweg sowie zum Camp Erdbeerloch. Der offizielle Wanderweg führt links um die Hütte herum, wo wir den Einstieg zu einem Pfad finden. Dieser bringt uns über mehrere kurze Kehren an den unteren Waldrand zu einem Parkplatz an der Kreisstraße sowie (leicht nach rechts versetzt) jenseits davon durch den Wald zum Ehrenmal des Schwarzwaldvereins.

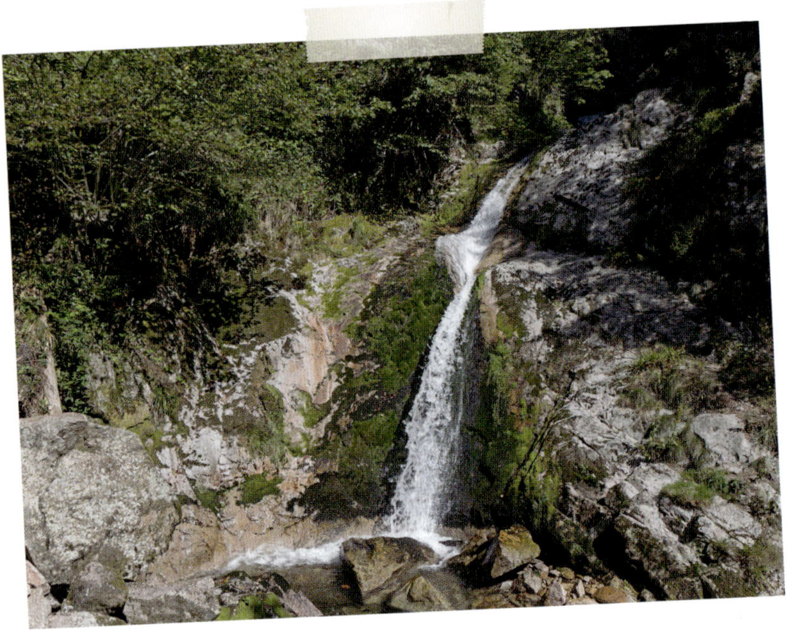

↑ Allerheiligen-Wasserfälle

Kloster und Wasserfälle Unterhalb der Gedenkstätte geht es zur Klosterruine Allerheiligen und dem gleichnamigen Gasthof. Nach dem Besuch der alten Wallfahrtsstätte kehren wir zum Wegweiser »Am Zierteich« zurück. Ab dort erfolgt der Rückweg auf dem Lierbachtalweg bis hinunter zu unserem Ausgangspunkt. Für diesen können wir uns gern Zeit lassen und das aus etlichen Gumpen, Minikaskaden und Rutschen gebildete Naturschauspiel auf uns wirken lassen.

Tipp

Allerheiligen-Wasserfälle: Unterhalb des Klosters rauscht der Lierbach über sieben Hauptkaskaden knapp 90 m talwärts. Die mit Treppen und Brücken gesicherte Schlucht wurde 1840 begehbar gemacht und steht im Mittelpunkt einiger Sagen und Legenden.

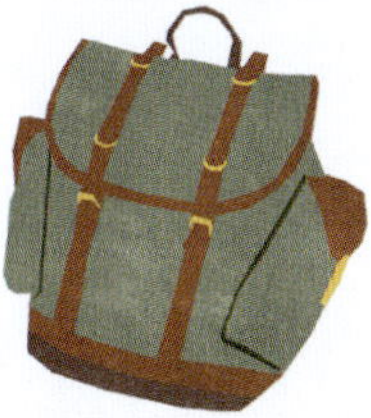

AUF EINEN BLICK

Tour 17: Tour ohne Uhr

Dauer: 3 Std.

Höhenmeter: 400 Hm

Länge: 7,7 km

Schwierigkeit: Mittel

Tourencharakter: Die Runde nutzt sowohl Pfade und Waldwege als auch (asphaltierte) Zufahrten und Wirtschaftswege. Der Abstieg entlang der Lierbach-Wasserfälle erfolgt über einen Treppenweg.

Ausgangs-/Endpunkt: Parkplatz Allerheiligen-Wasserfälle (518 m)

Anfahrt: GPS 48.5283, 8.1882
Pkw: A 5 Freiburg–Karlsruhe bis Ausfahrt 54, dann B 28 bis Oppenau, im Ort im Kreisel auf die Straßburger Straße abfahren und dieser ins Lierbachtal bis zum Parkplatz folgen. Alternativ ist die Anfahrt auch über Ottenhöfen möglich.
Bahn/Bus: Busverbindungen ab den Bahnhöfen in Oppenau und Ottenhöfen zur Haltestelle Allerheiligen-Wasserfälle

Höchster Punkt: Nördlich der Wahlholzhütte (bis ca. 800 m)

Einkehr: Kloster Allerheiligen (täglich ab 11.30 Uhr, Tel. 07804/12 00, www.kloster-allerheiligen.de)

Karte: Karte des Schwarzwaldvereins 1:25 000, W235 Freudenstadt

Information: Renchtal Tourismus GmbH, Tel. 07804/48 36, www.renchtal-tourismus.de

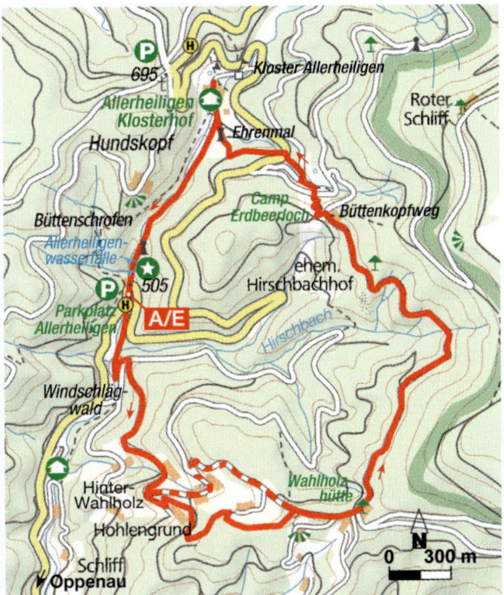

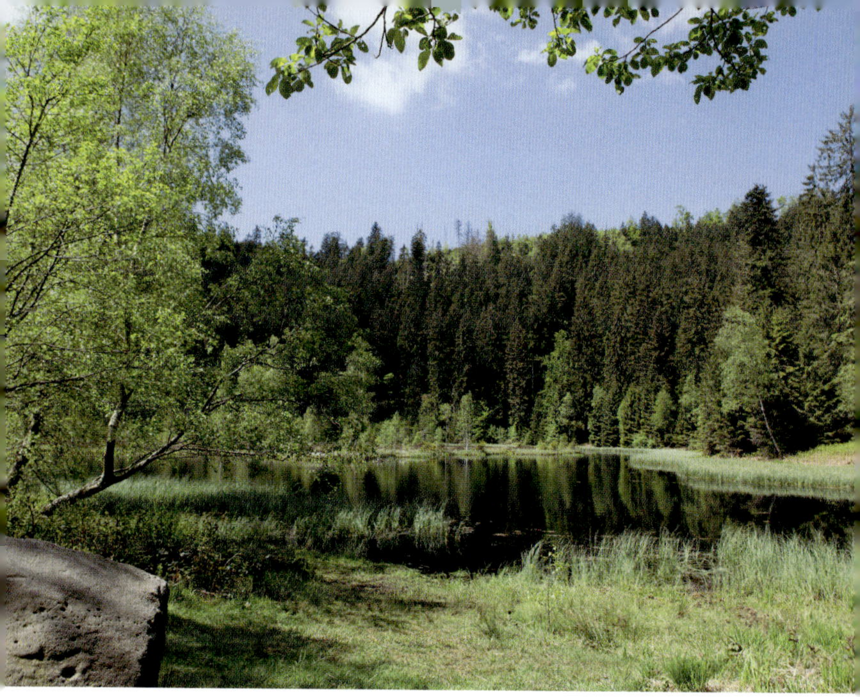

↑ Idylle am Buhlbachsee ↓ Wildromantisches Spaltbächle

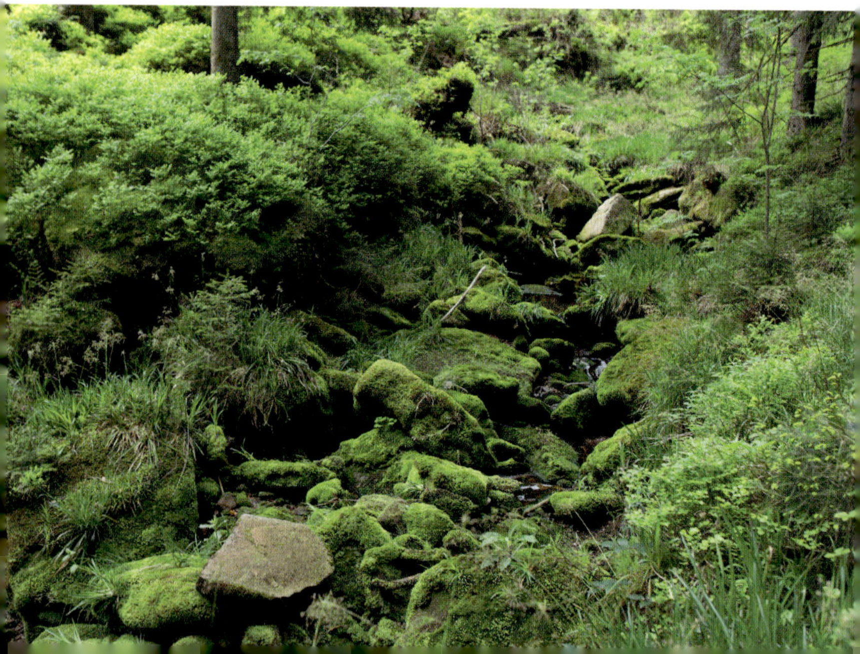

Tour
TOUR 18
der Stille

PERLE AM BAIERSBRONNER SEENSTEIG

Über die Röschenschanze zum Buhlbachsee

Der Buhlbachsee zählt zu den kleineren Karseen im Nordschwarzwald. Wanderer empfängt er mit einer Idylle, die selbst im Nationalpark nicht selbstverständlich ist. Zuvor lernen wir die Röschenschanze kennen; auch sie bietet seltenen Arten ein Zuhause.

Zuflucht zur Röschenschanze Wir starten die Runde bei der Bushaltestelle Zuflucht. Von der Anhöhe folgen wir dem Westweg in Richtung Ruhestein. Nach gut 300 Metern führt uns dieser zur Röschenschanze. Die sternförmige Verteidigungsanlage entstand 1794 unter Leitung des Majors Jakob Rösch und sollte die Oppenauer Steige absperren. Ziel war es, die Landesgrenze von Württemberg zu sichern. Das Unterfangen scheiterte: Noch vor Vollendung der Röschenschanze nahmen napoleonische Truppen die Wehranlage ein. Heute leben seltene Pflanzen- und Insektenarten im Bereich der Schanze.

Auf dem Seensteig Wo ein Pfad links zum Lift Zuflucht I abzweigt, halten wir uns rechts, sodass wir der roten Raute noch bis zur Schwarzen Lache folgen. Dort verlassen wir den Westweg und biegen rechts in Richtung Buhlbacher Läger ab. Auf diesem Abschnitt kreuzen wir die B 500. Jenseits der Panoramastraße beschreibt der Wanderweg erst eine Linkskurve, dann einen weiten Rechtsbogen bis zum Wegweiser »Buhlbacher Läger«. Dort treffen wir auf den Seensteig, dem wir rechts über die Hahnenmisse und durch das enge Tal des Spaltbächles folgen.

Am Bilderbuchsee Beim Wegweiser »Spaltbächle« biegen wir rechts ab und folgen dem Seensteig weiter über den Abzweig Buhlbachsee an den Buhlbachsee. Lange Zeit führte ein Weg um den See herum. Seit 2020 ist

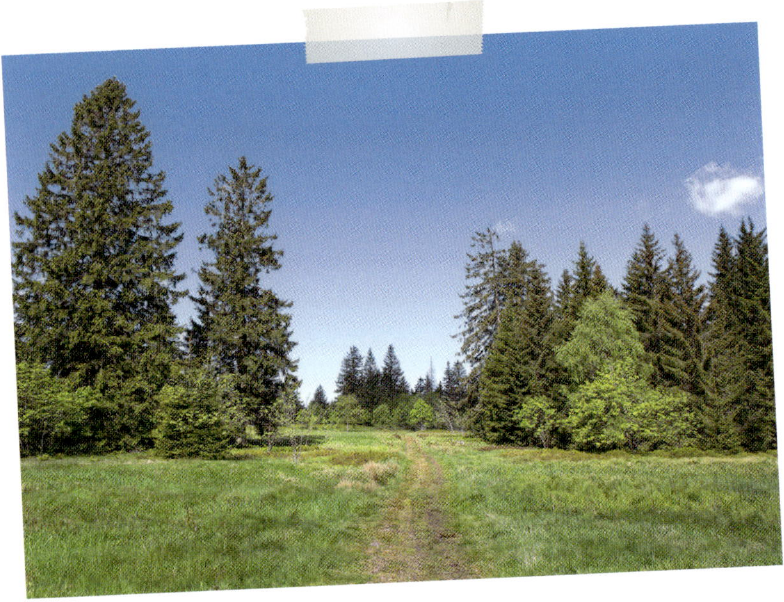

↑ **Westweg und Renchtalsteig nahe Ruhestein**

dieser mit Barrikaden versperrt. Ziel ist es, der Vogelwelt einen wichtigen Rückzugsraum zu schaffen. Für Besucher ist eine Aussichtsplattform am östlichen Ufer vorgesehen. Im Bereich des Auslaufs in den Buhlbach laden heute Bänke zu einer entspannten Rast im Nationalpark ein. Der Rückweg erfolgt ab dem Abzweig Buhlbachsee auf teils steilen Wurzelpfaden über die Seehalde zum Parkplatz Bärenteich an der Schwarzwaldhochstraße. Von dort sind es noch 400 Meter bis zum Ausgangspunkt bei Zuflucht.

Tipp

Natur an der Röschenschanze: Im Innern der auch als Schwabenschanze bekannten Wehranlage hat sich ein Anmoor gebildet, auf dem Torfmoose, das Schmalblättrige Wollgras und Schnabelseggen wachsen. Im Wassergraben finden Amphibien und Libellen wie die Speer-Azurjungfer und die Hochmoor-Mosaikjungfer einen geeigneten Lebensraum.

AUF EINEN BLICK

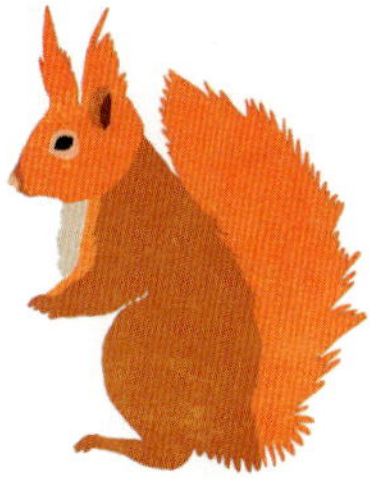

Tour 18: Tour der Stille

Dauer: 2.30 Std.

Höhenmeter: 230 Hm

Länge: 7 km

Schwierigkeit: Leicht

Tourencharakter: Technisch anspruchslose Runde auf zumeist Waldwegen und Pfaden, im Bereich Schwarze Lache auch auf einer alten Straße

Ausgangs-/Endpunkt: Parkplatz Zuflucht (954 m)

Anfahrt: GPS 48.4927, 8.2438
Pkw: Von der B 500/28 Baden-Baden–Freudenstadt zwischen Kniebis und Schliffkopf nach Zuflucht abbiegen; der Parkplatz befindet sich direkt an der Landstraße.
Bahn/Bus: Busverbindungen von Freudenstadt und Mummelsee zur Haltestelle Zuflucht

Höchster Punkt: Rossbühl (963 m)

Einkehr: Unterwegs keine; am Ausgangspunkt Natur- und Sporthotel Zuflucht (Di–So ab 11.30 Uhr, www.hotel-zuflucht.de)

Karte: Karte des Schwarzwaldvereins 1:25 000, W235 Freudenstadt

Information: Touristinfo Freudenstadt, Tel. 07441/86 47 30, www.freudenstadt.de

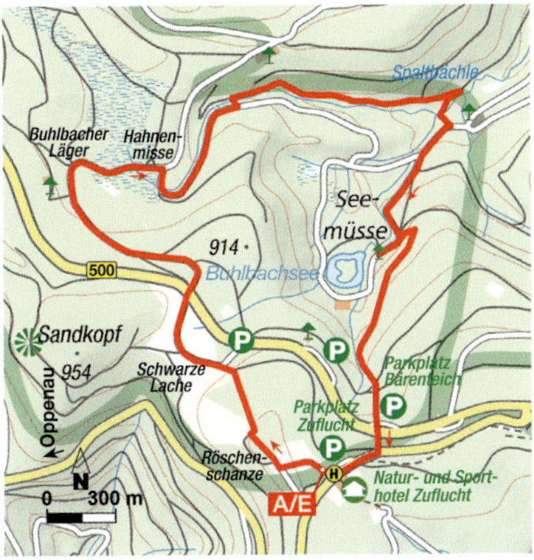

Aufstieg zum Buchkopfturm

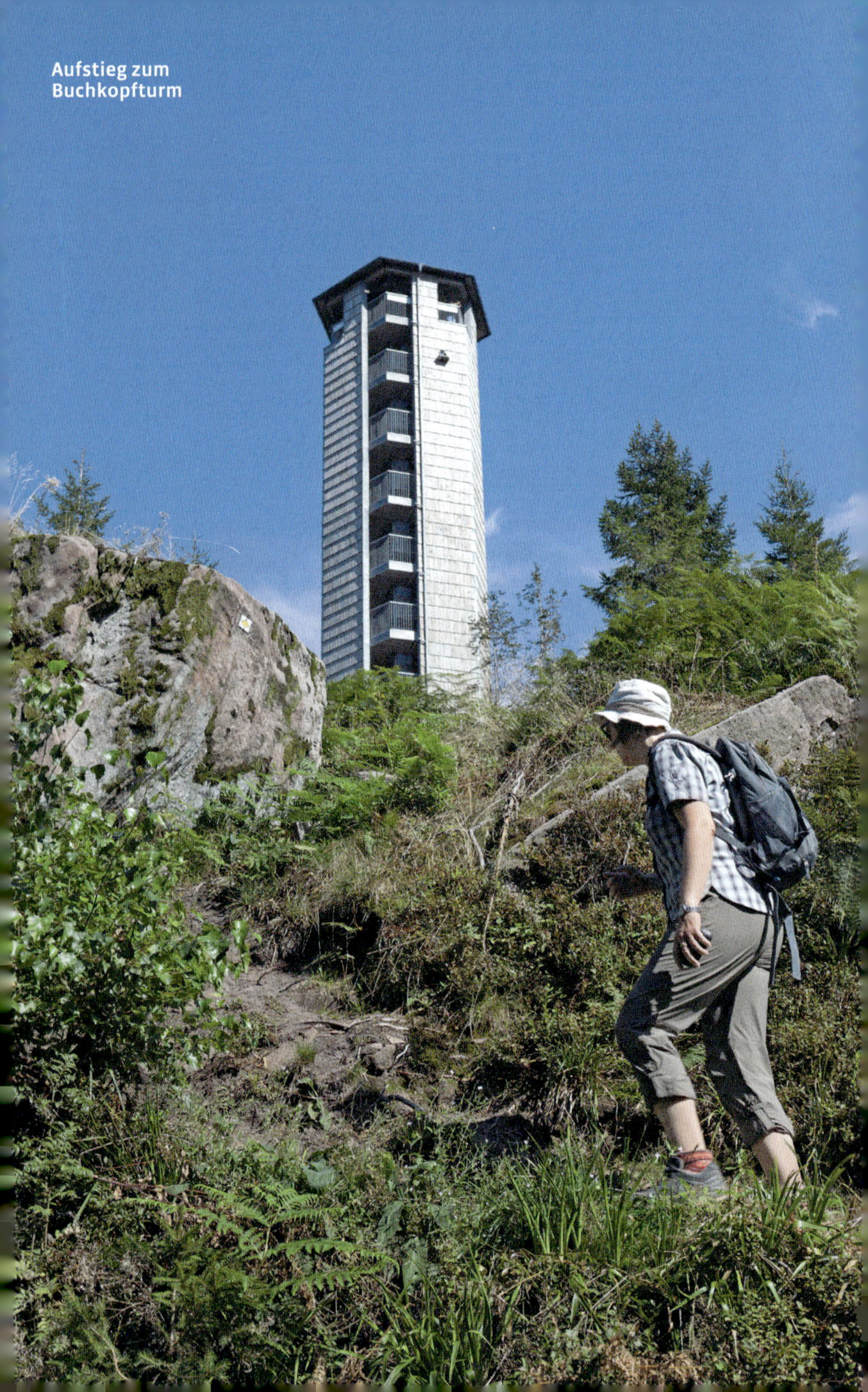

Tour für
TOUR 19
den Genuss

GENUSS FÜR AUGE UND GAUMEN

Renchtalhütte und Buchkopfturm

Die Renchtalhütte zählt durch ihre traumhafte Lage zu den beliebtesten Ausflugslokalen im mittleren Schwarzwald. Bevor wir uns dem leiblichen Wohl widmen, führt uns die Runde über Breitenberg und das alte Bad Antogast hoch zum Buchkopfturm.

Picknick für Kurzentschlossene Auf dem ersten Abschnitt der Wanderung nutzen wir den Maisacher Turmsteig in Richtung Martinshof. Damit folgen wir der gelben Raute oberhalb des Ziegengeheges in den Wald. Wo wir nach mehreren Kurven beim Wegweiser »Am Bildstöckel« wieder auf die Straße treffen, biegen wir rechts zum Martinshof ab. Eine schöne Idee finden wir den Rastplatz inklusive Picknick-Automat beim Martinsschopf – wer noch Proviant für später sucht, findet hier eine ordentliche Auswahl an regionalen Produkten. Auf dass diese Einrichtung erhalten bleibt und Schule macht!

Nach Bad Antogast Weiter geradeaus passieren wir das Hotel Breitenberg, biegen mit dem Maisacher Turmsteig rechts ab und folgen dem ansteigenden Weg in den Wald. Nach rund 400 Metern biegen wir bei der Kreuzung links ab und folgen der gelben Raute auf wechselnden, doch gut markierten Wegen bis zum Pavillon. Um auf dem Turmsteig zu bleiben, biegen wir erneut links ab und laufen auf dem hier schmalen Pfad hinunter nach Bad Antogast. Im ehemaligen Kurort angekommen, geht es erst rechts über den offiziell NN-EL1 bezeichneten Zufluss des Wernestbachs und auf dem Bucheckweg hinauf zum Wegweiser »Sandkegelbahn«, wo wir rechts zum Müllerbauerneck abzweigen.

Aufstieg auf den Buchkopf Der nächste Abschnitt führt uns deutlich ansteigend in den Wald. Wo unser Weg nach 450 Metern auf einen zweiten

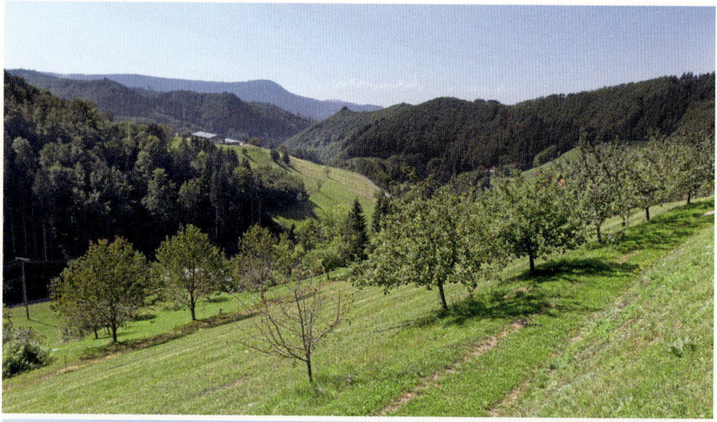

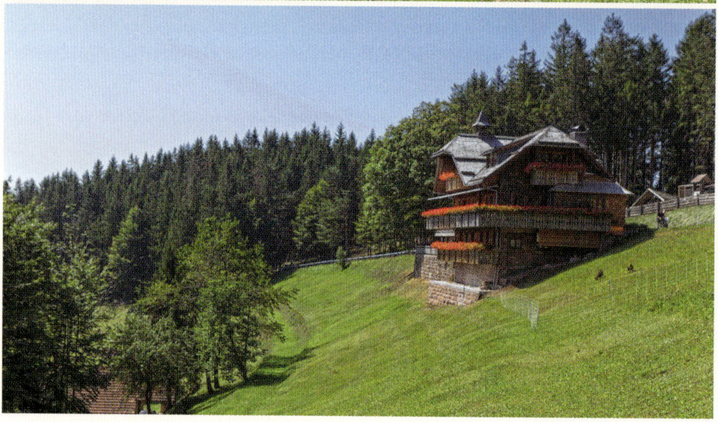

»Werd ich zum Augenblicke sagen:
Verweile doch! Du bist so schön!«

Johann Wolfgang von Goethe

Forstweg trifft, biegen wir rechts ab, um nochmals gut 500 Meter weiter mit der gelben Raute auf einen noch besser ausgebauten Forstweg links abzubiegen. Als Nächstes kommen wir zum Müllerbauerneck. Rechts besteht eine direkte Verbindung zur Renchtalhütte. Für den Aufstieg auf den Buchkopf orientieren wir uns stattdessen links und stehen einen Katzensprung weiter vor der Wahl: Um auf den offiziell beschilderten Wanderwegen zu bleiben, müssten wir uns links halten. Wozu das gut sein soll, hat sich uns vor Ort nicht erschlossen. Es scheint sich um eine Lücke in der Beschilderung oder aber einen für uns unsinnigen Umweg zu handeln. Besser also, wir halten uns bei der Gabelung rechts, passieren eine historische Laderampe und kürzen zum Igelsbrunnen ab.

Auf den Buchkopf Kurz bevor wir den kleinen Brunnen erreichen, trifft der vom Schwarzwaldverein ausgewiesene Wanderweg auf unseren Weg, sodass wir uns wieder an der gelben Raute orientieren und auf den nächsten Weg scharf rechts abbiegen. Der weitere Aufstieg auf den Buchkopf erfolgt auf zunächst noch breitem Forstweg, dann – wo sich dieser senkt – links weiter bergan über einen Pfad und einen mit Gras bewachsenen Waldweg bis hoch zum Buchkopf. Neben dem ersten, sehr steilen Zugang führt ein paar Meter weiter ein zweiter, bequemerer Pfad hoch zum 28 Meter hohen Aussichtsturm. Während am Turmfuß einige Liegen zum Verweilen einladen, bieten die sechs Etagen des Weißtannenturms einen beeindruckenden Rundumblick über zahlreiche Kuppen des Mittleren und des Nördlichen Schwarzwalds sowie über die badisch-elsässische Ebene hinüber zu den Vogesen. An sonnigen Tagen lassen sich oft Gleitschirmflieger beobachten, die auf dem nahen Rossbühl starten.

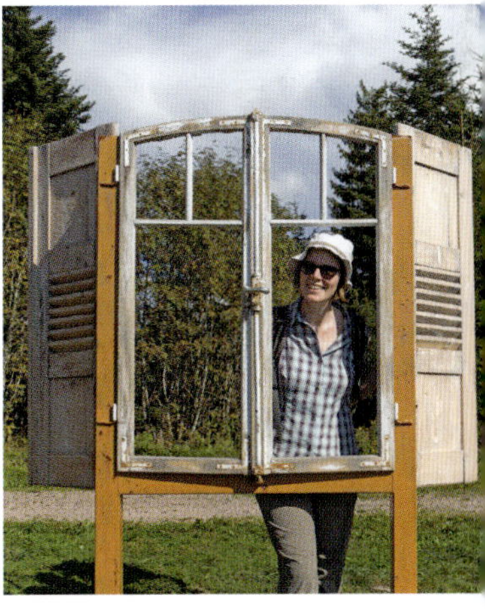

↑ **Blick über das Tal der Wilden Rench**
↓ **Die Renchtalhütte**
→ **Kuckuck!**

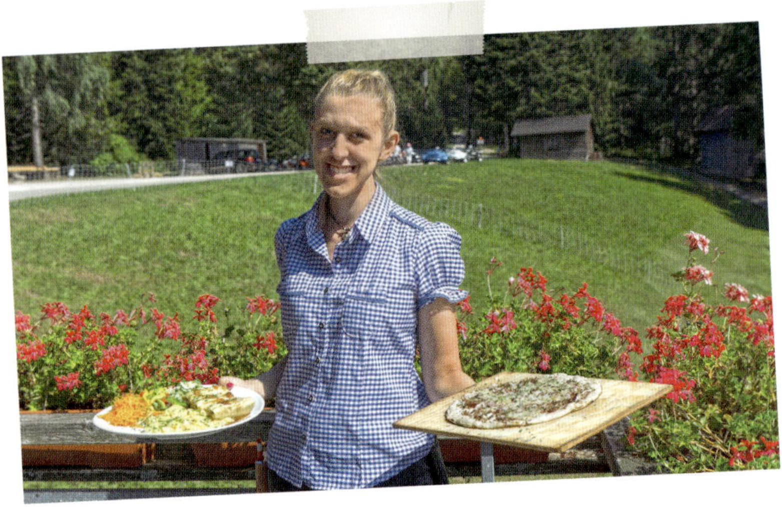

↑ **Ob Maultaschen oder Flammkuchen – beides lecker!**

Zeit zum Schlemmen Sowie wir uns von dem Panorama lösen können, wechseln wir auf den Renchtalsteig. Dieser führt uns zu einem überdachten Rastplatz am Brandtkopf sowie ab dem Wegkreuz erst rechts, dann wieder links zurück zum Wanderparkplatz östlich der Renchtalhütte. Die Hütte selbst bietet uns mit ihrer Sonnenterrasse einen traumhaften Ausblick über das Renchtal. Plexiglaswände schützen vor Wind, sodass es sich hier selbst an milden Wintertagen an der frischen Luft bei badischen, schwäbischen sowie auch einigen elsässischen Spezialitäten bestens aushalten lässt.

Tipp

Der Kurort Bad Antogast geht auf die 1519 erschlossene Antoniusquelle zurück. Mitte des 19. Jh. erlebte das Bad mit Gästen aus ganz Europa, Russland und Amerika seine Blütezeit. Nach dem Zweiten Weltkrieg diente es als Flüchtlingsunterkunft, ehe es 1964 nochmals als Heilbad betrieben wurde. Ab den 1980er-Jahren verfiel das Bad. Seit 1991 befindet sich hier das europäische Yoga-Zentrum von »Art of Living« (www.artofliving.org).

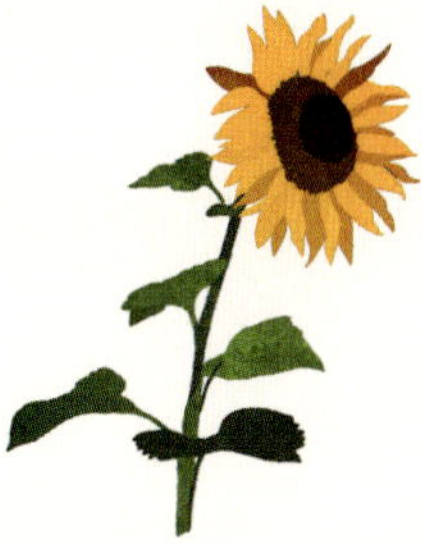

AUF EINEN BLICK

Tour 19: Tour für den Genuss

Dauer: 3 Std.

Höhenmeter: 460 Hm

Länge: 8,8 km

Schwierigkeit: Mittel

Tourencharakter: Für die Aufstiege von Breitenberg zum Pavillon bzw. von Bad Antogast bis auf den Buchkopfturm sind Kondition und eine guter Orientierungssinn von Vorteil. Der erste Zugang zum Turm erfordert Trittsicherheit, kann aber umgangen werden.

Ausgangs-/Endpunkt: Renchtalhütte (755 m)

Anfahrt: GPS 48.4665, 8.2345
Pkw: Von der B 28 in Bad Griesbach nach Breitenberg abbiegen, dort rechts halten und der Straße weiter bergan bis zu den Parkplätzen bei der Renchtalhütte folgen

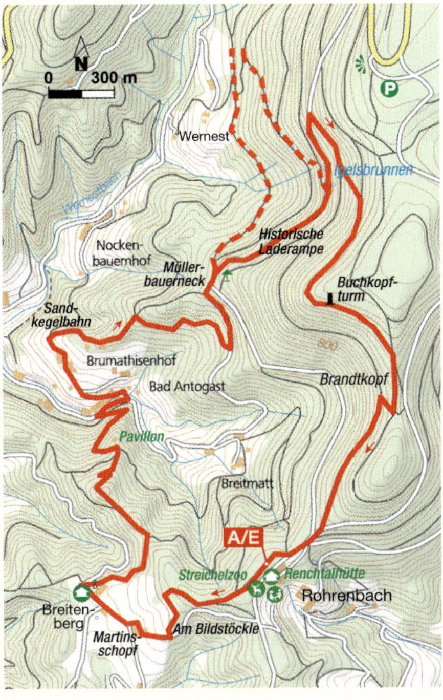

Höchster Punkt: Buchkopf (963 m)

Einkehr: Renchtalhütte (täglich ab 11 Uhr, jeden Mi ab 19 Uhr Hüttenabend mit Musik, Tel. 07806/91 00 75, www.renchtalhuette.de)

Karte: Karte des Schwarzwaldvereins 1:25 000, W235 Freudenstadt

Information: Kur und Tourismus GmbH Bad Peterstal-Griesbach, Tel. 07806/910 00, www.bad-peterstal-griesbach.de

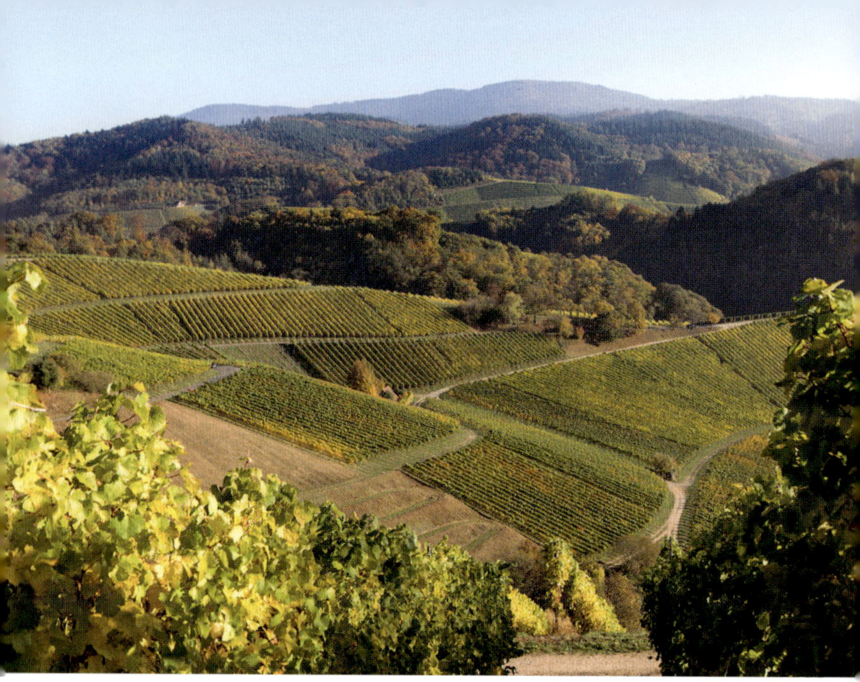

↑ Weinberge nahe dem Schloss Staufenberg ↓ Brandstetter Kapelle

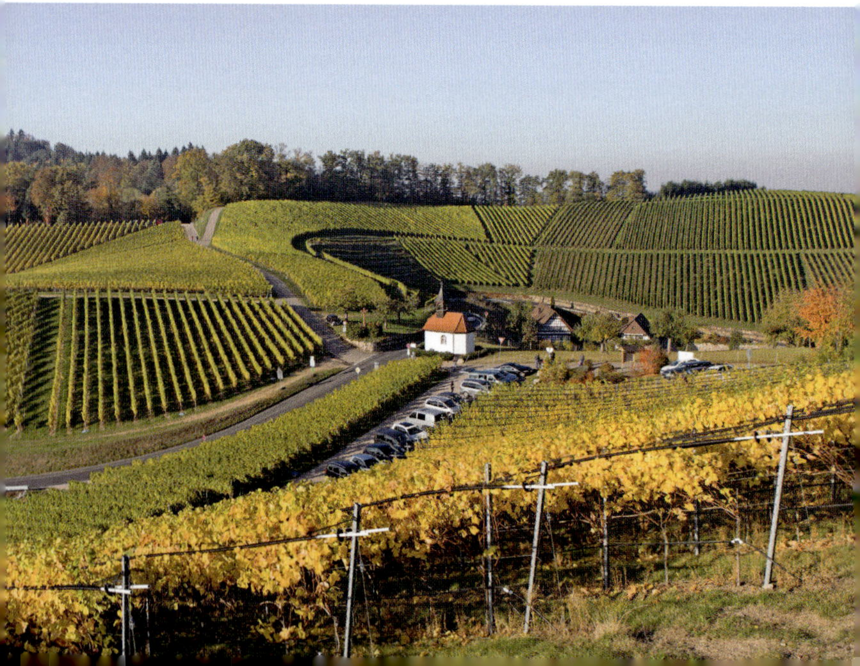

Tour für den Genuss
TOUR 20

WIR WANDERN DURCH EIN BILDERBUCH

Am Durbacher Weinpanoramaweg

Der Durbacher Weinpanoramaweg zählt zu den Touren, die ihre Wirkung erst dann so richtig entfalten, wenn die Sonne vom blauen Firmament strahlt. Ist dies der Fall, werden wir mit fantastischen Aussichten über die Weinberge reich belohnt.

Über das Weingut Laible … Los geht es am Festplatz von Durbach. Die ersten paar Meter erfolgen entlang der Almstraße bis zum Durbach. Dort biegen wir rechts ab und passieren den Festplatz. 500 Meter weiter nutzen wir rechts den Weg hinauf zur Kreisstraße, wo wir erneut rechts abbiegen, um anschließend jenseits der Straße hoch zum Weingut Andreas Laible zu steigen. Etwas unterhalb des Weinguts zweigen wir mit der Beschilderung des Genießerpfads erst rechts, dann links ab und gewinnen auf einem mit Gras bewachsenen Weg rasch an Höhe. Wo unser Pfad auf einen breiteren Wirtschaftsweg trifft, verlassen wir diesen sogleich wieder (links) und treffen ein Stück weiter oben auf den nächsten Wirtschaftsweg.

… nach St. Anton Abermals links folgt ein flacherer Abschnitt, ehe der Panoramaweg 300 Meter weiter rechts abknickt und wir alsdann die Wahl haben: Auf dem Fahrweg ginge es direkt hinauf zur Kapelle St. Anton. Um auf dem Weinpanoramaweg zu bleiben, nutzen wir indes die nächste Möglichkeit links. In diesem Fall nehmen wir den Umweg über das Plauelrainer Köpfle mit. Ab dem Aussichtspunkt führt uns der Genießerpfad in nördlicher Richtung sowie um den Wald und über »Vor Stöcken« zur Ruine der Kapelle St. Anton.

Auf die Hilsbacher Höhe Oberhalb der Ruine kreuzen wir eine Hofzufahrt und durchqueren den Hartwald. Wo wir bei der Maiglöckchenhütte

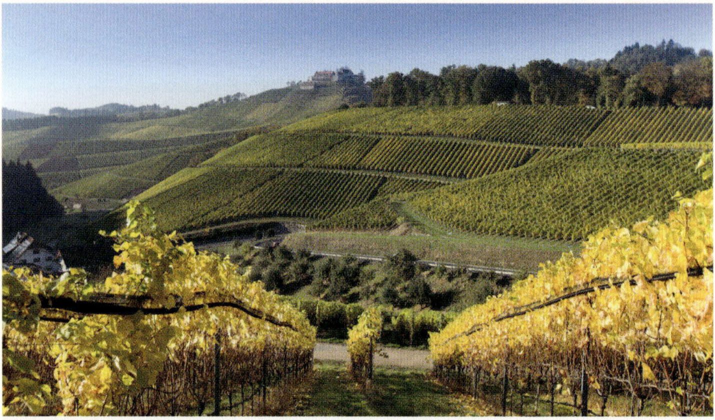

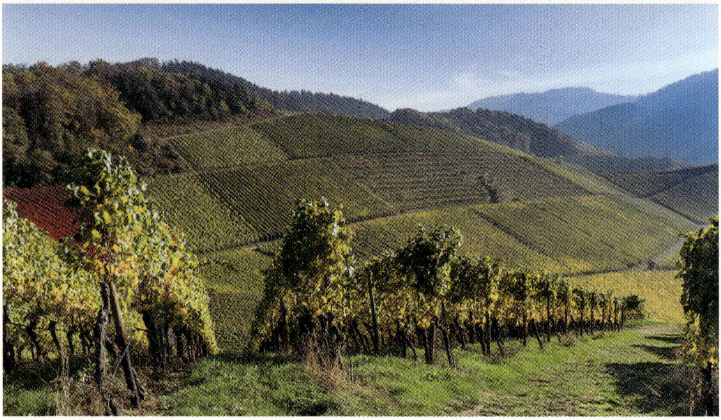

»Rotwein ist für alte Knaben
eine von den besten Gaben.«

Wilhelm Busch

an den Waldrand gelangen, öffnet sich die Sicht über den Weinberg oberhalb von Ebersweier. Über die Rheinebene hinweg sind außerdem die Vogesen zu sehen. Nahe der Hütte beschreibt der Genießerpfad eine Rechtskurve und trifft auf einen Forstweg. Bei der Gabelung halten wir uns links, ehe wir 150 Meter weiter scharf rechts abbiegen. Wo wir wieder an den südlichen Rand vom Hartwald gelangen, lädt ein weiterer Rastplatz zum Verweilen ein. Ab dort verläuft unser Weg zwischen den Weinreben und dem Wald bis zur Hilsbacher Höhe. Links ab sowie bei der nächsten Gabelung rechts führt uns der Genießerpfad nochmals kurz auf die Nordseite des Hartwalds zum Rastplatz Wiedergrün, von wo wir erst der gelben, dann ab »Illental Reben« der blauen Raute bis zum Schloss Staufenberg folgen.

Zeit zum Einkehren Das Schlossrestaurant kommt wie gerufen für eine gemütliche Einkehr. Doch auch für Selbstversorger lohnt sich der Abstecher auf den Burgberg. Weiter geht es mit der Beschilderung des Genießerpfads sowie hier auch des Renchtalsteigs über den Bergrücken zum Wegweiser unterhalb der abgegangenen Stollenburg. Beide Premiumwege steuern ab dort die Brandstetter Kapelle an. Allerdings zweigt der Steig früher in den Wald ab, während wir die Aussicht über die Reben auf das Schloss Staufenberg genießen. Bei der Brandstetter Kapelle kreuzen wir die Kreisstraße, passieren den Parkplatz und halten uns bei der Gabelung rechts. Der Weinpanoramaweg eröffnet uns damit weitere herrliche Aussichten über die Weinberge, ehe wir wieder auf die Zufahrt zum Hummelswälder Hof treffen.

Durch den Hummelswald zum Durbach
Direkt nach der Einfahrt zum Gasthaus müssen wir aufpassen: Während der Renchtalsteig geradeaus Kurs auf Oberkirch nimmt, zweigt rechts ein Wanderweg nach

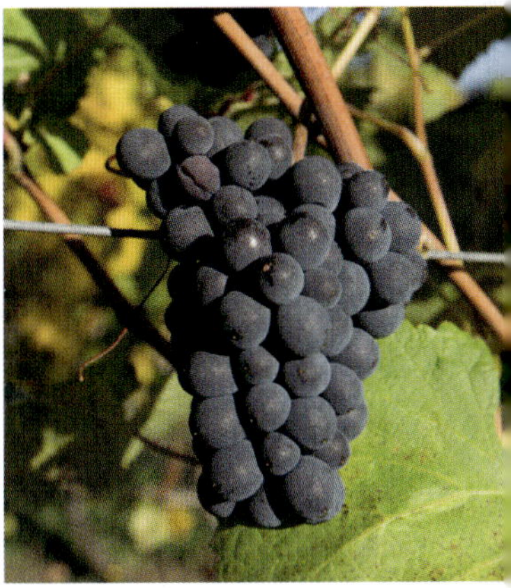

↑ **Blick zum Schloss Staufenberg**
↓ **Herbstidylle am Panoramaweg**
→ **Hier reift der Genuss.**

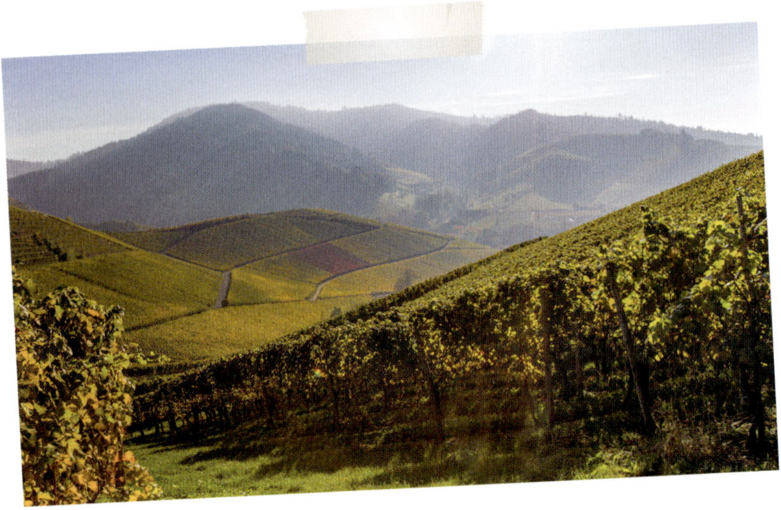

↑ **Aussicht vom Hummelswald in Richtung Brandeckkopf**

Durbach ab. Unser Weg verläuft zwischen diesen beiden Wegen zunächst innerhalb, dann am Rand vom Hummelswald bis zu einer Himmelsliege und ab dort um das Ergersbachtal herum. Neben den Markierungen des Genießerpfads helfen auf diesem Abschnitt die alten Wegweiser vom Unteren Hummelswaldweg bei der Orientierung. In einem weiten Bogen passieren wir das Weingut Martin Doll und kommen über den Wegweiser »Am Durbachtalweg« zum Immersbach. Ab dort nutzen wir den Durbachtalweg am Schwedenkreuz vorbei zurück nach Durbach. In dem pittoresken Winzerdorf finden wir weitere Möglichkeiten, um den Ausflug mit einer gemütlichen Einkehr zu verbinden, ehe wir die letzten Meter zurück zum Festplatz laufen.

Tipp

Kapelle Sankt Anton: In früheren Zeiten hatten sich Einsiedler und Mönche in die Einsamkeit des Staufenberger Hartwalds zurückgezogen. Während das Bruderhaus komplett verschwunden ist, haben mehrere 2–3 m hohe Mauern der Wallfahrtskapelle die Jahrhunderte überdauert.

AUF EINEN BLICK

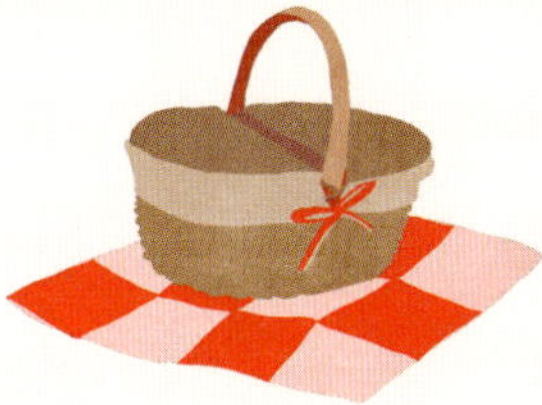

Tour 20: Tour für den Genuss

Dauer: 5 Std.

Höhenmeter: 450 Hm

Länge: 15,4 km

Schwierigkeit: Mittel

Tourencharakter: Die Runde führt über meist bequem zu begehende Wege und Pfade, erfordert etwas Kondition und belohnt mit wechselnden Ausblicken.

Ausgangs-/Endpunkt: Festplatz Durbach (202 m)

Anfahrt: GPS 48.4942, 8.0118
Pkw: A 5 Karlsruhe–Offenburg bis Ausfahrt 54, dann B 28 Richtung Appenweier, anschließend auf die B 3 Richtung Offenburg, auf Höhe von Windschläg auf die K 5366 und der Beschilderung nach Durbach folgen
Bahn/Bus: Busverbindungen ab Offenburg zur Haltestelle Tennisplatz Durbach

Höchster Punkt: Im Bereich der ehemaligen Stollenburg (380 m)

Einkehr: Restaurant auf Schloss Staufenberg; Hummelswälder Hof; in Durbach

Karte: Karte des Schwarzwaldvereins 1:25 000, W234 Achern

Information: Touristinfo Durbach, Tel. 0781/421 53, www.durbach.de

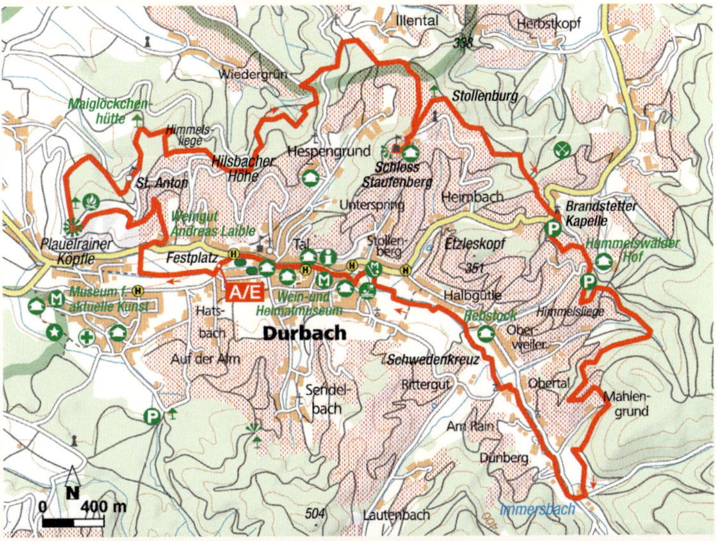

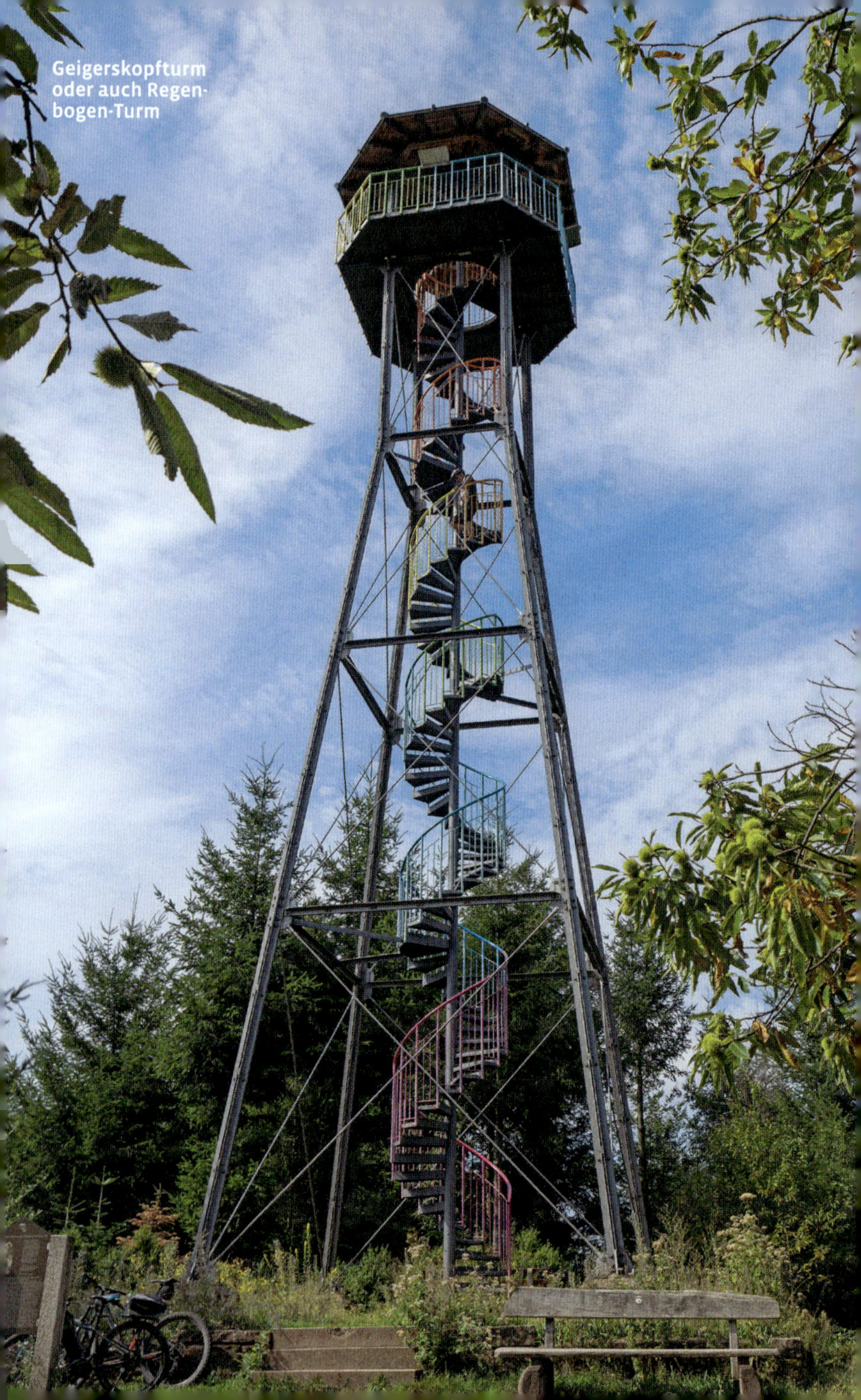
Geigerskopfturm oder auch Regenbogen-Turm

Tour für den Genuss
TOUR 21

EDLEN BRÄNDEN AUF DER SPUR

Auf dem Brennersteig Oberkirch

Der Brennersteig zählt zu den Wegen in diesem Buch, bei denen wir bestenfalls eine Ahnung hatten, was uns erwartet. Am Ende der etwas längeren Tour waren wir dann einfach glücklich über die vielen schönen Eindrücke, mit denen der Steig sicherlich auch Sie begeistern wird.

Am Schnapslehrpfad Ab dem Wanderparkplatz Brennersteig geht es zunächst über die Hesselbacher Straße hinweg bis an den Kreisel nahe der B 28 und von dort nach Rank. Gleich nach den ersten Häusern biegen wir mit der Beschilderung des Brennersteigs rechts ab. Vorbei an einer Infotafel über die Obstmärkte überqueren wir das Heubächle und folgen dem mit Gras bewachsenen Weg an den Waldrand sowie entlang einer Obstplantage. Wo wir wieder auf eine Straße treffen, geht es um den Halter-Hof herum zum Start und Ende des hofeigenen Schnapslehrpfads. An stattlichen Mispeln vorbei führt uns der Lehrpfad in den Weinberg, erklärt, warum die Winzer so gern Rosen pflanzen, und gibt Gelegenheit zu der einen oder anderen Kostprobe.

Auf dem Kandel-Höhenweg Nach einer Schleife am Rebenhang schwenkt der Steig nach Süden und führt uns auf wechselnden Wegen durch die Kulturlandschaft, zweimal kurz durch den Wald sowie an einem Tümpel vorbei zum Grüner-Baum-Park. Hier bietet sich ein Abstecher zur Brennerei und Vesperstube Grüner Baum an. Ansonsten biegen wir rechts zum Herberger Eck ab. Dort lädt ein aussichtsreich platzierter Rastplatz zum Verweilen ein, und wir treffen auf den Kandel-Höhenweg. Für den nächsten Abschnitt folgen wir dem Fernwanderweg in südlicher Richtung über das Laibacher Eck und den Rastplatz bei der Bergle-Hütte vorbei bis Bergle. Dort angekommen, lockt das Schnapshisli mit einer Auswahl edler Brände.

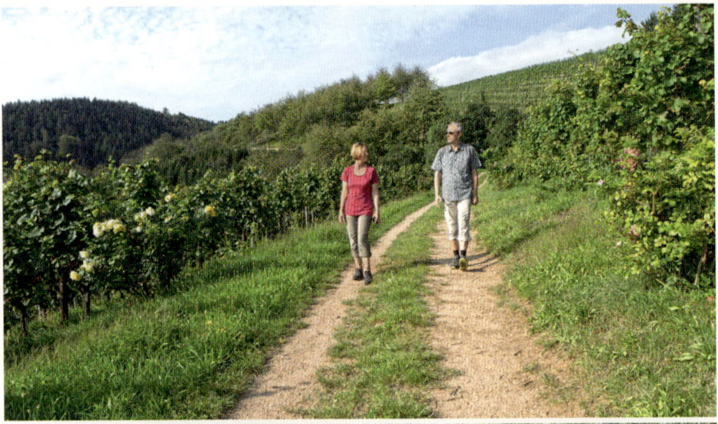

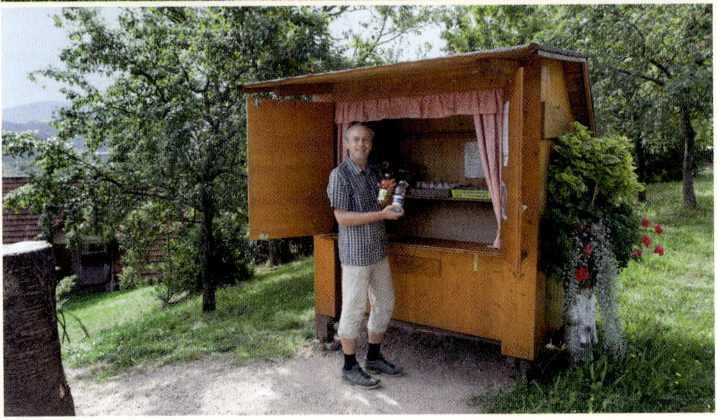

»Ein süßes Wort erfrischt
oft mehr als Wasser und Schatten.«

Buddha

Eine Eiche der Geselligkeit Weiter geht es auf dem Höhenweg an dem nahen Wanderparkplatz vorbei bis zum Wegweiser »Hesselbacher Allmend«. Dort halten wir uns links, verabschieden uns vom Kandel-Höhenweg und folgen dem Brennersteig zur Bildeiche. Wer gern feiert, dem empfehlen wir, diese Tour für den 1. Mai zum Waldfest bei der Bildeiche oder aber für den letzten Samstag im November zum Bildeichfest zu planen. An allen anderen Tagen können wir gleich rechts abbiegen und der Beschilderung auf die Schafhof-Höhe folgen. Nachdem sich dort kurz die Sicht über das Renchtal öffnet, tauchen wir wieder in den Wald, halten uns bei den nächsten beiden Abzweigen links und erreichen schließlich den Geigerskopfturm.

Geigerskopfturm, der Vierte Bei der luftigen Konstruktion handelt es sich um den bereits vierten Turm auf dem Geigerskopf. Der erste war drei Meter hoch und entstand 1884 noch vor dem bekannteren Moosturm. Nur zwei Jahre später folgte der zweite Turm, der 1909 durch einen Stahlturm ersetzt wurde. Das heutige, als Regenbogen-Turm bekannte Bauwerk wurde am 18. Juli 2000 eingeweiht. Die 90 Stufen bis zur Aussichtsplattform sind vielleicht nicht jedermanns Sache, belohnen aber mit einem imposanten Panorama über das Schloss Staufenberg und die Rheinebene bis hin zu den Vogesen. Blicken wir nach Süden, sind stattdessen der Mooskopfturm und das Lothardenkmal zu sehen. Vor Ort helfen die Orientierungsscheiben, den Standort auch im großen Maßstab richtig einzuordnen.

Rastreicher Rückweg Der anschließende Abstieg erfolgt durch den Wald bis zum Oberen Buseck und links zwischen den Weinreben hindurch zum Busseck-Hof mit der nächsten Getränkestation sowie einem großzügig überdachten

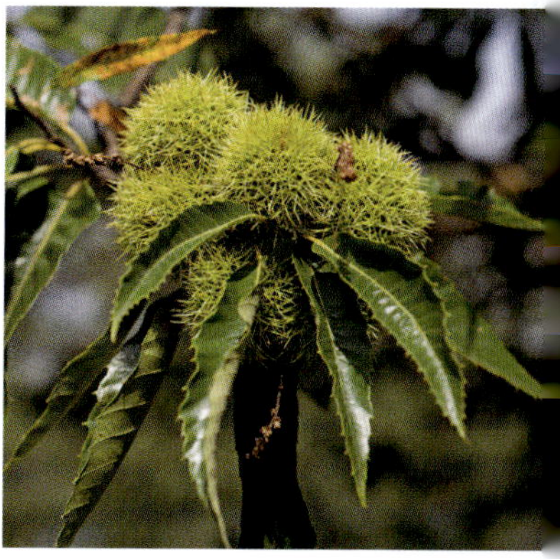

↑ **Auf dem Brennersteig**
↓ **Am Schnapshisli gibt es auch Alkoholfreies.**
→ **Esskastanien kurz vor der Reife**

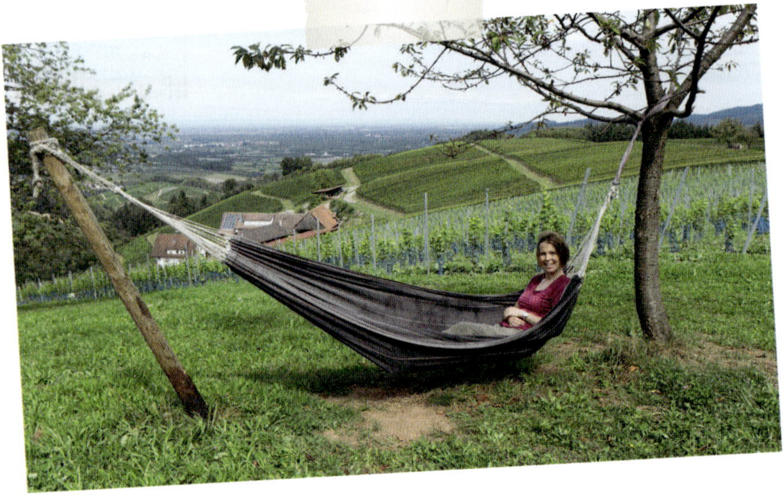

↑ **So lässt es sich aushalten.**

Außenbereich. Nach einem Schwenk durch den Weinberg kommen wir über das Fritscheneck zum Wegweiser »Buseck«. Für den letzten Abschnitt biegen wir links ab, sodass wir dem Brennersteig durch den Wald zum Maieckle folgen. Weiter geradeaus passieren wir die Maiecklehütte, wandern nochmals kurz durch den Wald und erreichen beim Köbelesberghof die letzte Getränkestation des Rundwegs. Ab dort sind es noch anderthalb Kilometer bis zurück nach Albersbach, wo wir mit dem Hesselbacher Hof Gelegenheit finden, die Wanderung ausklingen zu lassen. Danach sind es nur noch wenige Schritte durch die Albersbacher Straße bis zurück zum Parkplatz bzw. der Haltestelle an der Hesselbacher Brücke.

Tipp

Traum in Rot: Am jeweils letzten Mai-Wochenende lädt Oberkirch zum Erdbeerfest ein. Neben einem bunten Rahmenprogramm mit Musik, Kunst- und Handwerksmarkt verwöhnen die Konditoren, Gastronomen und Direktvermarkter der Umgebung mit Erdbeer- und Spargelgerichten (www.renchtal-tourismus.de).

AUF EINEN BLICK

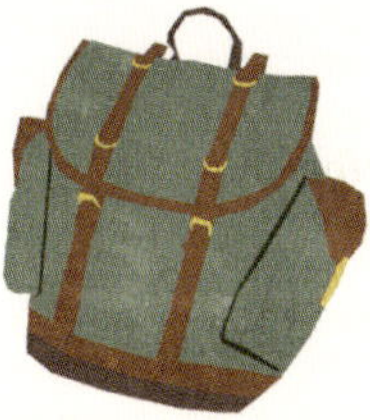

Tour 21: Tour für den Genuss

Dauer: 5 Std.

Höhenmeter: 450 Hm

Länge: 13,8 km

Schwierigkeit: Mittel

Tourencharakter: Abwechslungsreiche Wanderung auf überwiegend bequemen Wegen, Wirtschaftswegen und Pfaden. Für den Aufstieg auf den Geigerskopfturm ist Schwindelfreiheit von Vorteil.

Ausgangs-/Endpunkt: Wanderparkplatz Brennersteig (202 m) in Hesselbach

Anfahrt: GPS 48.5204, 8.0827
Pkw: A 5 Karlsruhe–Offenburg bis Ausfahrt 54, dann B 28 Richtung Appenweier, an Oberkirch vorbei bis zur Abfahrt nach Albersbach, am Ortseingang die Hesselbacher Straße kreuzen und weiter geradeaus bis zum Wanderparkplatz
Bahn/Bus: Busverbindungen ab Bahnhof Oberkirch zur Haltestelle Hesselbach/Albersbach

Höchster Punkt: Bildeiche (470 m)

Einkehr: Getränkestation beim Busseck-Hof; Hesselbacher Hof in Albersbach

Karte: Karte des Schwarzwaldvereins 1:25 000, W234 Achern

Information: Renchtal Tourismus GmbH, Tel. 07802/826 00, www.renchtal-tourismus.de

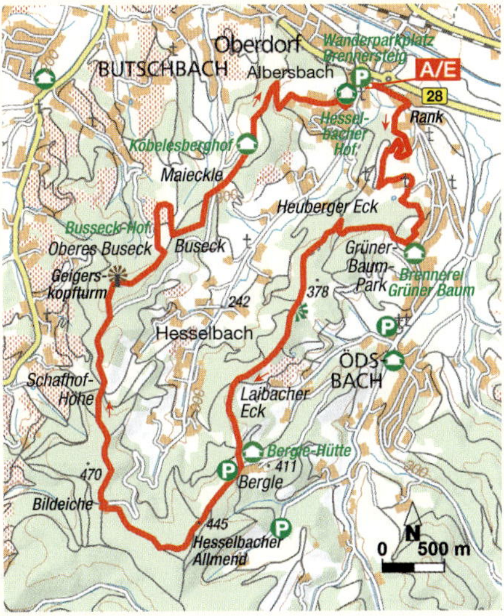

Auf dem Paradiesfelsen

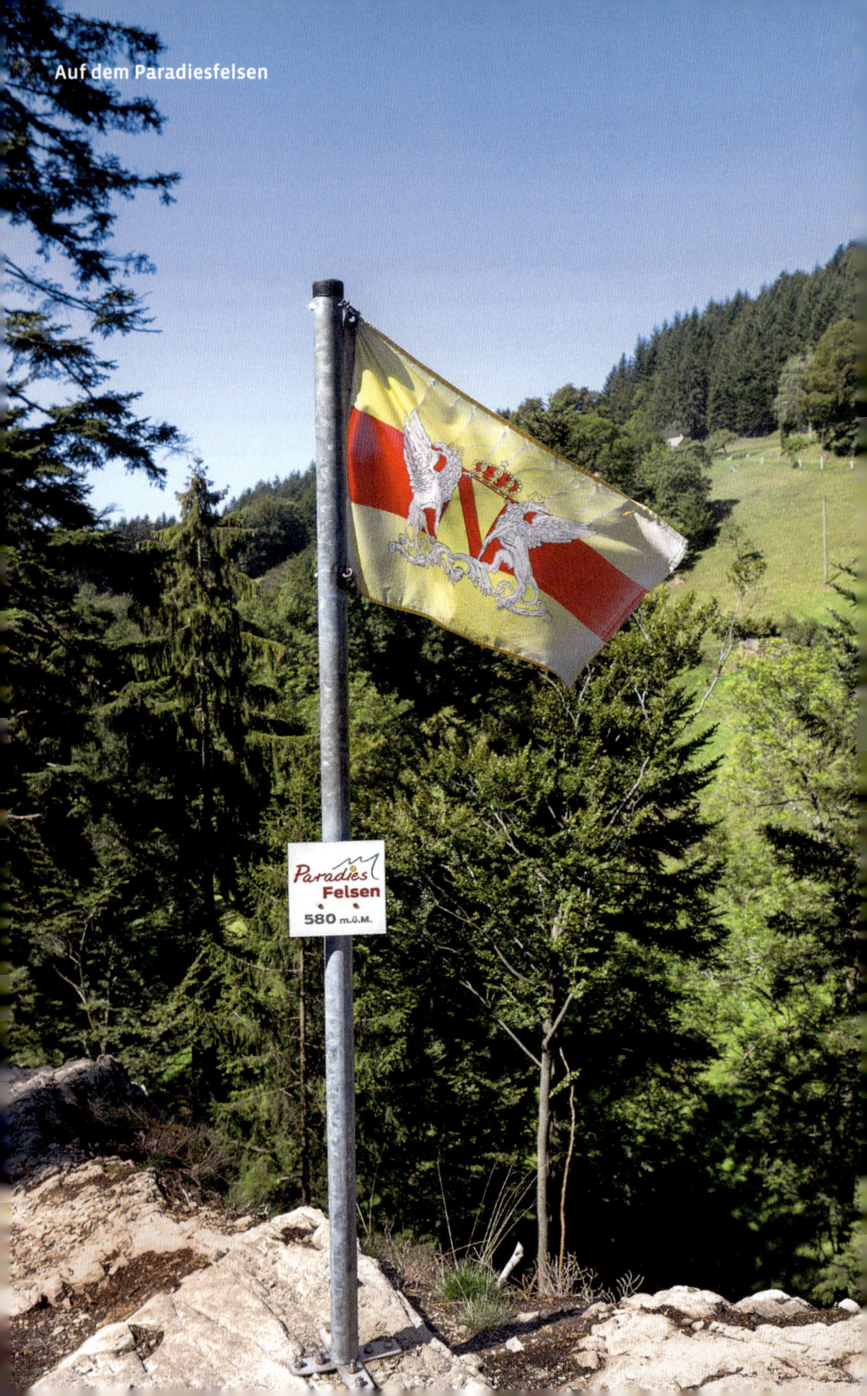

Tour
TOUR 22
ohne Uhr

WANDERER AUF HIMMLISCHEN WEGEN

Auf dem Bad Peterstaler Himmelssteig

Bad Peterstal-Griesbach ist auf seine Wandersinfonie stolz. Als erster von drei Genießerpfaden führt der Wiesensteig zur Renchtalhütte. Als zweiter führt der Schwarzwaldsteig einmal rund um den Braunberg, und als Dritter im Bunde verspricht uns der Himmelssteig ein himmlisches Wandervergnügen. Ihm widmen wir uns.

Portal zum Paradies Beim Freibad von Bad Peterstal werden wir gebeten, die oberen Parkmöglichkeiten zu nutzen, erhalten zugleich aber auch den Hinweis, dass wir dort nach dem Wandern willkommen sind. Der Zugang auf die Terrasse ist in dem Fall frei. Nach der ersten Orientierung geht es von der Einfahrt über einen schmalen Fußweg hoch zum Himmelssteig-Portal. Als Genießerpfad ist der Himmelssteig in beide Richtungen beschildert. Schöner finden wir die Runde jedoch im Uhrzeigersinn. Damit biegen wir links ab und folgen der Beschilderung des Pfads über zwei Kehren hoch bis zur Straße Am Sportplatz. Dort halten wir uns rechts, um sogleich wieder links abzubiegen. Bereits hier öffnet sich die Sicht über das Schwimmbecken und das Freiersbachtal.

Auf die lange Bank geschoben Wo wir auf einen anderen Weg treffen, halten wir uns zweimal links und kommen durch den Wald zu einer Kreuzung. Wer einen scharfen Anstieg nicht scheut, kann dort auf den schmalen Pfad wechseln und den Höhenlinien direkt entgegenlaufen. In dem Fall verpasst man allerdings eine geschickt platzierte Himmelsliege. Besser also, wir orientieren uns zunächst halb rechts und nehmen den weniger steilen Weg hoch zu dem Ausguck. Oberhalb davon führt uns der Genießerpfad auf wechselnden, jedoch bestens beschilderten Pfaden durch den Wald, bis wir schließlich auf den deutlich breiteren Überkopfweg rechts einbiegen.

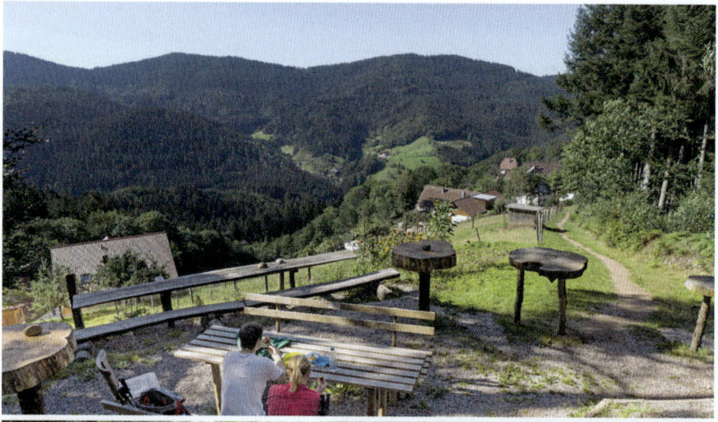

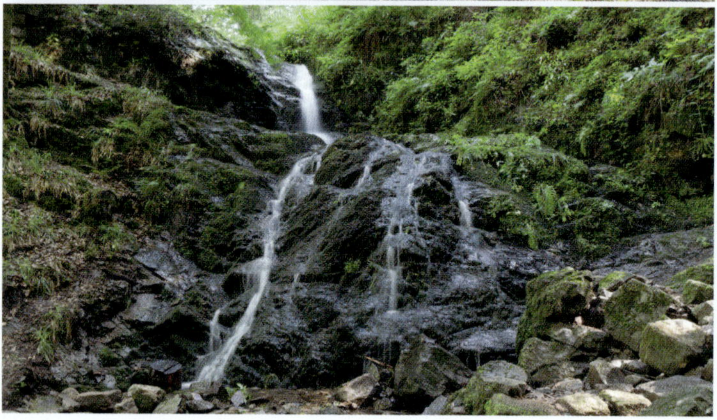

»Gib jedem Tag die Chance,
der schönste deines Lebens zu werden.«

Mark Twain

In der nächsten Linkskurve verlassen wir diesen schon wieder und nehmen den Umweg entlang des Waldrands zur 22,5 Meter langen Himmelsbank.

Auf dem Paradiesfelsen Nach dem kurzen Schwenk vereint sich der Himmelssteig nochmals mit dem Forstweg, ehe wir beim Wegweiser »Überskopf« links zum Himmlischen Rastplatz abbiegen. Der Name weckt hohe Erwartungen – und erfüllt sie auch: So finden wir vor Ort eine Bar mit gekühlten Getränken, verschiedene Sitzmöglichkeiten sowie allerlei nette Ideen liebevoll umgesetzt. Eine schöne Aussicht gibt es obendrauf. Sobald wir uns wieder aufraffen können, folgen wir den Wegzeichen über Bistrich und das Frentzeck um die Südseite vom Überskopf bis nahe dem Mülbensattel, dann auf dem Paradiessteig zum Paradiesfelsen. Der Zugang auf den Felsen belohnt Trittsicherheit mit einer schönen Sicht auf das soeben umwanderte Tal.

Wasserfall und Himmelsfelsen Gleich danach kommen wir zum Holchenwasserfall. Wasser fließt hier für gewöhnlich zwar nicht allzu viel, dafür finden wir hier aber mit dem Schnäpsle-Paradies eine weitere, vor allem im Sommer gut bestückte Getränkestation. Auf den nächsten Metern vereint sich unser Weg kurz mit dem Renchtalsteig. Während der beliebte Fernwanderweg den direkten Weg nach Palmspring nimmt, biegen wir jedoch alsbald wieder links ab. Der Himmelssteig führt uns damit steil bergan bis zu einem genial gelegenen Rastplatz mit mehreren, am Hang verteilten Bänken und von dort hoch auf den Neuen Katzenbuckelweg sowie den Himmelsfelsen. Am höchsten Punkt der Runde angelangt, halten wir uns anschließend rechts und folgen dem Steig nun hinunter nach Palmspring.

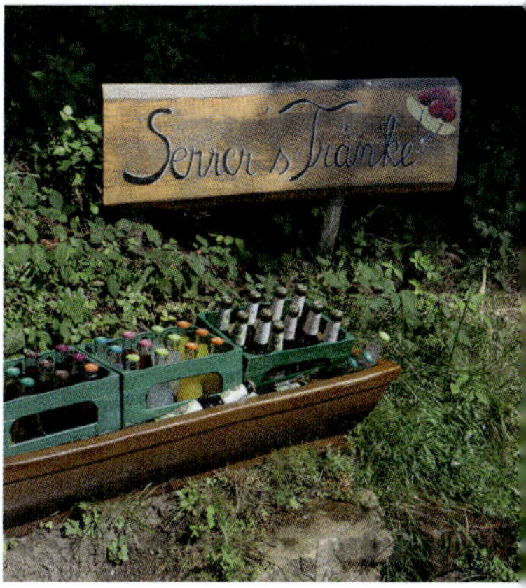

↑ Himmlischer Rastplatz
↓ Beim Holchenwasserfall
→ Am Weg erwarten uns mehrere Getränkestationen.

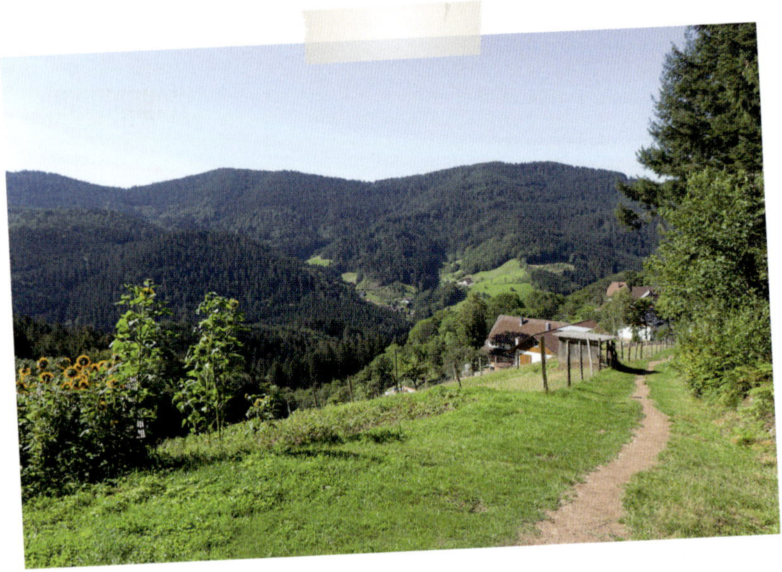

↑ **Himmelssteig beim Himmlischen Rastplatz**

Über dem Freiersbach Nachdem wir den Sportplatz passiert haben, kürzt der Himmelssteig noch vor den Häusern rechts auf den unteren Weg ab. Der weitere Rückweg erfolgt erst bergab durch den Wald bis über das Holchenbächle, dann auf erneut wechselnden und sehr gut beschilderten Wegen oberhalb vom Freiersbach zurück zum Himmelssteig-Portal. Auf diesem letzten Abschnitt öffnet sich die Sicht erst auf den Hoferpeterhof, dann über das untere Freiersbachtal auf das Freibad von Bad Peterstal, wo wir nach den vielen Getränkestationen unterwegs auch endlich Toiletten finden.

Tipp

Der ebenfalls als Genießerpfad ausgewiesene Schwarzwaldsteig verbindet auf 11 km Länge einige malerische Ausblicke und Fernsichten miteinander. Als eine von 35 Wanderungen stellen wir diesen im Bruckmann-Wanderführer »Panoramawege Schwarzwald« vor.

AUF EINEN BLICK

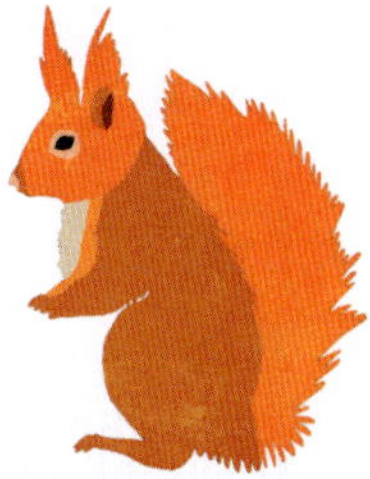

Tour 22: Tour ohne Uhr

Dauer: 4.30–5 Std.

Höhenmeter: 600 Hm

Länge: 10,5 km

Schwierigkeit: Mittel

Tourencharakter: Abwechslungsreiche Runde auf Waldwegen und Pfaden. Mehrere Besonderheiten und Himmelsliegen am Wegrand machen den Himmelssteig zu einem Erlebnis und lassen die Höhenmeter vergessen.

Ausgangs-/Endpunkt: Parkplatz Freibad (435 m) von Bad Peterstal

Anfahrt: GPS 48.4257, 8.2110
Pkw: B 28 Kehl–Freudenstadt bis Bad Peterstal und dort zum Parkplatz in der Schwimmbadstraße abbiegen
Bahn/Bus: S-Bahn-Verbindungen ab Offenburg zum Bahnhof Bad Peterstal. Ab dort erfolgt der 1 km lange Zuweg (blaue Raute) über das Kurhaus und den Aufgang Alter Sportplatz.

Höchster Punkt: Nahe dem Himmelsfelsen (bis ca. 730 m)

Einkehr: Unterwegs mehrere Getränkestationen und himmlische Rastmöglichkeiten

Karte: Karte des Schwarzwaldvereins 1:25 000, W234 Achern, W235 Freudenstadt

Information: Kur und Tourismus GmbH Bad Peterstal-Griesbach,
Tel. 07806/910 00, www.bad-peterstal-griesbach.de

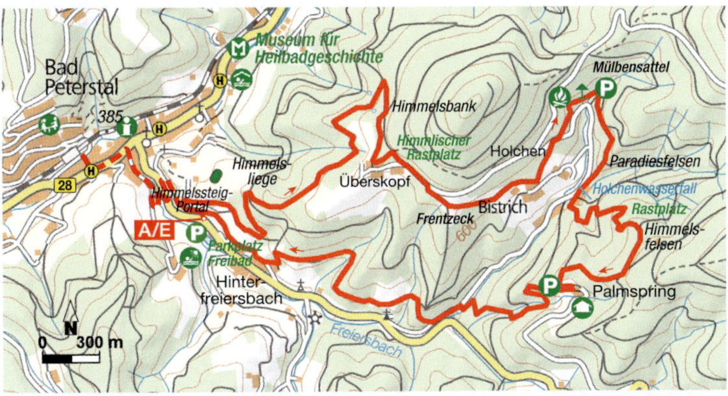

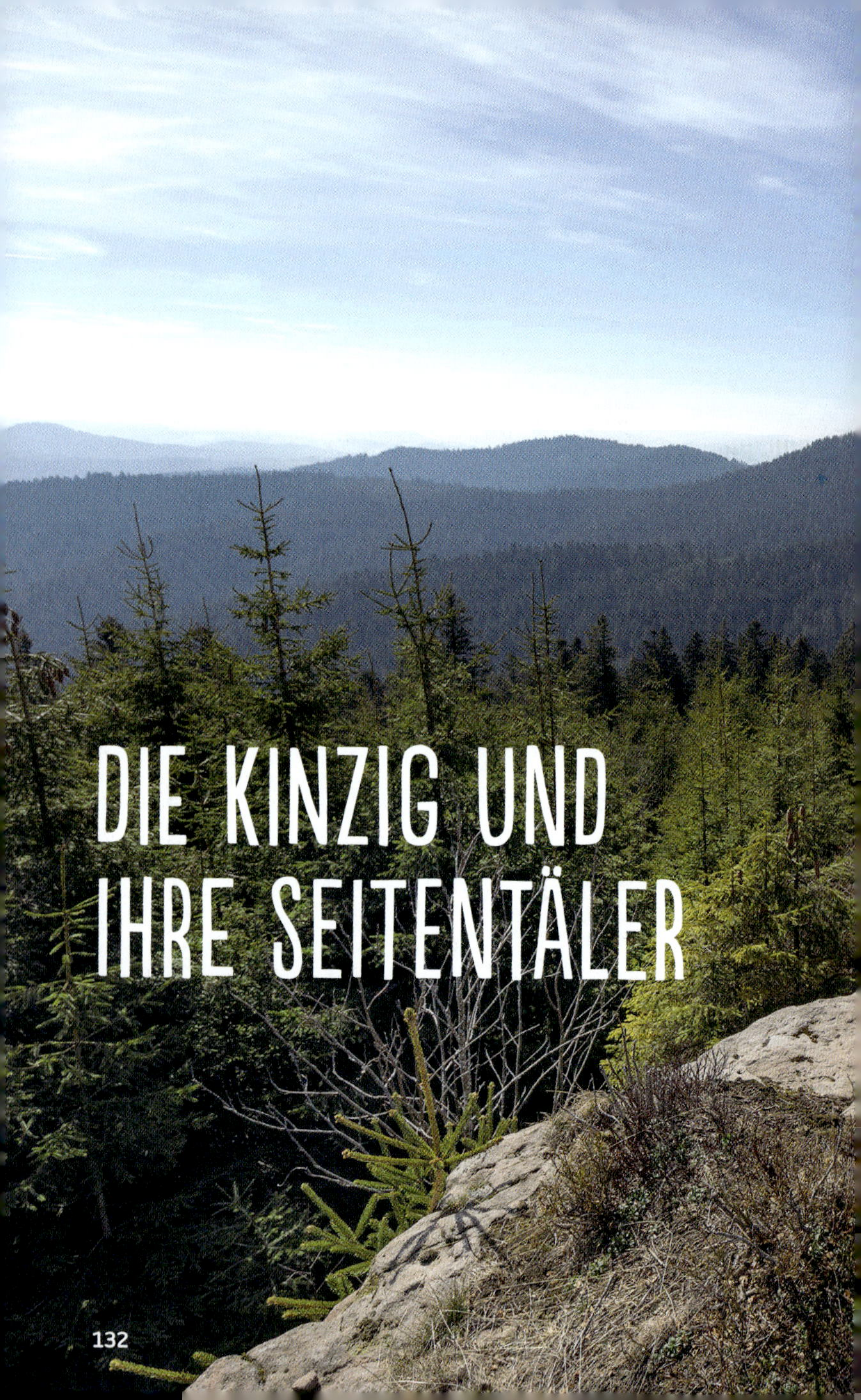

DIE KINZIG UND IHRE SEITENTÄLER

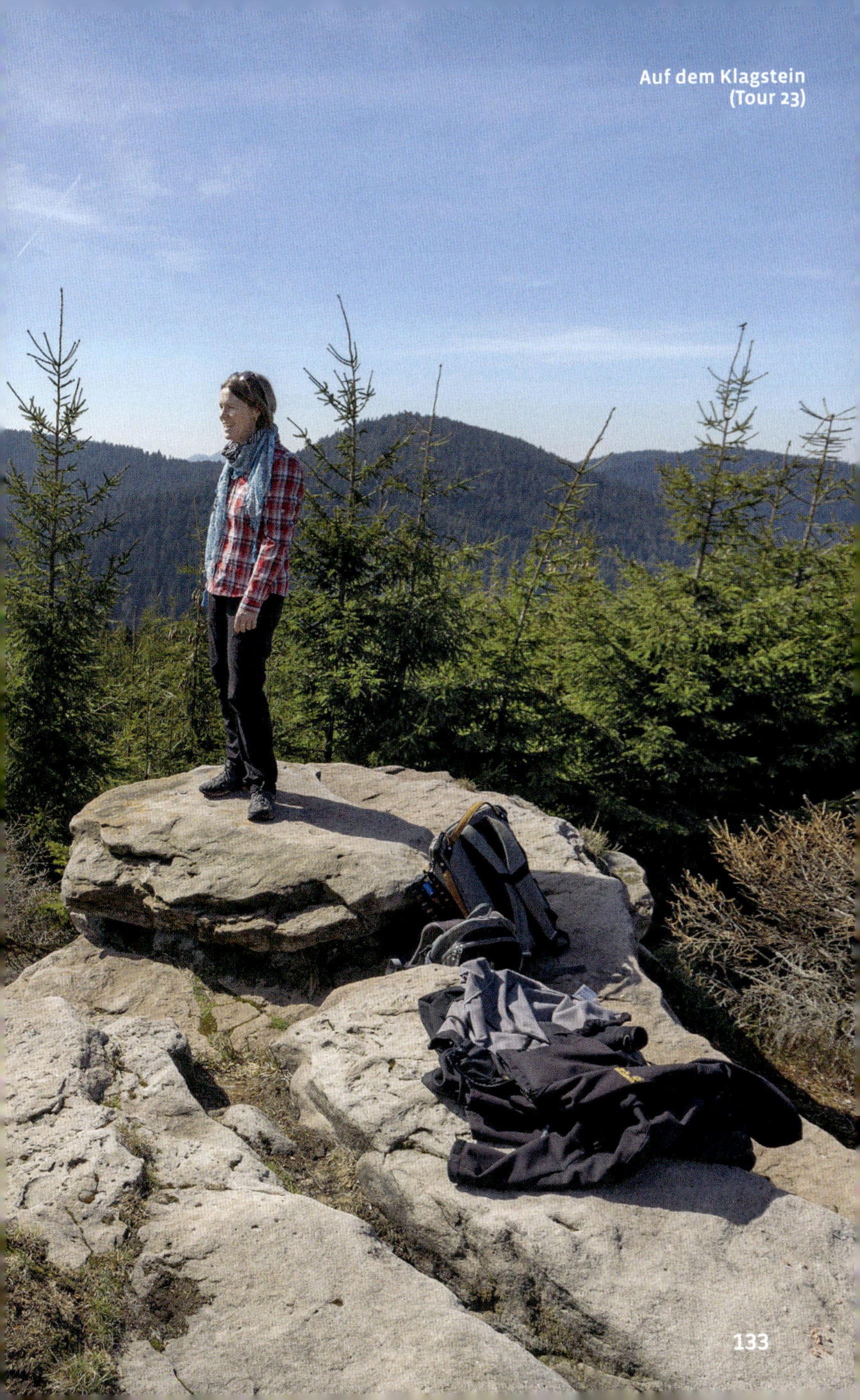

Auf dem Klagstein (Tour 23)

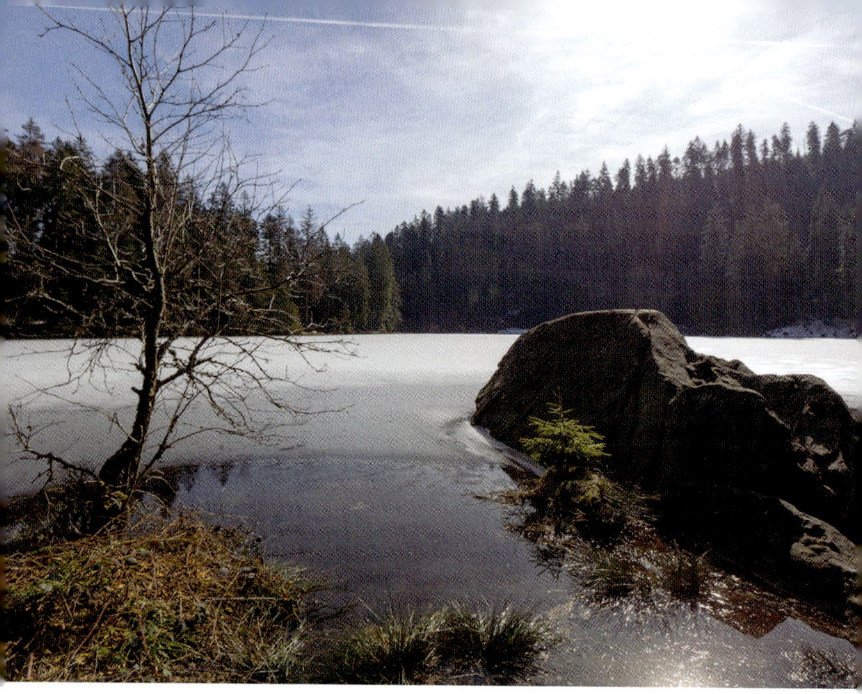

↑ Winterliche Idylle am Glaswaldsee ↓ Der Klagstein

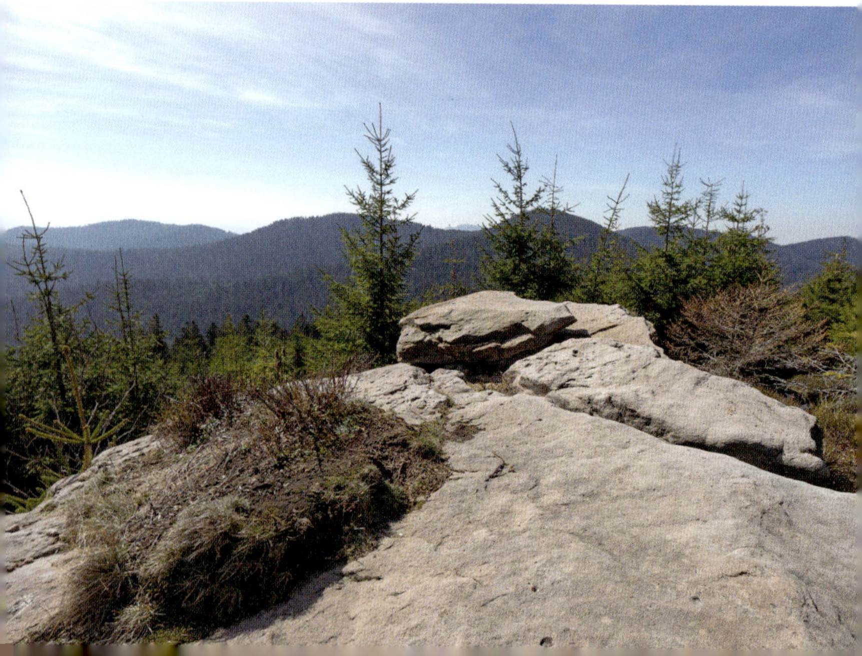

Tour
TOUR 23
der Stille

NIXEN UND NONNEN IM GLASWALDSEE

Über den Klagstein zum Freiersberger Tor

Die Wanderung an den Glaswaldsee sowie hoch auf den Klagstein lohnt sich bereits im Frühjahr. Wenn der See noch gefroren ist, wir hier und da Schneereste entdecken, die Sonne aber schon Kraft hat, umschmeicheln uns wohltuende Stille und Gelassenheit.

Aufstieg zu einem Märchensee Der Einstieg erfolgt am oberen Parkplatzende. Wo sich der Weg nach rund 300 Metern beim Seeloch aufteilt, halten wir uns links, biegen einen Steinwurf weiter scharf rechts ab und folgen der blauen Raute hoch zum Glaswaldsee. Einer Sage nach soll in dem See eine Nixe gelebt haben, welche dem Bauer vom Seeebenhof bei seiner Arbeit half, bis er ihr einen neuen Rock kaufte. Eine andere Geschichte handelt von einem Schloss oder Nonnenkloster, das im See untergegangen sein soll. Der Glaswaldsee wird daher auch Nonnensee genannt. Heute laden im Bereich der Staumauer mehrere Bänke zum Verweilen ein, und rechts führt ein Pfad um das stille, unergründliche Gewässer herum.

Abstecher zum Klagstein Weiter geht es mit der blauen Raute bis hoch auf die See-Ebene. Am höchsten Punkt der Runde treffen wir auf den Westweg, dem wir links Richtung Freiersberg folgen. Nach ca. 800 Metern zweigen wir beim Wegweiser »Am Klagstein« sowie nach weiteren 200 Metern zweimal links ab, sodass wir – erst auf dem Klagsteinweg, dann auf dem deutlich ansteigenden Klagsteinpfad – zum Klagstein gelangen. Der Zugang auf den Sandsteinmonolithen ist mit gegenseitiger Hilfe gut zu schaffen. Oben angekommen, eröffnet sich uns ein grandioses Panorama auf die umliegenden Kuppen und, bei Fernsicht, bis zur Schwäbischen Alb. Anschließend leiten uns Pfad und Weg zurück auf den Westweg, der uns ab dem Juliusbrunnen zum Freiersberger Tor führt.

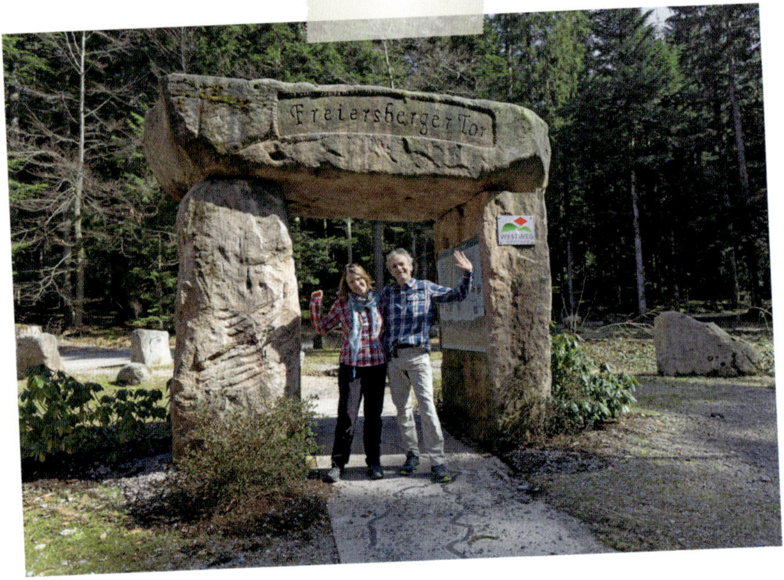

↑ **Das Freiersberger Tor am Westweg**

Einfach mal Ruhe atmen Dort wechseln wir links auf den mit gelber Raute markierten Weg und zum Wegweiser »Unterm Klagstein«. Ab dort erfolgt der weitere Rückweg durch stille Wälder sowie über die Wegweiser »Baumschiebe«, »Seebensattel« und »Eckenbrunnen« bis zum Seeloch. Die letzten Meter bis hinunter zum Wanderparkplatz können wir zum lockeren Auslaufen nutzen.

Tipp

Das versunkene Schloss: Wo sich heute der Glaswaldsee befindet, lebte einst ein Schlossherr mit seinen Töchtern. Sechs waren wie er: herrschsüchtig, grob und geizig. Nur die siebte ging zu den Menschen ins Dorf, pflegte die Armen und Kranken. So fehlte sie, als sich eines Tags der Himmel verdunkelte, Blitz und Donner über die Berge zuckten und grollten, der Boden sich öffnete und das Schloss in die Tiefe gezogen wurde.

AUF EINEN BLICK

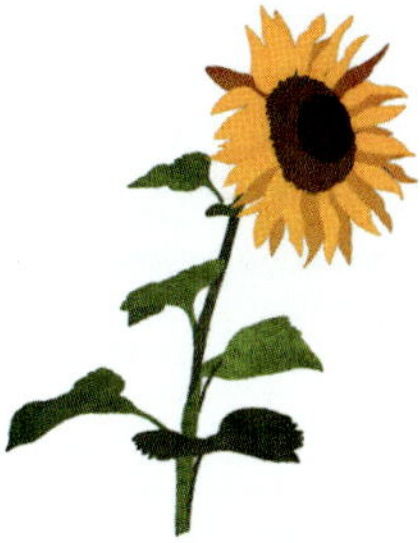

Tour 23: Tour der Stille

Dauer: 3.30–4 Std.

Höhenmeter: 380 Hm

Länge: 12 km

Schwierigkeit: Mittel

Tourencharakter: Der Aufstieg vom Glaswaldsee zur See-Ebene erfolgt über unebene Sandsteinblöcke, der Zugang auf den Klagstein fordert etwas Kraxelei. Auf der zweiten Hälfte technisch anspruchslose Tour auf breiten Wegen

Ausgangs-/Endpunkt: Parkplatz Glaswaldsee (745 m)

Anfahrt: GPS 48.4260, 8.2743
Pkw: Von der B 28 Oppenau–Freudenstadt bei Kniebis Richtung Bad Rippoldsau-Schapbach abbiegen, zwischen den beiden Ortsteilen von der L 96 in die Seebachstraße abbiegen und dieser bis zum Parkplatz folgen

Höchster Punkt: See-Ebene (942 m)

Einkehr: Unterwegs keine; mehrere schöne Rastmöglichkeiten

Karte: Karte des Schwarzwaldvereins 1:25 000, W235 Freudenstadt

Information: Touristinfo Bad Rippoldsau-Schapbach, Tel. 07440/91 39 40, www.wolftal.de

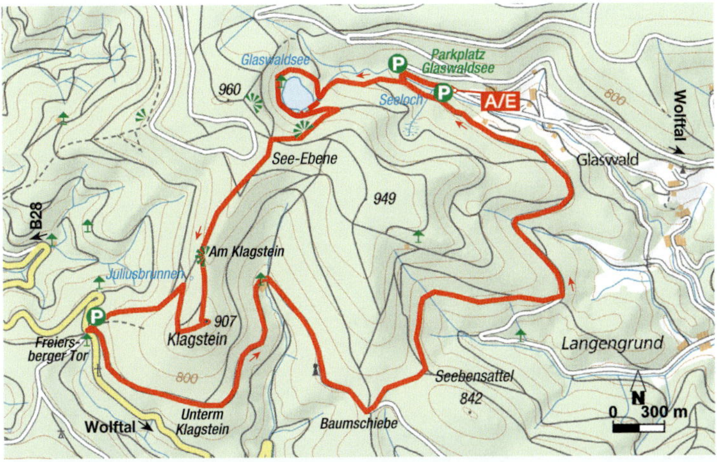

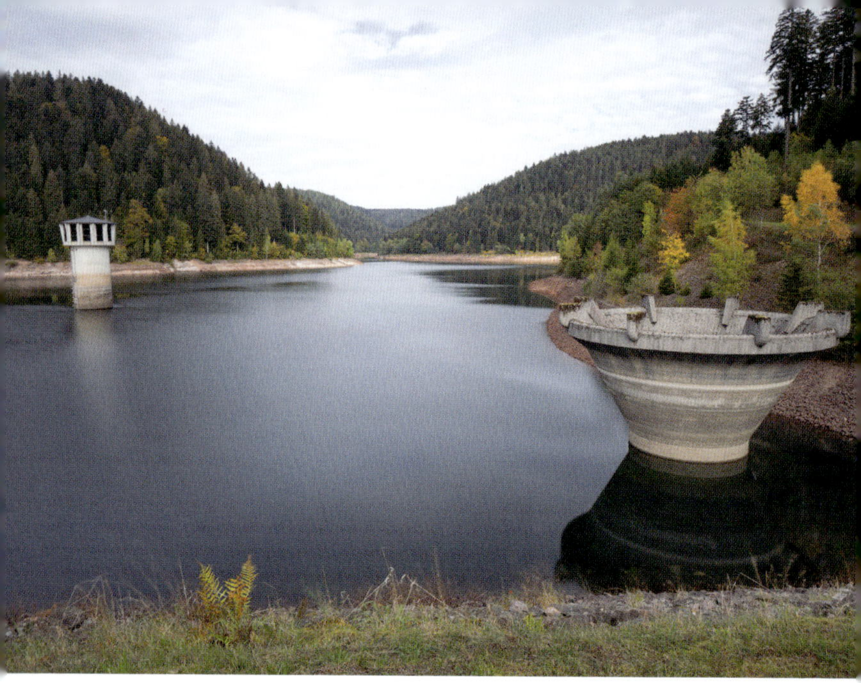

↑ Trinkwasserspeicher Kleine Kinzig ↓ Oberer Teil des Stausees

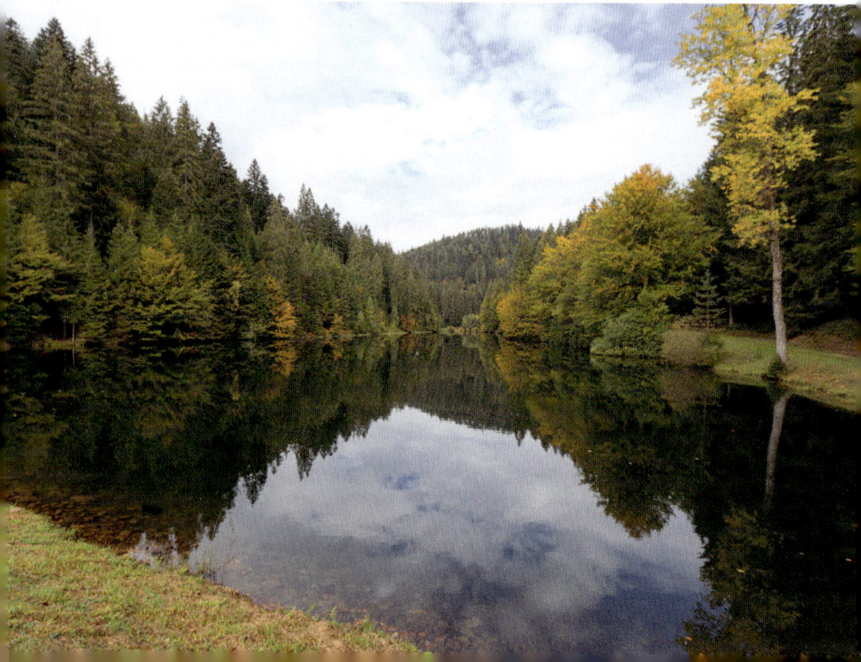

Tour TOUR 24 der Stille

QUELL DES LEBENS

Am Wasserpfad Kleine Kinzig

Bei dieser gemütlichen Runde kombinieren wir den eigentlichen Wasserpfad mit dem Seerundweg. Letzterer führt uns um den einzigen Trinkwasserspeicher Baden-Württembergs. Über die Talsperre lässt sich die Wanderung auf gut die Hälfte verkürzen.

Ökologie und Wasserwerk Kleine Kinzig Vom Wasserpfad-Parkplatz aus überqueren wir die nahe Kleine Kinzig und biegen sogleich links auf den Wanderweg zur Talsperre ein. Damit passieren wir den Schiltacher Wiedofen – ein am Bach stehendes Backhäusle – sowie ein Floß bei der Station »Wehre«. Nach einem Exkurs über die Ökologie der Kleinen Kinzig kommen wir an den Wässerwiesen vorbei und können bei der Station Quellschüttung die Ergiebigkeit einer kleineren Quelle messen. Gleich danach passieren wir das Wasserwerk, biegen am Wegende erst rechts auf die Berneckstraße sowie 100 Meter weiter scharf links auf den Schotterweg ab. Dieser schwenkt im Wald nach Westen und führt auf halber Höhe auf den Damm. Gern können wir den Miniabstecher mitnehmen, ehe wir rechts des Wegs den Wurzelpfad hoch auf die Staumauer nutzen.

Stausee Kleine Kinzig Weiter geht es mit der gelben Raute nahe des Wassers bis Stausee-Hüttenbächle und ab dort links am Damm des oberen Sees vorbei sowie über das Hüttenhardtsträßle bis zur Weiherhalde. Nach einem idyllischen Blick auf die von moosbegrünten Sandsteinen eingefasste Kleine Kinzig überqueren wir den Bach und nutzen links den oberen Fahrweg zum Wegweiser »Schwabachweiher«. Ab dort erfolgt der Rückweg in südlicher Richtung am Wegweiser »Kaspersloch« vorbei sowie mit mehreren schönen Ausblicken über den Trinkwasserspeicher bis zum westlichen Ende des Staudamms. Kurz bevor wir diesen erreichen, lädt eine Bank dazu ein, den Blick nochmals über das kostbare Wasser schweifen zu lassen.

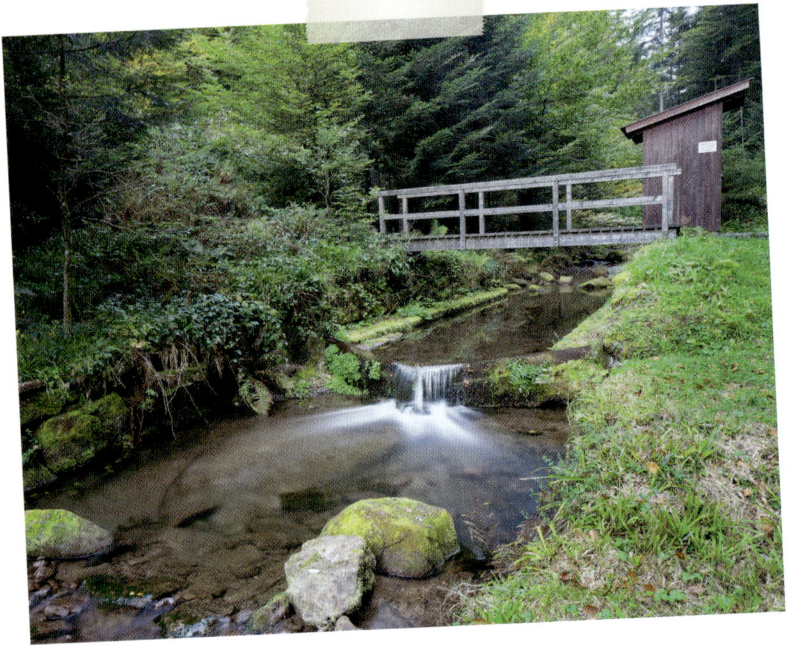

↑ **Kleine Kinzig oberhalb des Sees**

Westlicher Abschnitt des Wasserpfads Bei dem Bauwerk treffen wir wieder auf den hier mit gelber Raute gekennzeichneten Wasserpfad. Dieser führt uns an weiteren Stationen mit Infos zum Heusteig, zur Wegerosion sowie zu einem kleineren Wasserfall des Büstenbachs vorbei zurück zum Wasserpfad-Parkplatz, wo wir mit dem guten Gefühl, zugleich etwas für Kopf und Körper getan zu haben, ankommen.

Tipp

Die Talsperre Kleine Kinzig wurde 1979–82 errichtet und fasst 13 Mio. m^3 Wasser. Neben der Trinkwasserversorgung dient der See auch der regenerativen Stromerzeugung. Der See selbst ist Lebensraum von Algen, Zooplankton und Fischen, gilt aber als nährstoffarm.

AUF EINEN BLICK

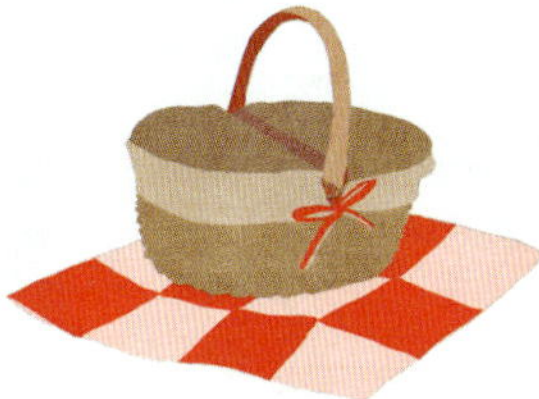

Tour 24: Tour der Stille

Dauer: 3.30–4 Std.

Höhenmeter: 280 Hm

Länge: 12,5 km

Schwierigkeit: Leicht

Tourencharakter: Anspruchslose Runde auf breiten Wegen und Forstwegen. Wer die Variante bis zur Staumauer wählt, kann die Tour auf rund 5 km verkürzen.

Ausgangs-/Endpunkt: Parkplatz Wasserpfad (520 m)

Anfahrt: GPS 48.3838, 8.3720
Pkw: Die Zufahrt erfolgt über die L 405 Freudenstadt–Schenkenzell; bei Reinerzau-Oberes Dörfle in die Berneckstraße fahren und 300 m weiter links zum Parkplatz abzweigen
Bahn/Bus: Busverbindungen ab Freudenstadt-Stadtbahnhof und Alpirsbach zur Haltestelle Reinerzau-Oberes Dörfle. Der Zugang erfolgt dann über die Berneckstraße.

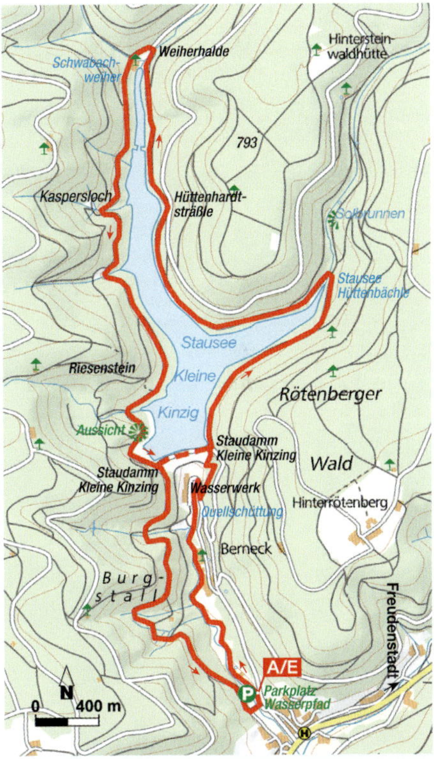

Höchster Punkt: Kaspersloch (630 m)

Einkehr: Unterwegs keine; schöne Rastmöglichkeiten

Karte: Karte des Schwarzwaldvereins 1:25 000, W235 Freudenstadt

Information: Loßburg Information, Tel. 07446/95 04 60, www.lossburg.de

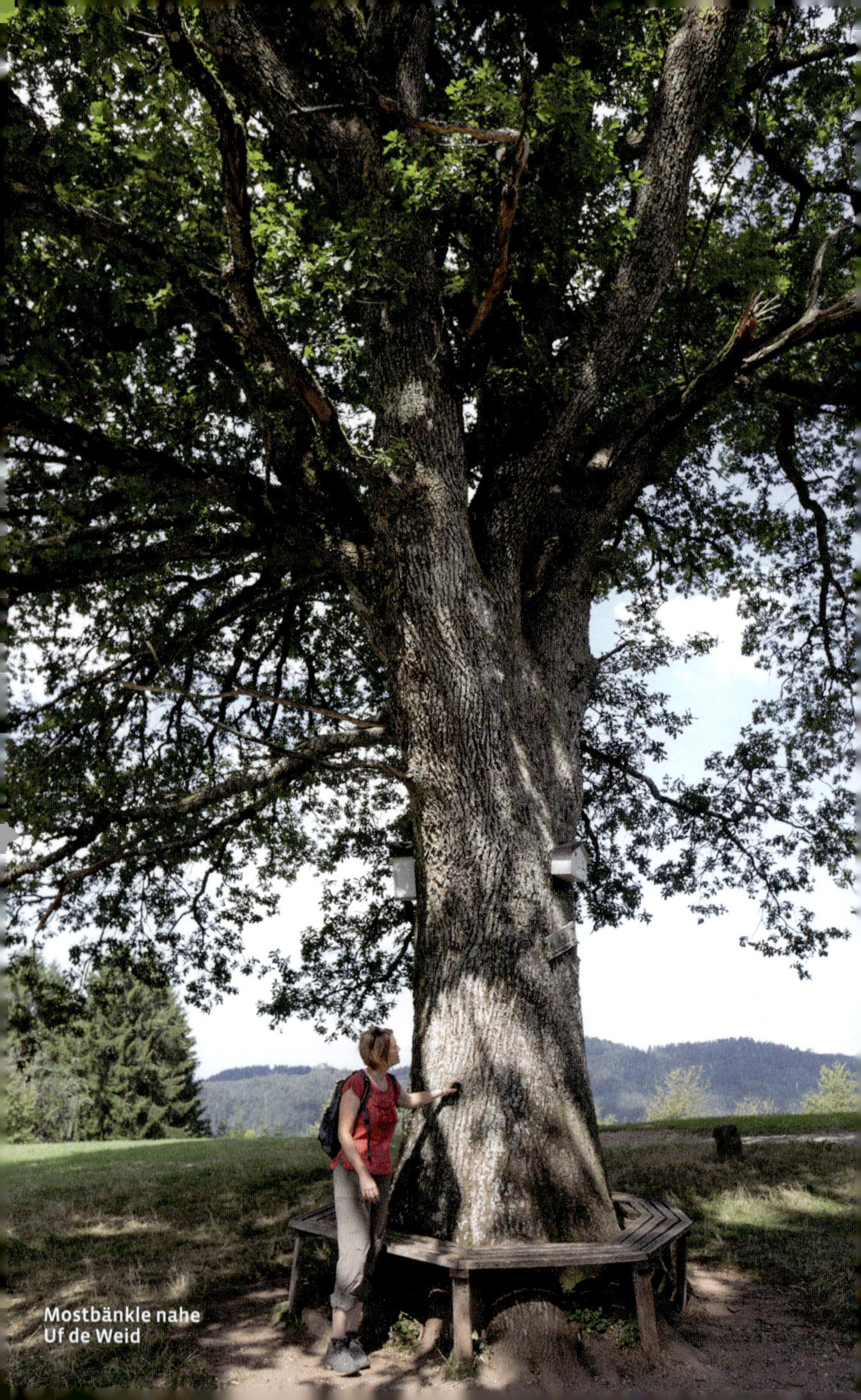

Mostbänkle nahe
Uf de Weid

Tour
TOUR 25
ohne Uhr

HAHN- UND HENNE-RUNDE

Im Zeichen des Zeller Keramikdekors

Die Hahn- und Henne-Runde führt über die Höhen rund um das Schottenhöfer Bächle. Lange lagen diese im Dornröschenschlaf. Mit der Einrichtung des Genießerpfads finden wir hier heute gut erschlossene Wege, die uns mit wechselnden Aussichten beglücken.

Über Hinterhambach … Der Startpunkt der Hahn- und Henne-Runde befindet sich in der Hinterhambachstraße beim Spielplatz Adler. Auf dem ersten Abschnitt wandern wir dem Schottenhöfer Bächle entgegen. Nachdem wir den Bach am Waldrand überquert haben, biegen wir links ab und folgen dem Genießerpfad sowie der gelben Raute durch den Wald in Richtung Hinterhambach. Bei der Wassertretstelle Hinterhambach bietet sich uns nach gerade einmal 1,2 Kilometern eine erste Rastmöglichkeit. Unter uns gesagt: Im weiteren Verlauf kommen wir noch zu weitaus schöneren Plätzen.

… zum Jägereckle Wir können also getrost noch vor der Wassertretstelle rechts abbiegen und den teils steilen Pfad durch den Wald hinaufsteigen. Wer mag, kann außerdem über eine Hühnersteige wenige Meter abkürzen. Oberhalb der Hühnerleiter mündet der Pfad in einen breiteren Weg. Rechts führt uns dieser aus dem Wald heraus. Mit Blick über Hinterhambach und das Tal des Schottenhöfer Bachs wandern wir weiter bergauf und an einer schattig platzierten Bank vorbei zum Rastplatz am Jägereckle. Auf der Anhöhe öffnet sich die Sicht über das Harmersbachtal bis zum Brandenkopf. Wer genau hinsieht, entdeckt neben dem Windrad den vergleichsweise winzigen Aussichtsturm.

Aussichtspunkt Höllhaken Weiter geht es links nach Sodlach. Der nun mäßig ansteigende Weg führt uns zurück in den Wald, wo wir mit der

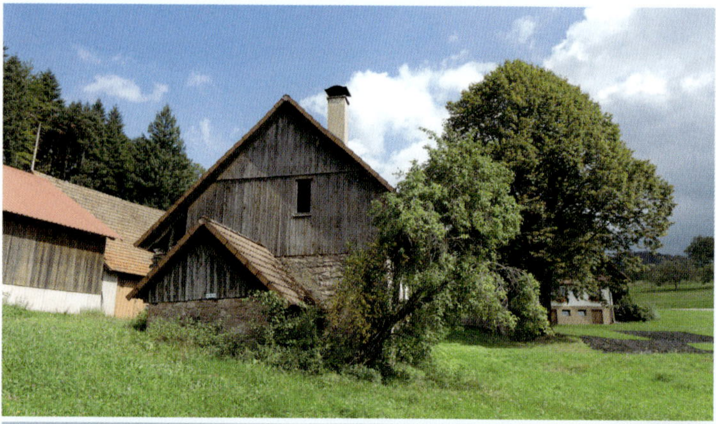

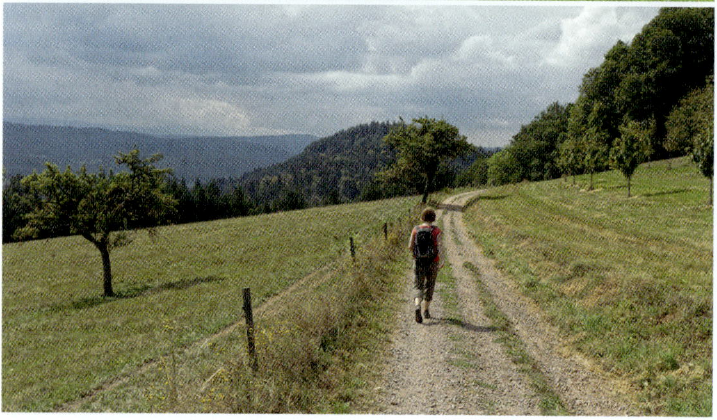

»Das Lachen ist die Sonne,
die aus dem menschlichen Antlitz
den Winter vertreibt.«

Victor Hugo

gelben Raute erst links, dann wieder rechts abbiegen, sodass wir den Wegweiser »Am Katzenschrofen« passieren. Ab dort geht es gut beschildert über eine Kuppe, dann bei der nächsten Wegkreuzung halb links in nördlicher Richtung noch ein Stück durch den Wald. Wo wir diesen wieder verlassen, gelangen wir zum Aussichtspunkt Höllhaken. Bei der liebevoll gestalteten Sitzgruppe mit Hahn, Henne, zwei Bechersitzen und einem Likör- und Schnapsschränkle erwartet uns dort die zweite schöne Rastmöglichkeit. Anschließend führt uns der Genießerpfad zurück an den Waldrand und um Höllhaken herum. Wo wir wieder in den Wald eintauchen, zweigt rechts ein Weg zur Vesperstube Erbsengrund ab. Wir indes laufen geradeaus weiter bis zum Wegweiser »Schottenhöfen/Sodlach«. Dort biegt der Genießerpfad rechts ab und führt uns an mehreren Abzweigen vorbei zum ruhig gelegenen Bergbauernhof August Lehmann. In der Vesperstube werden Wanderer mit badischen Spezialitäten sowie mit kalter und warmer Hausmannskost verwöhnt. Der Wanderweg führt um den Hof herum, um beim Wegweiser etwas oberhalb links abzubiegen.

Auf dem Großen Hansjakobweg Es folgt die zweite längere Steigung über Reutegut und den Wegweiser »Schottenhöfen und Schlossackern« auf den Täschenwasen. Beim höchsten Punkt der Wanderung treffen wir auf den Großen Hansjakobweg, dem wir links in Richtung Fautzenwald folgen. Wo der Weg dorthin eine enge Linkskurve beschreibt, lernen wir die Geschichte der Schottenhöfe kennen. Demnach wird der Name auf schottische Mönche zurückgeführt, welche vom Kloster Gengenbach aus den christlichen Glauben verbreiteten. Gemeinsam steuern die Hahn- und Henne-Runde und der Themenweg des Volksschriftstellers das Haldeneck an.

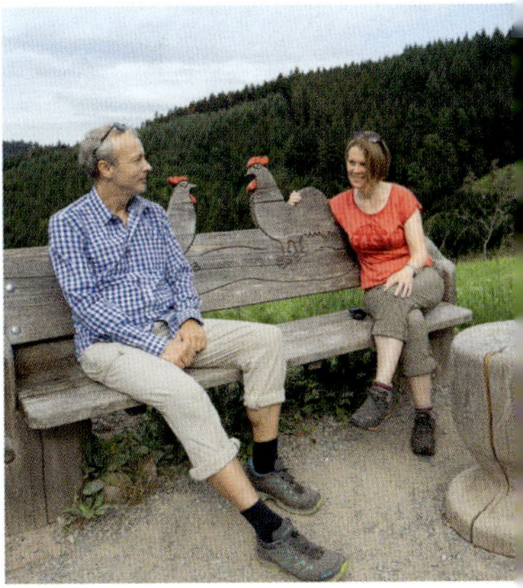

↑ **Blick zur Vesperstube Mühlstein**
↓ **Abschnitt zwischen Wolfsdobel und Heugraben**
→ **Rast beim Aussichtspunkt Höllhaken**

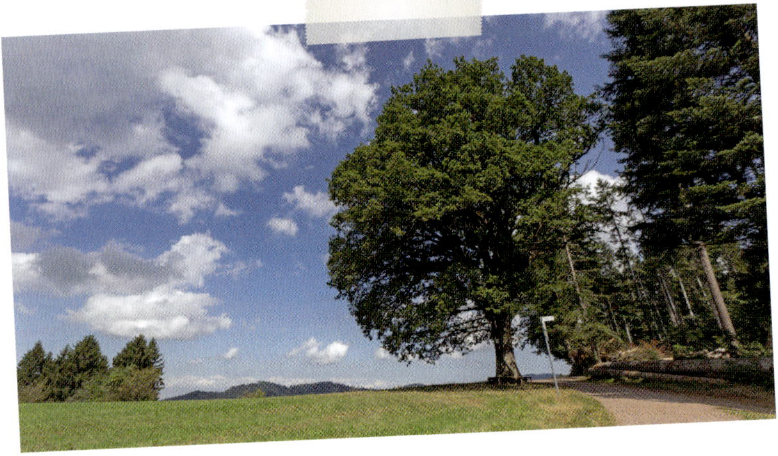

↑ Blick zur Eiche mit dem Mostbänkle

Wieder runterkommen Ab dem Haldeneck folgen wir der Beschilderung links nach Mühlstein. Wenige Schritte vor der Vesperstube Vogt auf Mühlstein zweigt die Hahn- und Henne-Runde rechts ab. Auf dem letzten Abschnitt folgen wir der Beschilderung über »Uf de Weid« und die Wegweiser »Wolfsdobel« und »Heugraben« zur Heugrabeneckhütte. Dort trennen sich die Wege: Während der Hansjakobweg durch das Nordrachtal nach Zell am Harmersbach führt, folgen wir dem Genießerpfad – leicht versetzt – in südöstlicher Richtung kurz bergan zum Wegweiser »Überm Heugraben« und, wieder bergab, »Überm Strietparkplatz« sowie »Über Eck« zum Eckwaldpavillon. Die letzten Meter führen relativ steil bergab am Waldrand bis zur Rebhalde und weiter auf dem Eckwaldweg zu unserem Ausgangspunkt beim Spielplatz Adler.

Tipp

Storchenturm-Museum: Der Zeller Storchenturm beherbergt eine Vielzahl an Gegenständen historischer Berufe sowie eine Ausstellung zur Geschichte der Porzellan- und Keramikindustrie im Harmersbachtal. Das Museum ist April–Oktober Do/Fr/So von 14–17 Uhr geöffnet.

AUF EINEN BLICK

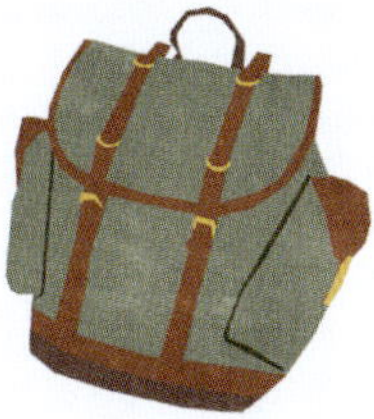

Tour 25: Tour ohne Uhr

Dauer: 4.30–5 Std.

Höhenmeter: 550 Hm

Länge: 14 km

Schwierigkeit: Mittel

Tourencharakter: Bis auf den teils steileren Anstieg zum Jägereckle und weiter zum Täschenwasen bequeme Bergwanderung mit wechselnden Aussichten und vielen kleinen Besonderheiten am Weg

Ausgangs-/Endpunkt: Spielplatz Adler (246 m) in Unterharmersbach

Anfahrt: GPS 48.3559, 8.0874
Pkw: Von der B 33 Offenburg–Haslach i. K. bei Biberach Richtung Zell a. H. abfahren und in Unterharmersbach links in die Straße Hinterhambach; der Wanderparkplatz befindet sich hinter dem Spielplatz.
Bahn/Bus: Bus- und Bahnverbindungen ab Biberach (Baden) zur Haltestelle Unterharmersbach-Bahnhof und Schwarzer Adler

Höchster Punkt: Täschenwasen (640 m)

Einkehr: Bergbauernhof August Lehmann (Mi–So ab 11.30 Uhr, Tel. 07837/849); Vogt auf Mühlstein (Mi–So ab 11 Uhr, Tel. 07838/955 94 10)

Karte: Karte des Schwarzwaldvereins 1:25 000, W239 Lahr

Information: Touristinfo Zell am Harmersbach, Tel. 07835/636 92 40, www.zell.de

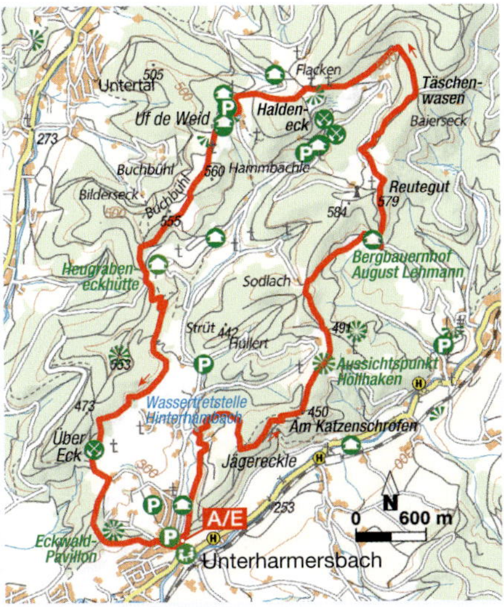

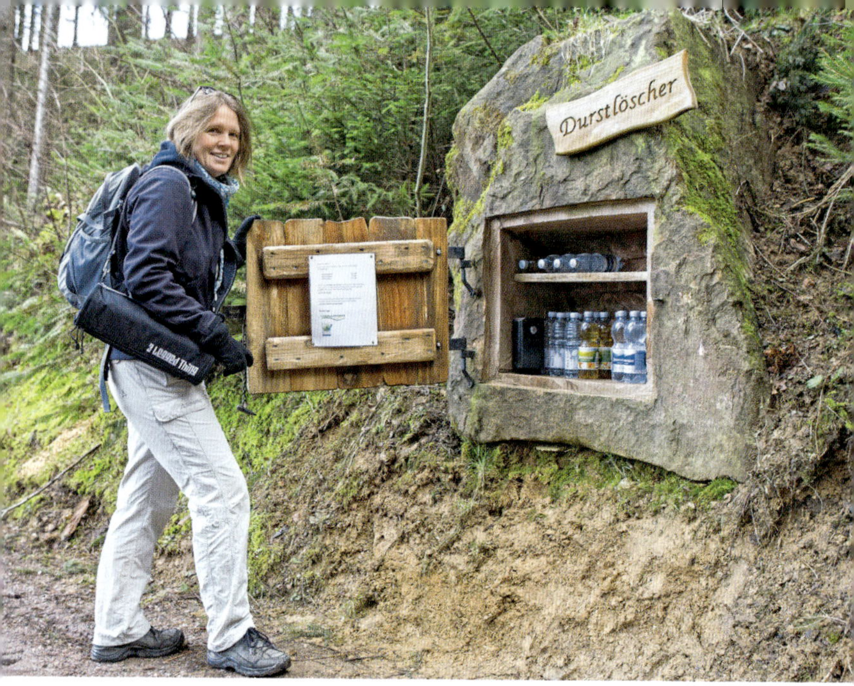

↑ Durstlöscher am Wegrand ↓ Ein Rahmen für Oberharmersbach

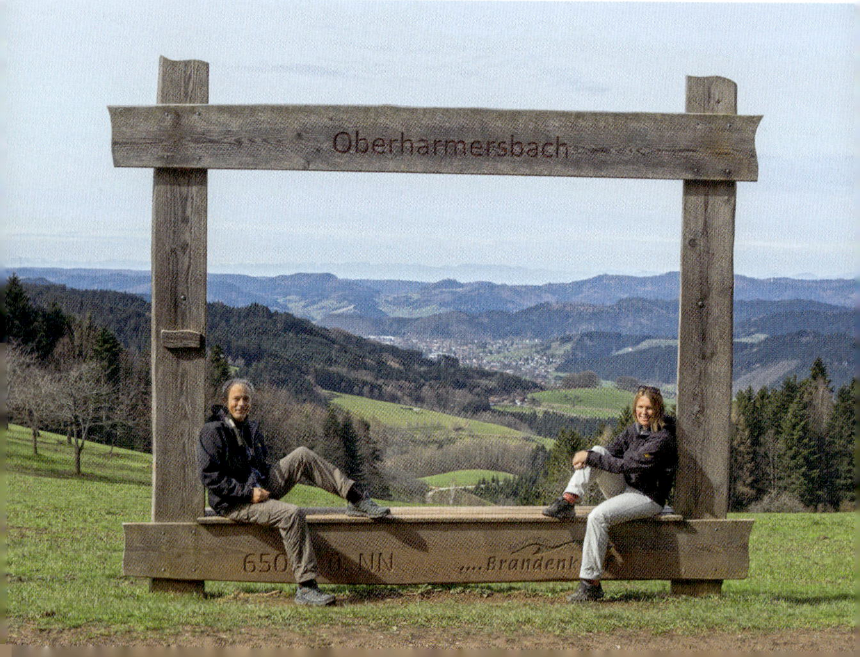

Tour für den Genuss
TOUR 26

PICKNICKPLÄTZE ZUM VERLIEBEN

Auf dem Harmersbacher Vesperweg

Der Harmersbacher Vesperweg lebt von einigen liebevoll gestalteten Rastplätzen, die Wanderer ein ums andere Mal begeistern. Herrliche Aussichten bis zum Grand Ballon in den Hochvogesen gibt es obendrauf. Schnappen wir uns also den Vesperkorb!

Aufstieg über den Durstlöscher … Ab der Reichstalhalle folgen wir der Beschilderung über die Bahntrasse und biegen links auf den Fußweg ab. Nach 200 Metern ist der Harmersbacher Vesperweg in zwei Richtungen ausgewiesen. Wir folgen der offiziellen Empfehlung, biegen damit erst rechts, dann sogleich links ab und nutzen den Fahrweg hoch in den Wald. Am oberen Ende des Wegs halten wir uns scharf links, um am nördlichen Waldrand wiederum rechts abzubiegen. Damit führt uns der Wanderweg am Ferienhaus Hubhof vorbei zu einem Weiher. Dort halten wir uns links, sodass wir im nächsten Waldstück zum Durstlöscher, einer Getränkestation, kommen.

… zur Großen Bank Beim Durstlöscher beschreibt der Weg eine Rechtskurve und führt uns – bei der Gabelung links – wieder ins Freie, wo wir zur Großen Bank gelangen. Es handelt sich hierbei um eine 30 Meter lange, mit Sitzmöglichkeiten ausstaffierte Weißtanne. Je nach Witterung reicht die Sicht nach Südwesten bis zur Burg Hohengeroldseck und weiter bis zu den Vogesen mit dem Großen Belchen (Grand Ballon). Wenden wir uns nach Norden, liegt uns stattdessen das obere Harmersbacher Tal zu Füßen. Weiter bergan passiert der Vesperweg eine Sternwarte, taucht in ein größeres Waldstück ein und tangiert nach einer Rechtskurve den Langenbergweg.

»Hock mol uf de Arsch no!« Um zum nächsten Rastplatz zu kommen, orientieren wir uns dort links und nutzen den Forstweg bis an den nächsten

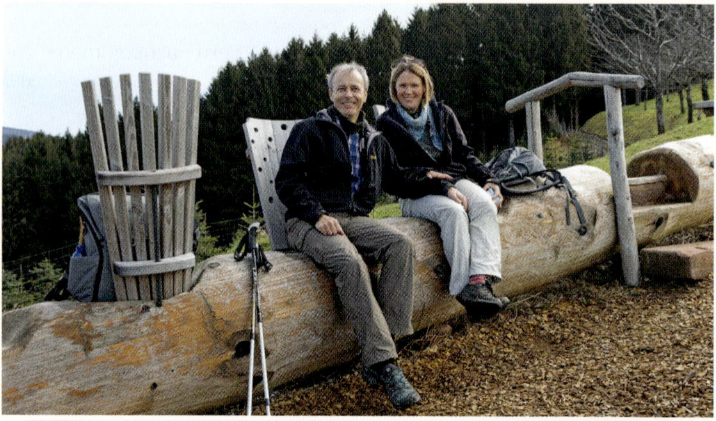

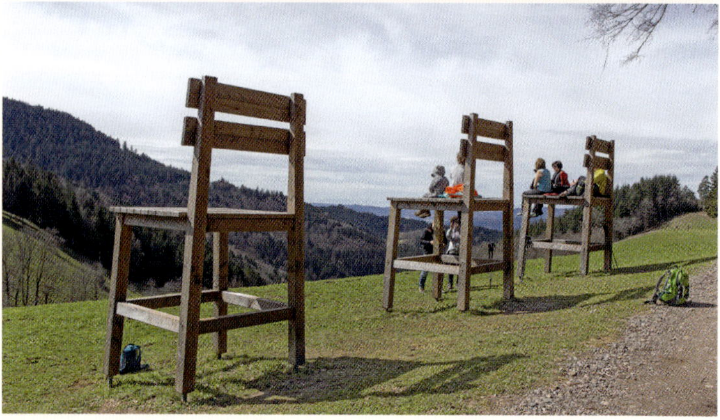

»Glück ist, was passiert,
wenn Vorbereitung auf Gelegenheit trifft.«

Lucius Annaeus Seneca

Waldrand, wo rechts eine Sitzgruppe zum Verweilen einlädt. Der Aufforderung »Hock mol uf de Arsch no!« können wir gern nachkommen – zumindest aber sollten wir uns das Mobiliar genauer anschauen, um alle Details zu entdecken. Anschließend halten wir uns bei der Gabelung oberhalb der Sitzgruppe rechts, sodass wir zurück auf den Langenbergweg gelangen.

Über das Schmusehisli zur Kreuzsattelhütte Nach einer kurzen Passage auf der Straße verlassen wir diese wieder, und der Vesperweg leitet uns an einem Landschaftsrahmen mit Blick auf Oberharmersbach vorbei zum liebevoll gestalteten Schmusehisli. Auch hier reicht der Blick über das Harmersbacher Tal hinweg bis zu den Vogesen. Danach ist mit der Markierung blaue Raute die Kreuzsattelhütte bald erreicht. Bei der Hütte mit Wanderparkplatz und Spielplatz treffen wir auf den Westweg. Die Hütte selbst wird ab dem 1. Mai bis Allerheiligen an Sonn- und Feiertagen von Vereinen bewirtschaftet.

Sitze für Riesen Ab dem Kreuzsattel führt uns die rote Westwegraute zur Anhöhe Hark. Damit passieren wir die Hütte auf ihrer linken Seite. Der bequem zu laufende Forstweg steigt noch bis zur Station Zielrohr leicht an. Dahinter verbirgt sich ein wie ein Fernrohr gefertigtes Stück Holz. Je nach Drehrichtung zeigt ein Pfeil auf der darunter befestigten Metallscheibe, ob wir den Kleinen oder Großen Hundskopf oder den Gütschenkopf anvisieren. Nachdem wir den höchsten Punkt der Tour überwunden haben, halten wir uns bei einem Holzplatz rechts und wechseln auf den schmaleren Weg, der uns über »Bei Sankt Gallus« zur Harkhöhe führt. Wo wir den Wald wieder verlassen und sich

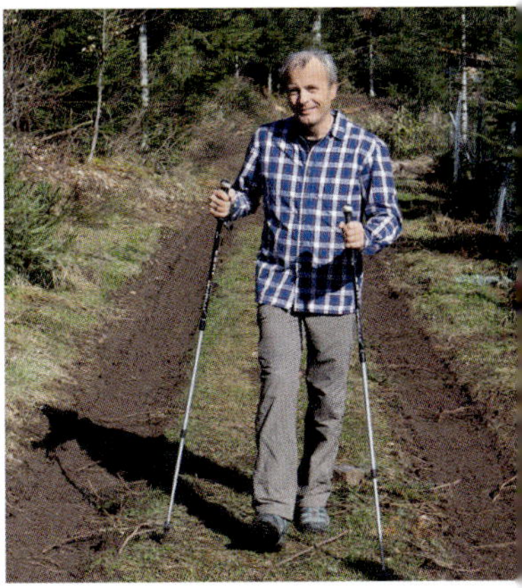

↑ **Rast auf der Großen Bank**
↓ **Die Stühle für Riesen**
→ **Auf dem Vesperweg**

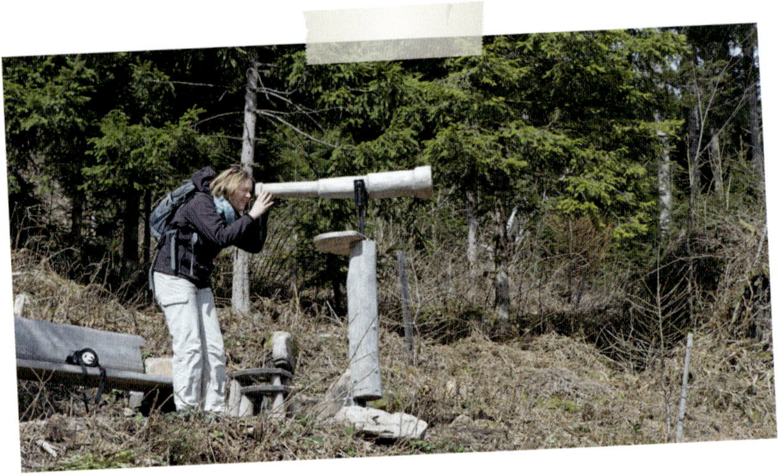

↑ **Annette nimmt die Hundsköpfe ins Visier.**

der Weg gabelt, haben wir die Wahl: Wer die Runde mit einer Einkehr verbinden möchte, läuft links hinunter zum Harkhof. Ansonsten bleiben wir auf dem oberen Weg und steuern direkt auf drei Riesenstühle zu.

Abstieg nach Riersbach Dort verlassen wir den Westweg und passieren die Stühle. Der nächste Abschnitt führt auf wechselnden Wegen sowie teils steilen Pfaden durch den Wald an Misslinke und Eiwaag vorbei. Am unteren Waldrand bieten sich uns wieder schöne Rastmöglichkeiten. So beim zweiten Holzzielrohr. Ab dort erfolgt der weitere Abstieg an einem Pavillon vorbei nach Riersbach. In dem Ortsteil folgen wir den Wegweisern zur Endstation des Harmersbacher Bähnles und ab dort zurück zur Reichstalhalle.

Tipp

Historischer Speicher und Alte Mühle: Der 1761 erbaute Speicher stand früher beim Schwobelenzenhof im Holdersbachtal, wurde jedoch in den 1980er-Jahren abgebaut und auf dem Rathausplatz von Oberharmersbach wieder zusammengesetzt. Zusammen mit der Mühle und dem Backhaus gibt das Museumsgelände Einblicke in den Alltag vorheriger Generationen.

AUF EINEN BLICK

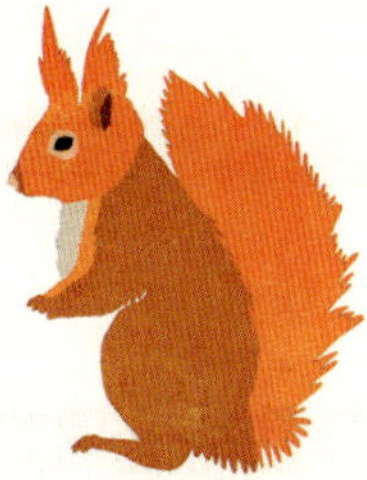

Tour 26: Tour für den Genuss

Dauer: 4.30–5 Std.

Höhenmeter: 580 Hm

Länge: 14,3 km

Schwierigkeit: Mittel

Tourencharakter: Für den langen Anstieg sind Stöcke zu empfehlen. Nach dem Harkhof folgen mehrere steilere Passagen auf wenig befestigten Waldpfaden bergab. Ansonsten bequem zu wandernde Runde auf gut ausgebauten Wegen und Pfaden

Ausgangs-/Endpunkt: Reichstalhalle Oberharmersbach (300 m)

Anfahrt: GPS 48.3750, 8.1298
Pkw: Von der B 33 Offenburg–Haslach i. K. bei Biberach Richtung Zell a. H. und weiter auf der L 94 bis zur Ortsmitte von Oberharmersbach
Bahn/Bus: Ab Offenburg gibt es Zugverbindungen mit Umstieg in Biberach nach Oberharmersbach-Riersbach, wo dann der Einstieg in die Wanderung erfolgt.

Höchster Punkt: Rastplatz Zielrohr (810 m)

Einkehr: Vesperstube Harkhof (Di–So ab 11 Uhr); in Riersbach

Karte: Karte des Schwarzwaldvereins 1:25 000, W239 Lahr

Information: Touristinfo Zell am Harmersbach, Tel. 07835/636 92 40, www.zell.de

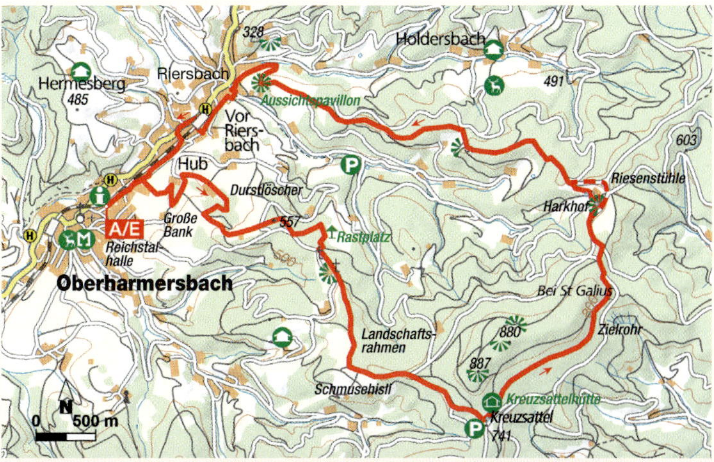

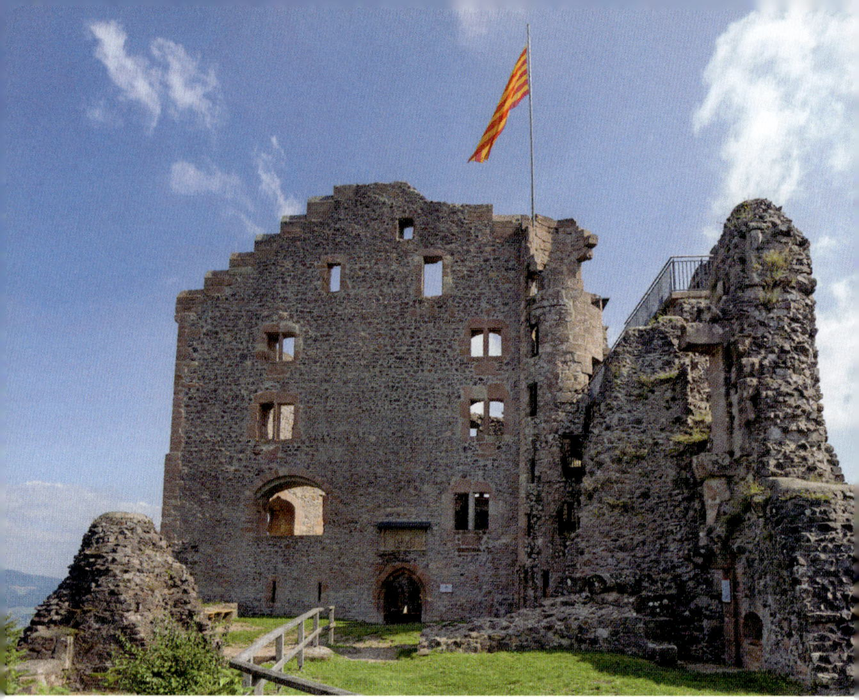

↑ Ruine Hohengeroldseck ↓ Blick in die hohle Kernburg

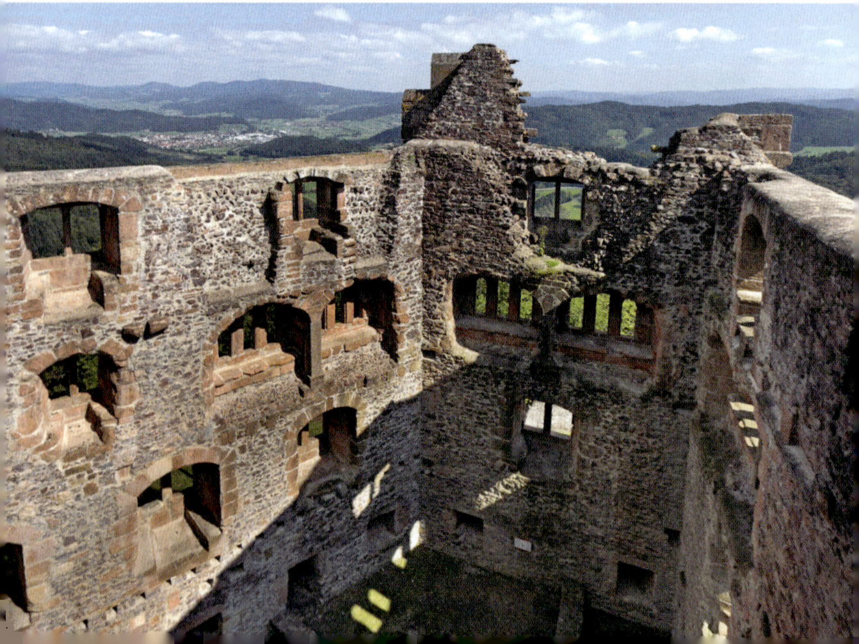

Tour
TOUR 27
ohne Uhr

WIE DIE ALTEN RITTERSLEUT'

Kurze Runde zur Hohengeroldseck

Die Hohengeroldseck prägt als weithin sichtbare Landmarke den Schönberg. Von der Anhöhe zwischen der Kinzig und der Schutter liegt uns das alte Geroldsecker Land zu Füßen, welches sich einst beiderseits des Rheins erstreckte. Heute sorgt sich der Burgverein um den Erhalt der imposanten Burgruine.

Auf dem Schlossbergweg Im Bereich der Ludwigsäule überqueren wir umsichtig die Bundesstraße, folgen dem Kandel-Höhenweg am Schmiederhof vorbei und halten uns bei der Gabelung rechts. Sobald wir die Vesperstube Beck passiert haben, wechseln wir beim Wegweiser »Schlossberg« links auf den mit gelber Raute markierten Pfad. Dieser führt uns über wenige Kehren erst über die Ostseite auf den Burgpfad – wir können uns hier gern die Zeit für die Themenstationen nehmen und sollten auf keinen Fall versäumen, das kleine Katapult auszuprobieren. Anschließend führt uns der Burgpfad von Norden hoch zur Burg Hohengeroldseck, wo uns die hölzerne Burgherrin Heilika empfängt.

Auf Hohengeroldseck Die Burg selbst ist eng verknüpft mit der Lützelhardt-Sage. Diese handelt vom Herrn von Lützelhardt, der den Herrn von Geroldseck während einer Jagd fangen und tagelang mit verbundenen Augen im Wald herumführen ließ, ehe er ihn in seinem Burgturm einsperrte. Mit der Zeit erkannte der Geroldsecker aber, dass er sich nicht in einem fernen Land, sondern noch auf seinem eigenen Herrschaftsgebiet befand. Als er dem Turmhüter gut zuredete, verhalf ihm dieser nach insgesamt zwei Jahren in Haft zur Flucht. Auf dem Burgareal informieren einige Tafeln über die Standorte und Funktionen der einzelnen Burgteile sowie auch mehrerer Wirtschaftsgebäude.

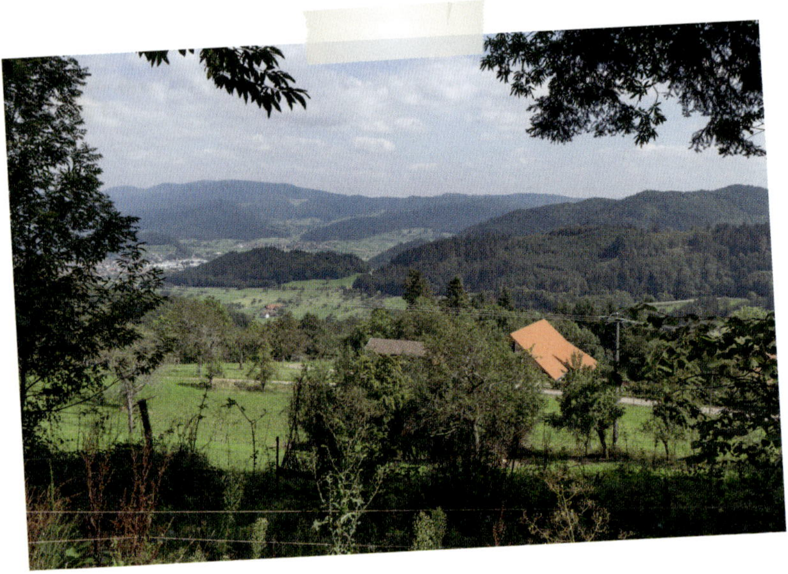

↑ Ausblick vom Schlossberg ins Kinzigtal

Rückweg zur Ludwigssäule Nach dem Burgbesuch nutzen wir den westlichen Ausgang des Burghofs hinunter zum Geroldseck. Links ab wandern wir auf dem Geroldsecker Qualitätsweg bis zum Wegweiser »Hockenhard«. Dort trennen sich die Wege: Während der Qualitätsweg rechts zum Nebelgraben und nach Reichenbach abbiegt, wandern wir mit der gelben Raute geradeaus weiter. Damit passieren wir als Nächstes den Hof Hockenhard, ehe wir wieder auf den Kandelhöhenweg treffen und die letzten Meter hinunter zur Ludwigsäule laufen.

Tipp

Burgfest auf der Hohengeroldseck: Traditionell am 1. September-Wochenende richtet der Burgverein das Burgfest auf der Hohengeroldseck aus. Inmitten des mittelalterlichen Treibens geben Handwerker Einblicke in ihre Arbeit, unterhalten Musikanten und werden Führungen angeboten (www.burgruine-hohengeroldseck.de).

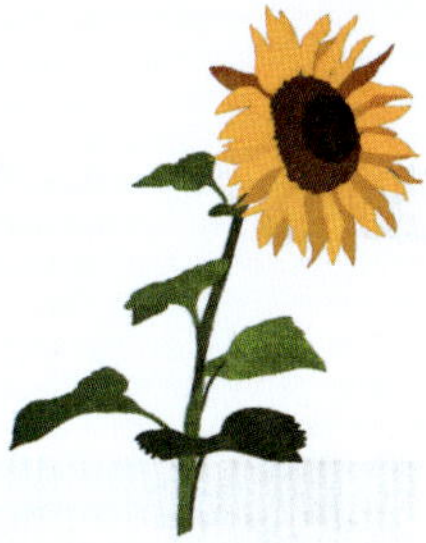

AUF EINEN BLICK

Tour 27: Tour ohne Uhr

Dauer: 1.30 Std.

Höhenmeter: 170 Hm

Länge: 3,5 km

Schwierigkeit: Leicht

Tourencharakter: Der kurze knackige Aufstieg auf den Schlossberg erfolgt zunächst auf der Zufahrt zur Vesperstube Beck, dann über einen gut angelegten Fußweg.

Ausgangs-/Endpunkt: Ludwigsäule (367 m) in Seelbach-Schönberg

Anfahrt: GPS 48.3268, 7.9815
Pkw: A 5 Karlsruhe–Offenburg bis Ausfahrt 56, dann B 415 nach Lahr, der Bundesstraße durch Lahr Richtung Biberach und Zell am Harmersbach bis Schönberg folgen. Der Parkplatz befindet sich direkt an der Bundesstraße.
Bahn/Bus: Bei Drucklegung dieses Buchs bestanden keine Busverbindungen zur Haltestelle Schönberg (Seelbach).

Höchster Punkt: Hohengeroldseck (524 m)

Einkehr: Vesperstube Beck (Mo, Do, Fr ab 12 Uhr, Sa/So ab 10.30 Uhr, Tel. 07823/26 05)

Karte: Karte des Schwarzwaldvereins 1:25 000, W239 Lahr

Information: Kultur- und Touristinfo Seelbach, 07823/94 94 52, www.seelbach-online.de

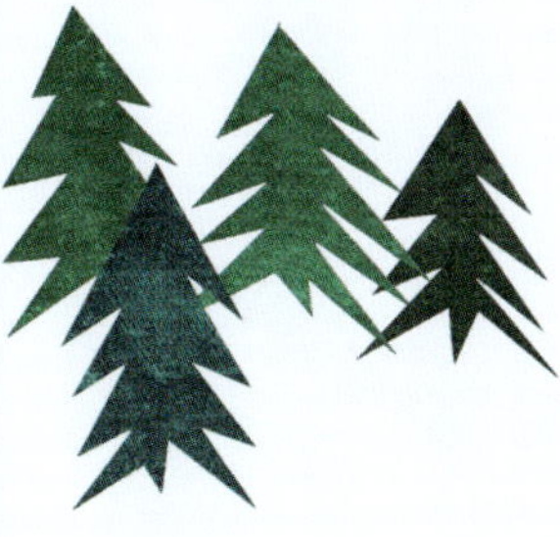

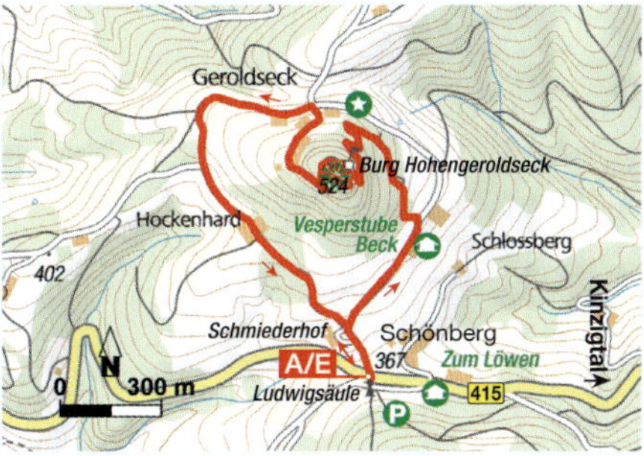

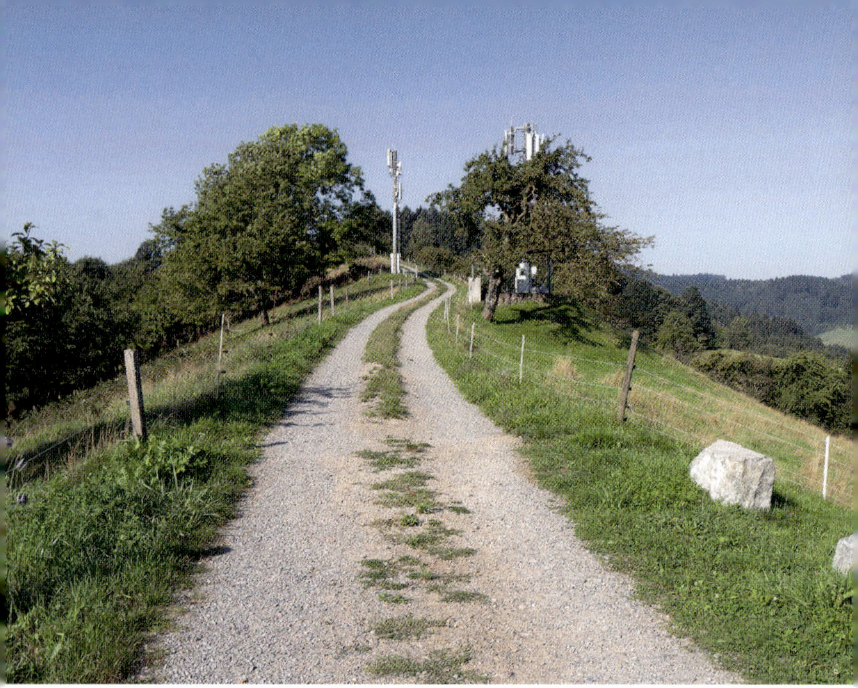

↑ Höhenweg über dem Mühlbachtal ↓ Pavillon auf dem Kreuzbühl

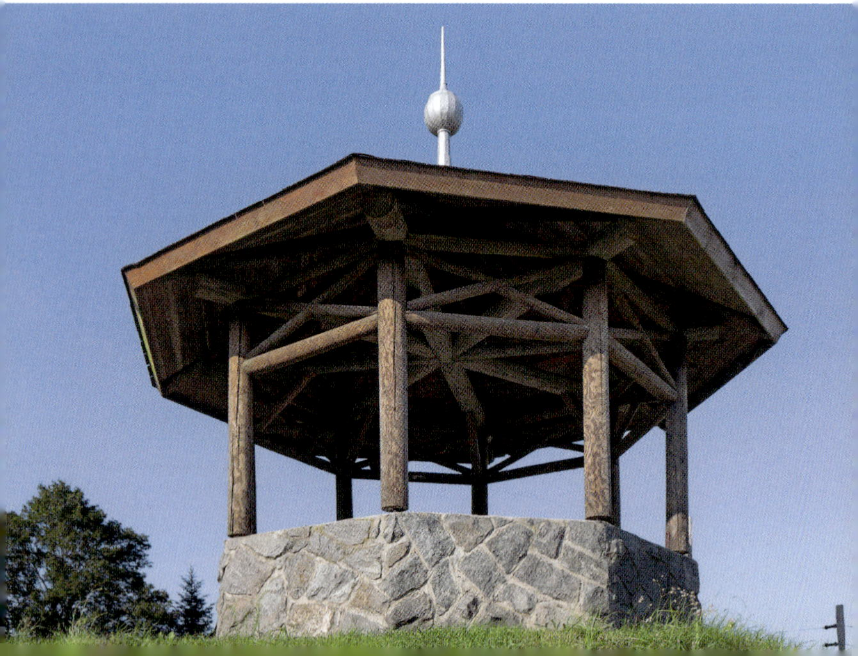

Tour

TOUR 28

ohne Uhr

AUF DER STEINACHER HAUSSTRECKE

Über den Kreuzbühl zur Schirrmaierhütte

Die Steinacher Hausstrecke ist auf der ersten Hälfte gut beschildert, ab dem Niederbacher Eck jedoch fehlen die Wegzeichen des Schwarzwaldvereins. Sobald wir die Hausstrecke bei der Schirrmaierhütte verlassen, wird aus der Tour dennoch eine runde Sache.

Auf den Kreuzbühl Wer am Adlerplatz startet, folgt der gelben Raute an einer Bäckerei vorbei bis über die Bahngleise zum Felsenkeller. Dort biegen wir erst rechts und 100 Meter weiter dann links auf den Treppenweg ab und nehmen die Serpentinen hoch zur Kreuzbühl-Hütte. Bei Kreuz und Pavillon liegen uns weite Teile des Kinzigtals zu Füßen. Mit diesem schönen Eindruck folgen wir dem nun bequem zu laufenden Wanderweg über den Höhenrücken. Sobald wir ein Waldstück durchquert haben, biegen wir bei der T-Kreuzung Brendiswäldele rechts und einen Steinwurf weiter links dann auf den Panoramaweg ab.

Über dem Mühlbachtal Für den nächsten Abschnitt können wir uns ruhig Zeit lassen – die Sicht über das sanft geschwungene Mühlbachtal zu den umliegenden Kuppen sowie nach Südwesten über Welschensteinach hinweg bis zum Himmelsberg ist eine Wohltat für Augen und Sinne. Wo wir erneut in den Wald eintauchen, halten wir uns bei der Gabelung rechts. Nach weiteren rund 500 Metern haben wir die Wahl: Wer breite Wege bevorzugt, kann auf dem Forstweg geradeaus laufen. Andernfalls wechseln wir rechts auf den Pfad übers Drei-Josephs-Wegle, der uns in einem Winkel zunächst ein Stück weit bergan, dann zurück auf den breiteren Weg führt. Anschließend folgen wir der örtlichen Beschilderung weiter durch den Wald bis zur Schirrmaierhütte. Bei einfachen Gerichten lässt es sich im Umfeld der Hütte gut aushalten. Auch eine Grillstelle ist vorhanden.

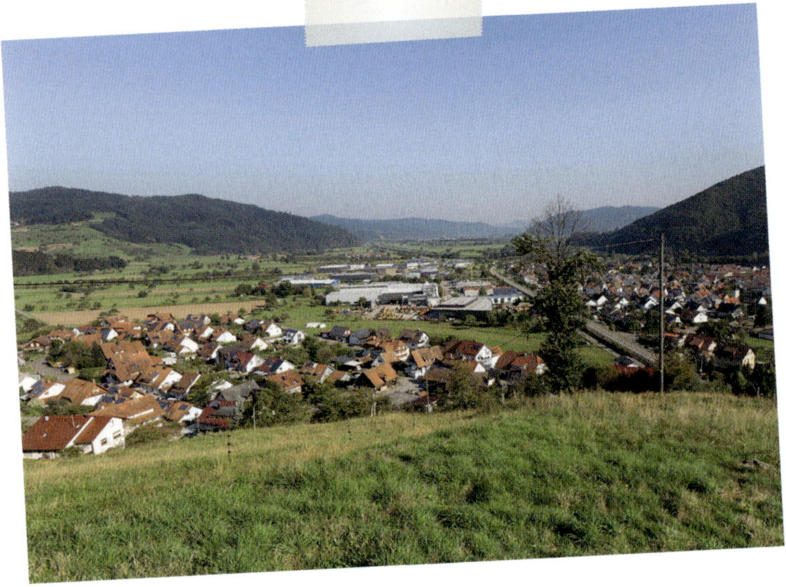

↑ **Ausblick vom Kreuzbühl auf Steinach und ins Kinzigtal**

Rückweg über Oberbach Für die Steinacher Hausstrecke müssten wir bei der Hütte geradeaus weiter zum Wanglig laufen. Für die »gestutzte« Runde empfehlen wir jedoch, bei der Hütte rechts abzubiegen. Damit geht es mit der gelben Raute durch den Wald bis zum Wegweiser oberhalb von Oberbach. Dort biegen wir links ab und folgen der Beschilderung um Oberbach herum bis zur Talstraße sowie weiter über »Bildstöckle« nach Steinach. Im Ort geht es über Kapellen- und Friedhofstraße zurück zum Adlerplatz.

Tipp

Die ursprünglich zum Schutz von Wanderern errichtete Schirrmaierhütte wird durch den Verschönerungsverein Steinach gepflegt. Ab Mitte März bis Anfang November wird die Hütte durch die Vereinsmitglieder an Sonn- und Feiertagen bewirtschaftet.

AUF EINEN BLICK

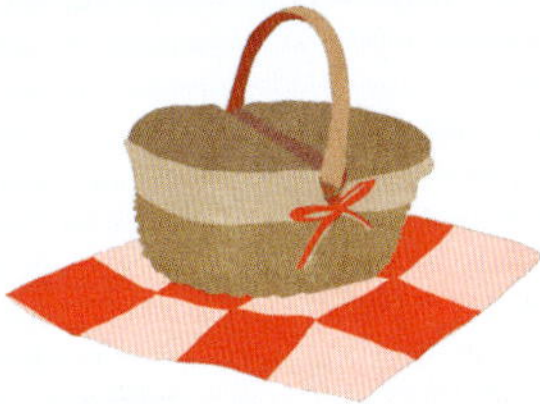

Tour 28: Tour ohne Uhr

Dauer: 2.30–3 Std.

Höhenmeter: 300 Hm

Länge: 8,4 km

Schwierigkeit: Mittel

Tourencharakter: Nach dem ersten kurzen, kräftigen Anstieg auf den Kreuzbühl ruhige Panoramarunde auf überwiegend bequem zu wandernden Wirtschaftswegen und Waldpfaden. Sonniger Rückweg auf wenig befahrener Straße

Ausgangs-/Endpunkt: Adlerplatz (205 m) in Steinach

Anfahrt: GPS 48.3029, 8.0567
Pkw: Von der B 33 Offenburg–Haslach bei Steinach abfahren und über die Hauptstraße bis zum Adlerplatz. Alternativ ist das Parken beim Bahnhof möglich.
Bahn/Bus: Ab Offenburg mit der Kinzigtalbahn zum Bahnhof Steinach (Baden). Der Zugang erfolgt in nördlicher Richtung durch die Kreuzbühlstraße.

Höchster Punkt: Nördlich der Schirrmaierhütte (bis ca. 400 m)

Einkehr: Schirrmaierhütte (So/Feiertage ab 10 Uhr); in Steinach

Karte: Karte des Schwarzwaldvereins 1:25 000, W239 Lahr

Information: Touristinfo Steinach, 07832/91 98 13, www.schwarzwald-kinzigtal.info

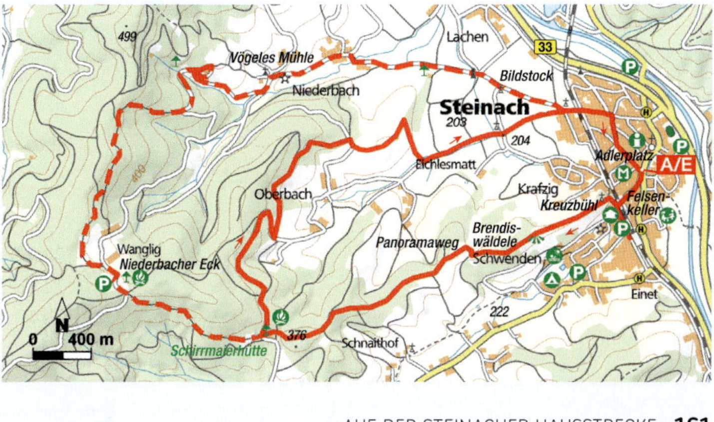

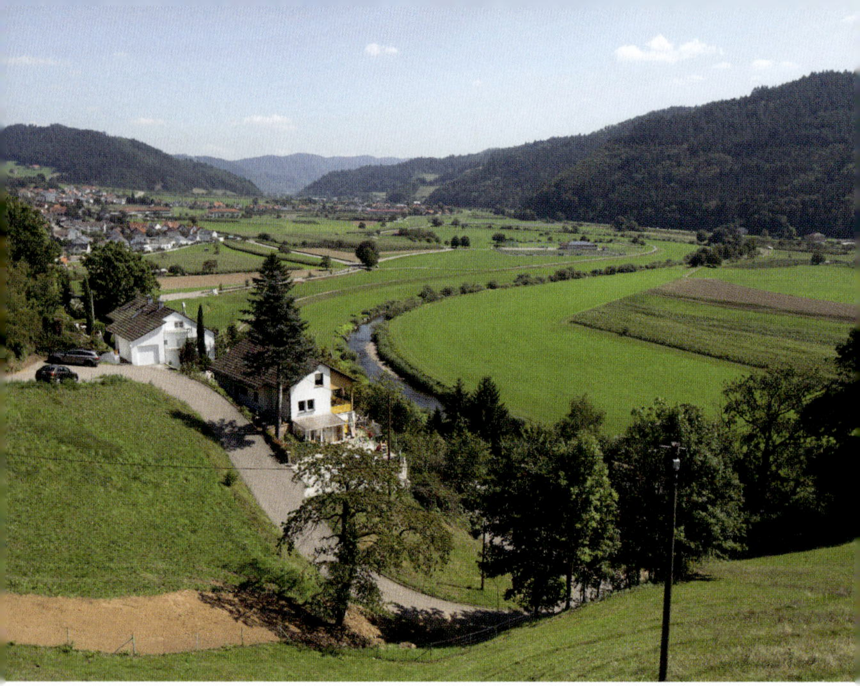

↑ Aussicht ins obere Kinzigtal ↓ Schnellinger Silberstub'

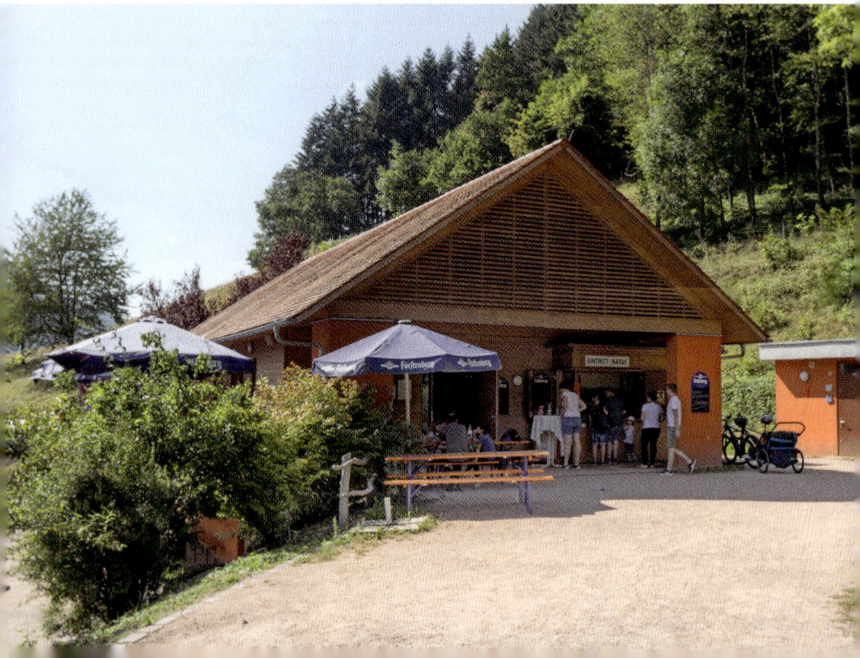

Tour für
TOUR 29
den Genuss

WANDERN MIT DEM SEGEN GOTTES

Am Haslacher Panoramaweg Nord

Bei dieser Runde begeben wir uns auf das nördliche Pendant des südlichen Haslacher Panoramawegs. Mit einigen Aussichten über das Kinzigtal führt uns dieser über Gems- und Scheibenbühl zum Silbersee beim Besucherbergwerk Segen Gottes.

Erst mal Höhe machen Los geht es beim Bahnhof von Haslach. Auf der Ostseite des Bahnhofsgebäudes nutzen wir die Unterführung, halten uns jenseits der Gleise kurz rechts und überqueren auf der Schleifmattstraße die Kinzig. Vor Ort wirbt eine Interessengemeinschaft für den Erhalt der Brücke und dieses wichtigen Erholungsgebiets. Beim Wegweiser »Herrenberg« biegen wir rechts auf den Dammweg ab. Wo dieser auf die Straße trifft, sind es erneut rechts gut 100 Meter bis zum Abzweig in die Straße Gemsbühl. Auf dieser gewinnen wir rasch ein paar Höhenmeter, ehe wir beim Pavillon erstmals den Blick über das Tal schweifen lassen. Von dort geht es weiter bergan bis zum Wegweiser »Gemsbühl«, wo wir links auf den Waldweg zum Wolfacker wechseln.

Hauptsache nordwärts Auf dem Weg dorthin biegen wir nach gut 300 Metern im Wald rechts ab und nehmen sogleich die Linkskurve. Sollten wir den nicht allzu gut beschilderten Abzweig verpassen, ist das auch kein Drama: Beide Wege treffen etwas westlich wieder zusammen, sodass wir sicher zum Wegweiser »Am Schlossberg« gelangen. Der Panoramaweg Nord führt geradeaus durch den Wald, um dann scharf rechts auf einen schmalen Pfad abzubiegen. Nach einer Kehre führt uns dieser weiter bergan auf den nächst höher gelegenen Wirtschaftsweg. An einer Hütte mit Brunnen vorbei folgen wir der gelben Raute in nördlicher Richtung bis zum Wegweiser oberhalb des Besucherbergwerks.

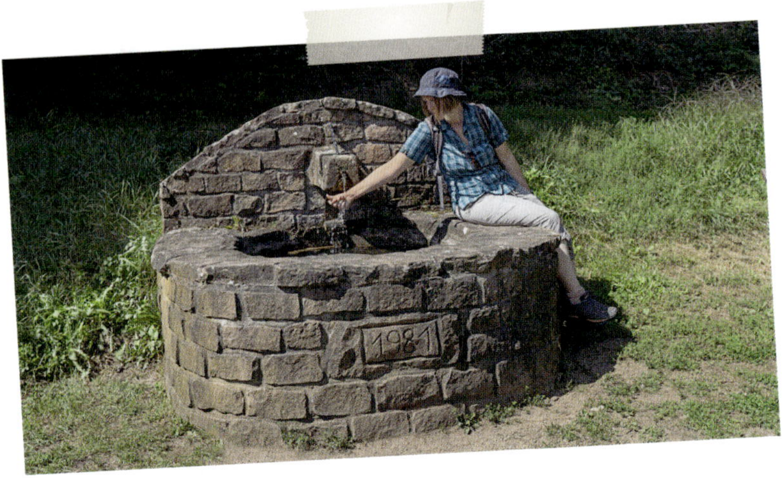

↑ **Brunnen bei der Silberseehütte**

Mehrwert durch Umweg Links ginge es direkt zum Bergwerk. Für den Panoramaweg biegen wir stattdessen erst rechts, dann wenige Schritte weiter nach links ab und folgen der Beschilderung an der Lenzhütte (dort rechts) vorbei an den Waldrand. Wo sich die Sicht wieder öffnet, orientieren wir uns links, folgen dem Weg erst über die Wiese, dann durch den Wald und erreichen schließlich den Burbühl-Pavillon. Von dem sonnenverwöhnten Rastplatz trennen uns links noch 800 Meter vom Silbersee und dem Besucherbergwerk Segen Gottes. Für den Rückweg können wir dann einfach die Zufahrtsstraße bis zur Schnellinger Straße hinunterlaufen, die uns links an der Kapelle Mariä Himmelfahrt zurück zum Wegweiser »Herrenberg« und zur Kinzigbrücke führt.

Tipp

Besucherbergwerk Segen Gottes: Die Silbergrube Segen Gottes war 800 Jahre in Betrieb und zählt zu den bedeutendsten Bergwerken im Schwarzwald. Die 1.30 Std. lange Führung beinhaltet die drei Sohlen des Abbaus und veranschaulicht die Arbeit unter Tage. Infos zu Öffnungszeiten gibt's bei der Touristinfo in Haslach.

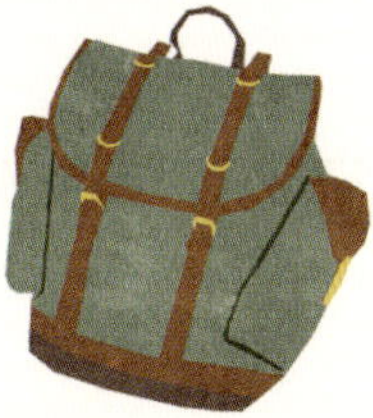

AUF EINEN BLICK

Tour 29: Tour für den Genuss

Dauer: 2.45 Std.

Höhenmeter: 270 Hm

Länge: 7,2 km

Schwierigkeit: Mittel

Tourencharakter: Nach dem ersten steilen Anstieg auf den Gemsbühl gemütlich zu wandernde Runde auf Waldwegen und Pfaden mit einigen Rastmöglichkeiten

Ausgangs-/Endpunkt: Bahnhof Haslach (220 m)

Anfahrt: GPS 48.2788, 8.0873 (Gerberturm-Parkplatz)
Pkw: Über die B 294 Freiburg–Freudenstadt nach Haslach. Die Zufahrt zum Gerberturm-Parkplatz erfolgt durch die Neue Eisenbahnstraße. Die zulässige Parkdauer beträgt 4 Std.
Bahn/Bus: Ab Offenburg mit der Kinzigtalbahn zum Bahnhof Haslach

Höchster Punkt: Nahe der Lenzhütte (345 m)

Einkehr: Schnellinger Silberstube (die Öffnungszeiten richten sich nach den Besuchszeiten des Bergwerks, Tel. 07832/912 50)

Karte: Karte des Schwarzwaldvereins 1:25 000, W239 Lahr

Information: Touristinfo Haslach, Tel. 07832/70 61 72, www.schwarzwald-kinzigtal.info

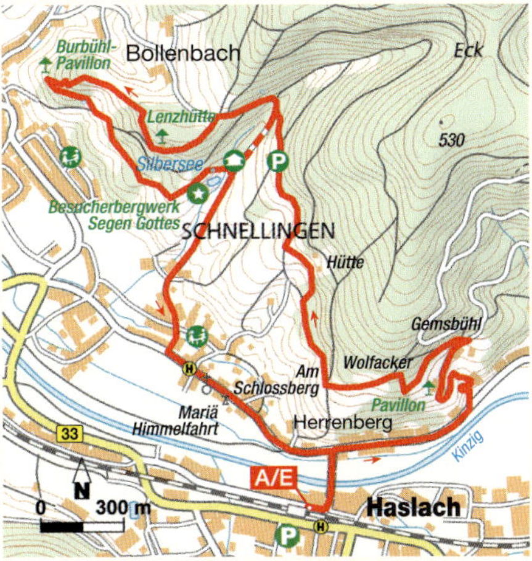

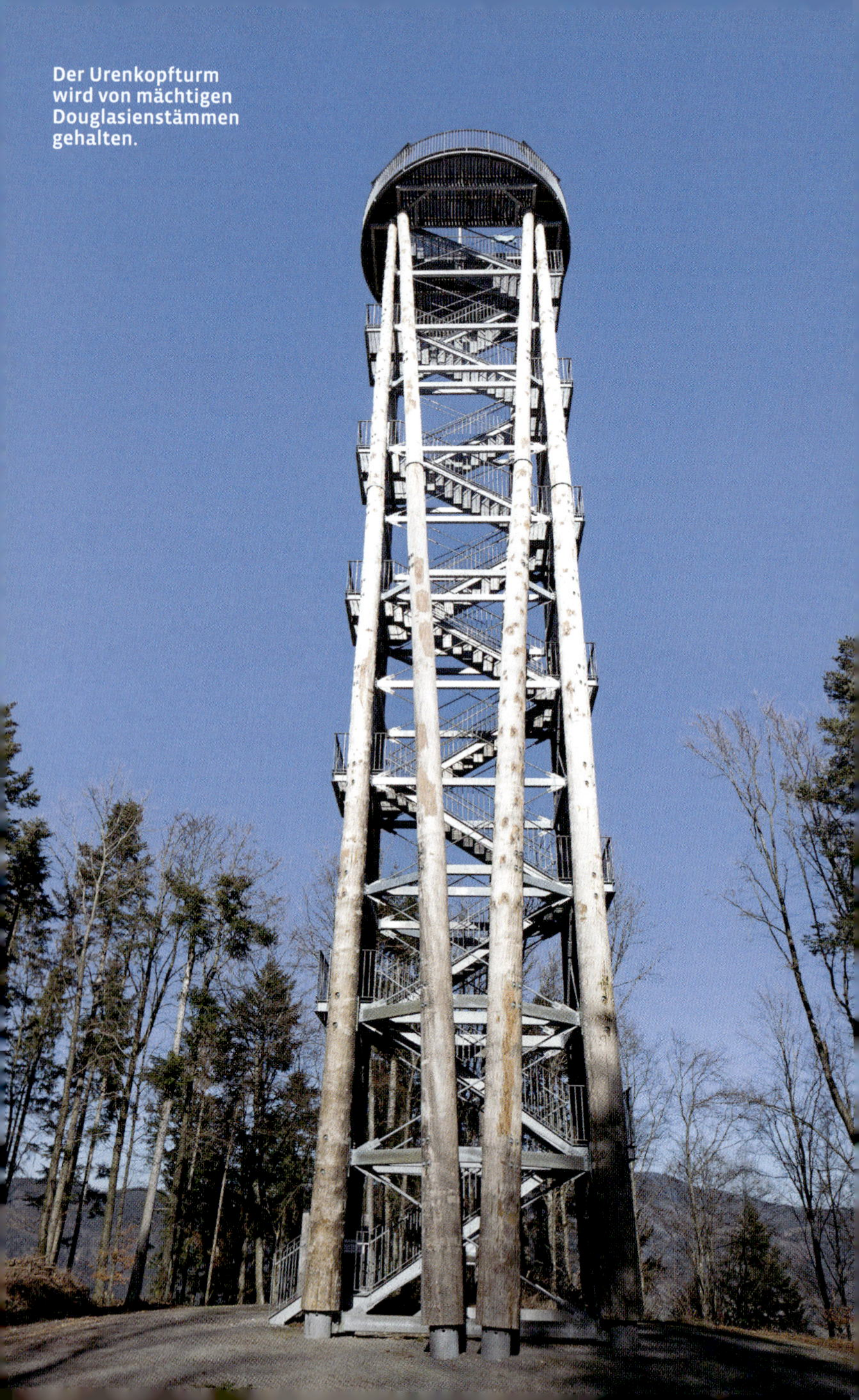

Der Urenkopfturm wird von mächtigen Douglasienstämmen gehalten.

AUF DEN URENKOPF

Tour TOUR 30 der Stille

Aufstieg mit Gedenkstätte Vulkan

Der Urenkopf ist der höchste Berg der Gemeinde und zugleich Hausberg von Haslach. Seit dem Herbst 2014 wird die schon von Weitem sichtbare Landmarke vom Urenkopfturm gekrönt. Zuvor begegnen wir noch einem finsteren Kapitel des Kinzigtals.

Warmlaufen unter dem Vulkan Als Ausgangspunkt haben wir das idyllisch gelegene Café-Restaurant Waldsee-Terrasse gewählt, womit wir schon beim Start eine schöne Einkehrmöglichkeit hätten. Für die Wanderung indes kehren wir der Gaststätte den Rücken und laufen auf der Zufahrt vor zur B 294. Nach gut 100 Metern rechts entlang der Bundesstraße überqueren wir die wichtige Verkehrsverbindung umsichtig und orientieren uns am Waldrand rechts. Damit geht es auf dem Rotkreuzweg bzw. dem Panoramaweg Süd von Haslach hoch zum Pfaffenkähner sowie mit der blauen Raute am Maiers-Gedächtnis-Brunnen vorbei bis zur Straße. Diese nutzen wir weiter bergan bis zum Wegweiser »Vulkan«.

Gedächtnisstätte Vulkan Wo die Straße eine enge Linkskurve beschreibt, orientieren wir uns zunächst rechts, um dann auf den mit gelber Raute markierten Wanderweg zu wechseln. Auf diesem haben wir bald die Gedenkstätte Vulkan erreicht. Ab Dezember 1944 bis März 1945 waren hier überwiegend aus dem elsässischen KZ Schirmeck-Vorbruck stammende Häftlinge unter verachtenswerten Bedingungen dazu verurteilt, bereits bestehende Stollen für die geplante unterirdische Rüstungsproduktion auszubauen. Wegen zahlreicher Morde und der erbärmlichen Zustände im Lager war die Außenstelle bald als »Höllenlager Vulkan« bekannt. Heute informieren einige Tafeln über die hier begangenen Gräueltaten, gedenken zugleich aber auch der Haslacher Bürger, die den Einschüchterungsversuchen der SS trotzten und wiederholt gegen das unmenschliche Verhalten der Wachmänner aufbegehrten.

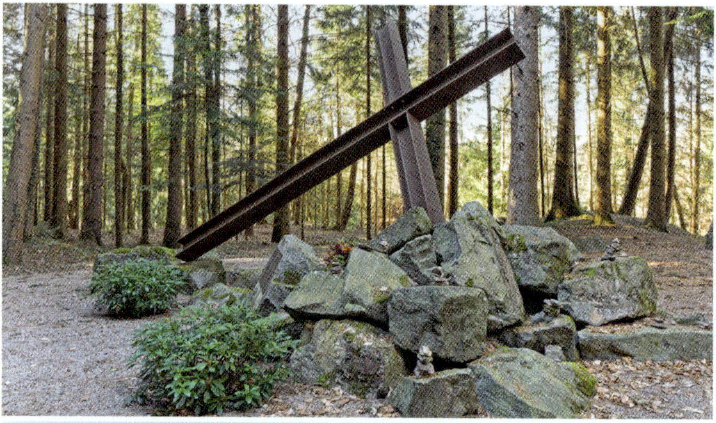

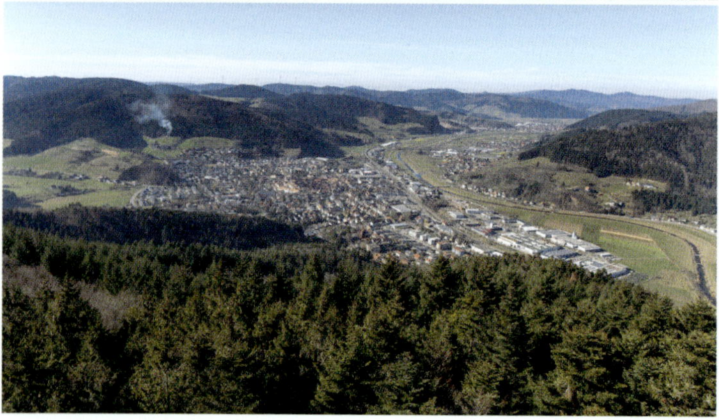

»Es ist mehr wert,
jederzeit die Achtung der Menschen zu haben,
als gelegentlich ihre Bewunderung.«

Jean-Jacques Rousseau

Aufstieg auf den Urenkopf Nach dem Rundgang über das Gelände der Gedenkstätte geht es auf dem mit gelber Raute ausgewiesenen Pfad unterhalb der Recycling-Anlage Vulkan vorbei bis zum Wanderparkplatz Urenkopf-Vulkan. Ab dort führt uns die gelbe Raute auf einem breiten Waldweg bis zum Wegweiser »Bohnacker« und weiter geradeaus bis zum oberen Wegende. Dort biegen wir erst links, dann einen Steinwurf weiter rechts ab und nehmen den Pfad hoch zum Urenkopf. Der Aufstieg auf den 34 Meter hohen Urenkopfturm belohnt uns mit einer Rundumsicht über Kinzig- und Mühlenbachtal sowie Hofstetter- und Fischerbacher Vorder-, Mittel- und Hintertal hinweg bis zu den umliegenden Kuppen. Bei guter Fernsicht erblickt man im Süden Schauinsland, Kandel und auch Rohrhardsberg. Wenden wir uns nach Nordwesten, ist die Burgruine Hohengeroldseck zu sehen.

Besinnung und innere Einkehr Für den Rückweg nutzen wir den breiteren Weg bzw. den mit einem Hut-Symbol klar gekennzeichneten Hansjakobweg in südwestlicher Richtung zur Sandhaasenhütte. Sie geht auf den begabten, jedoch unglücklichen Maler Carl Sandhaas zurück, der hier Trost und Genesung zu finden hoffte. Uns bietet sie eine herrliche Sicht über Haslach und das malerisch von Hügeln eingefasste Kinzigtal. Im weiteren Abstieg biegen wir beim Wegweiser »Hirschfelsenweg« mit dem Hansjakobweg links ab, sodass wir als Nächstes zum Heiligen Brunnen kommen. Einer Legende nach geht die kleine Wallfahrtsstätte auf den Einsiedler Rudolfus zurück, der hier im Dreißigjährigen Krieg gelebt haben soll. Heute finden wir eine kleine Kapelle und eine Lourdes-Grotte vor.

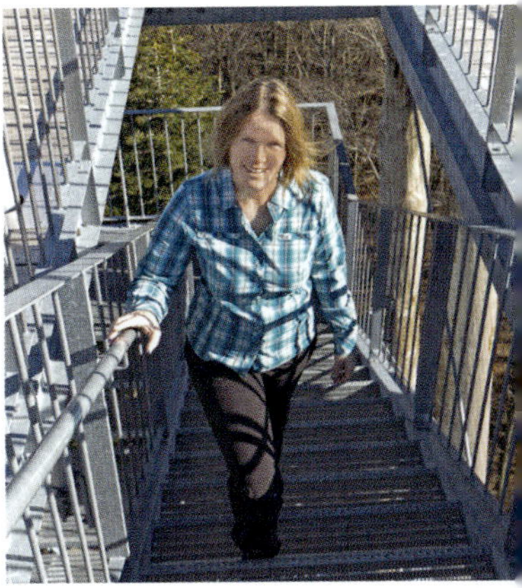

↑ **Gedenkstätte Vulkan**
↓ **Aussicht vom Urenkopfturm**
→ **Die letzten Stufen zur Plattform**

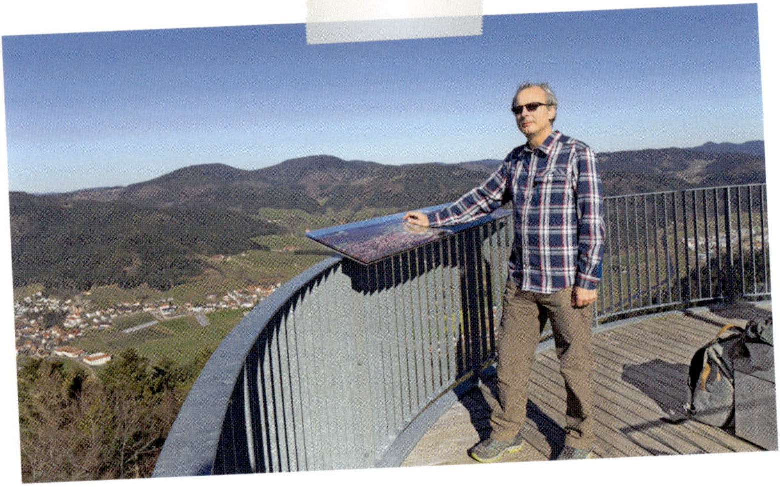

↑ **Panoramatafeln helfen, die umliegenden Orte zu bestimmen.**

Auf dem Rotkreuzweg Unterhalb der kleinen Kapelle bleiben wir noch auf dem Hansjakobweg bis zum unteren Waldrand. Von dort ginge es auf dem Themenweg hinunter zur Altstadt von Haslach. Mit ihren Fachwerkbauten ist sie für sich schon einen Ausflug wert. Um zurück zum Waldsee zu kommen, biegen wir beim Wegweiser »Rotkreuz« allerdings links ab und folgen der blauen Raute zurück zum Wegweiser »Rotkreuzweg«. Dort stoßen wir wieder auf unseren Hinweg, dem wir über die Bundesstraße zurück zum Café-Restaurant Waldsee-Terrasse folgen, wo wir auf eine facettenreiche Runde zurückblicken können.

Tipp

Rüstungsanlagen Vulkan: Für den Ausbau mehrerer Amphibolit-Stollen wurden von September 1944 bis April 1945 die meisten der 1700 Häftlinge aus drei Haslacher Lagern eingesetzt. Zur Produktion kam es allerdings nie. Ein Grund hierfür war die Härte des Gesteins. So verpuffte 1947 der erste Versuch, die Vulkanstollen mit 64 Tonnen Sprengstoff zu zerstören, nahezu wirkungslos. Erst die zweite Sprengung führte zum Erfolg.

AUF EINEN BLICK

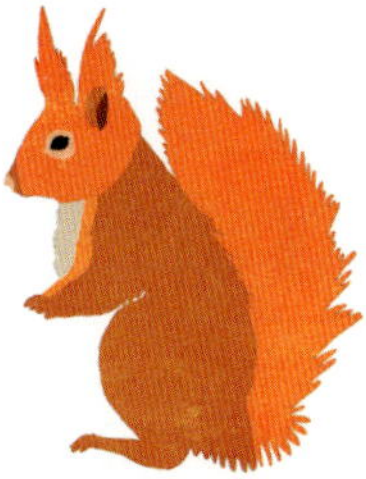

Tour 30: Tour der Stille

Dauer: 2.30 Std.

Höhenmeter: 375 Hm

Länge: 6,2 km

Schwierigkeit: Mittel

Tourencharakter: Schattige und bequem zu wandernde Runde auf überwiegend Waldwegen und -pfaden mit geringen Anforderungen. Für den Aufstieg zum Urenkopfturm ist etwas Schwindelfreiheit von Vorteil.

Ausgangs-/Endpunkt: Parkplatz beim Café-Restaurant Waldsee-Terrasse (230 m)

Anfahrt: GPS 48.2674, 8.0948
Pkw: Über die B 294 Freiburg–Freudenstadt nach Haslach. Der Parkplatz am Waldsee am Café befindet sich südlich der Stadt und ist mit einer schmalen Straße mit der Bundesstraße verbunden.
Bahn/Bus: Busverbindungen ab Bahnhof Haslach zur Haltestelle Otto-Laible-Straße. Der Zugang erfolgt dann über den Waldseeweg.

Höchster Punkt: Urenkopf (554 m)

Einkehr: Am Ausgangspunkt Café Waldsee-Terrasse (Mi–So ab 11 Uhr, www.waldsee-terrasse.de)

Karte: Karte des Schwarzwaldvereins 1:25 000, W239 Lahr

Information: Touristinfo Haslach, Tel. 07832/70 61 72, www.schwarzwald-kinzigtal.info

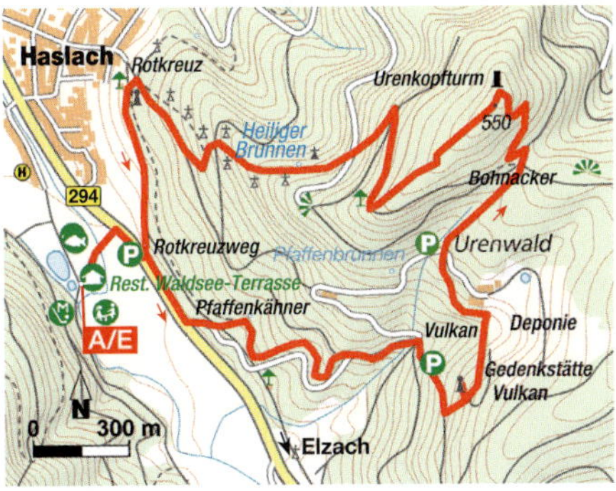

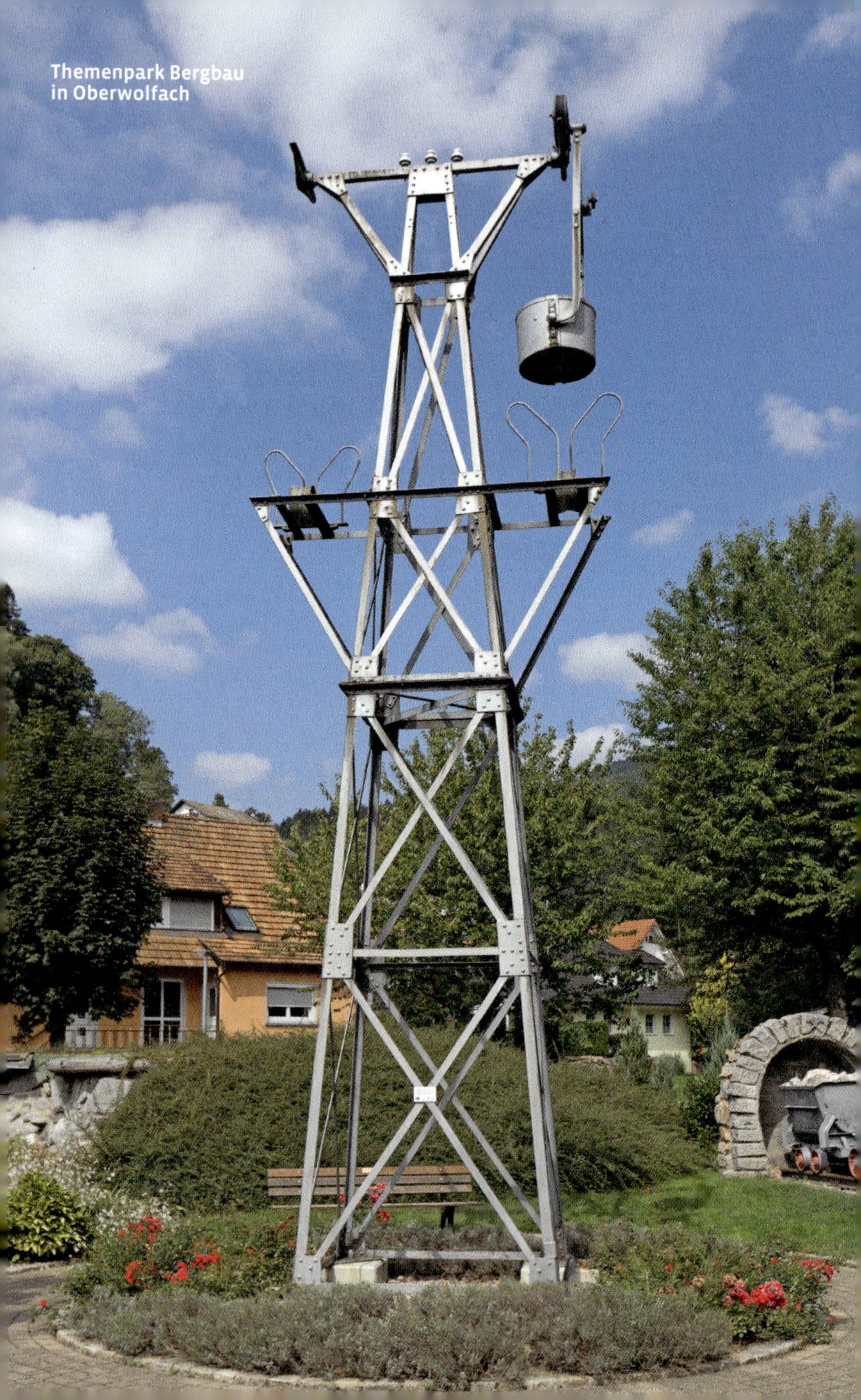

Themenpark Bergbau
in Oberwolfach

PANORAMATOUR ZUM SCHLÖSSLE

Tour
TOUR 31
ohne Uhr

Ausblicke über das Wolf-Tal

Die Panoramatour von Wolfach verbindet schöne Ausblicke über das Tal mit der Geschichte der Region. Diese reicht von der im 11. Jahrhundert errichteten Burg Wolfach über den Bergbau und die Flößerei bis in die Gegenwart hinein. Proviant für unterwegs gibt es in der Hauptstraße.

Auftakt im Kinzigtal Der offizielle Startpunkt der Wanderung ist bei der Touristinfo mitten in der pittoresken Altstadt von Wolfach. Hier finden wir auch Restaurants, Cafés und Bäckereien. Sobald wir alles Nötige beisammen haben, verlassen wir die Hauptstraße in nördlicher Richtung, sodass wir an der Friedenslinde vorbeikommen. Der mittlerweile stattliche Baum wurde 1871 gesetzt und erinnert an das Ende des Deutsch-Französischen Kriegs. Sobald wir die Kinzig überquert haben, nehmen wir links die Stufen zur Dammstraße und biegen anschließend rechts zur Vorstadtstraße ab. Leicht nach links versetzt, folgen wir der gelben Raute durch die Funkenbadstraße sowie rechts durch die Straße Am Vorstadtberg aus dem Ort hinaus zur Wassertretanlage, wo wir mit dem »Z« (dem Symbol eines lokalen Wanderwegs) scharf links auf den Panoramaweg abbiegen.

Rastmöglichkeiten in Serie Nach wenigen Schritten passieren wir zwei Bänke mit Sicht über Wolfach zu den umliegenden Hügeln, dann eine Rasthütte mit Himmelsliege. Im weiteren Verlauf schwenkt der Weg nach Nordosten und taucht in den Wald ein. Beim Wegweiser »Steffelsbach« wechseln wir links auf den mit blauer Raute gekennzeichneten Weg. Wer mag, findet am Bach einen schattigen, mit Tisch und Bänken ausstaffierten Rastplatz. Von dort geht es zurück an den Waldrand sowie auf die Straße Am Rothekreuzberg, der wir kurz oberhalb der Häuser Wolfachs folgen,

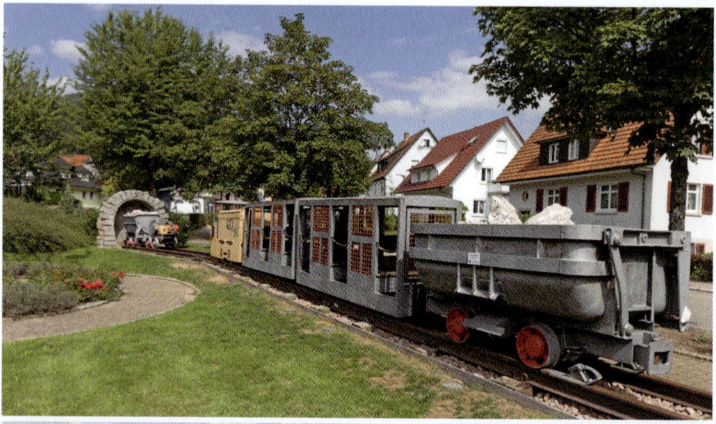

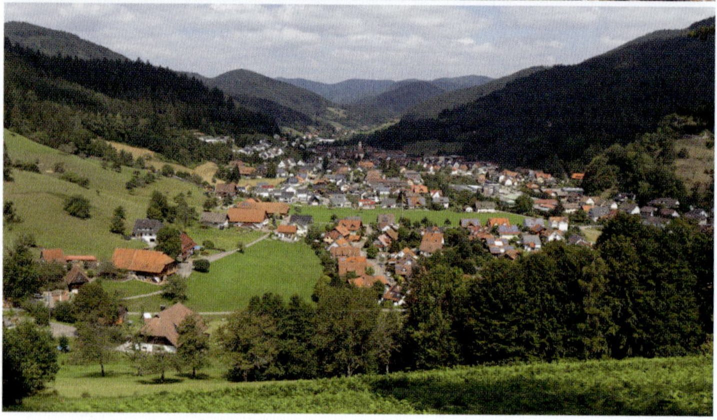

»Nichts ist so aufreizend wie Gelassenheit.«

Oscar Wilde

ehe wir mit dem »Z« rechts auf den Schlössleweg abzweigen. Dieser führt uns bergan bis zu einem Grillplatz mit Wasserstelle, dann links zurück an den Waldrand und schließlich zur Burgruine Wolfach.

Historischer Themenpark Nach dem Burgbesuch kehren wir auf den Wanderweg zurück und folgen der gelben Raute hinunter nach Oberwolfach. Dort biegen wir rechts in die Allmendstraße ein, überqueren die Wolf und kommen als Nächstes zum Themenpark Bergbau. Neben verschiedenen Exponaten unter freiem Himmel lohnt sich der Blick in den kurzen Stollen: Neben einem alten Gruben-Telefon finden wir in dem künstlichen Bergwerk verschiedene Geräte zur Arbeit unter Tage wie Umlenkrollen, einen Bremsschuh für die Lok und die Loren oder einen Abteufe-Förderkübel, der sowohl als Lastenzug als auch zur Personenbeförderung diente. Anschließend folgen wir der gelben Raute durch die Alte Straße und die Hoffeldstraße bis zur Erdenbrücke.

Berg oder Tal? Bei der Brücke haben wir die Wahl: genug Höhenmeter für heute? Dann geht es auf dem Wolftalweg direkt zurück zur Stadtmitte von Oberwolfach. Andernfalls biegen wir rechts auf den Mattenweg ab. Leicht bergan wechseln wir nach der Linkskurve rechts in die Straße Hapbach. Diese führt uns durch eine weitere Linkskurve an den Waldrand, wo wir abermals links auf den Neuen Wolfenbergweg abbiegen. Nach einer zunehmend schönen Sicht schwenkt der Weg nach Süden und führt uns auf die Ostseite des Wolfbergs. Dort zweigen wir links auf einen deutlich schmaleren, mit gelber Raute gekennzeichneten Pfad zum Stuckhäusle ab, einem letzten Aussichtspunkt, bevor es auf dem Stuckhäusleweg hinunter zur Wolf geht. Vor

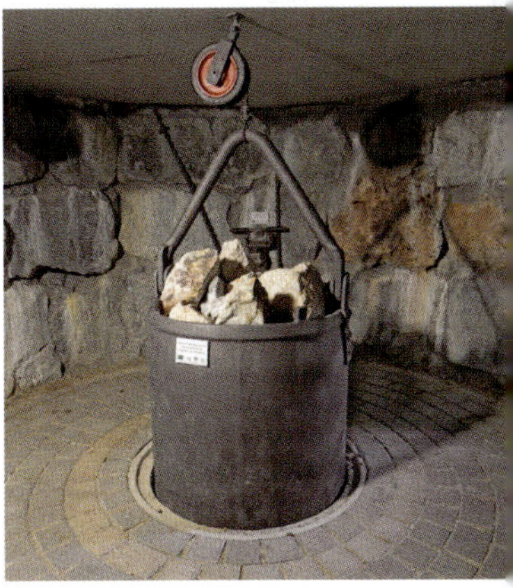

↑ **Gruben-Lok mit Personen- und Schwerspat-Wagen**
↓ **Ausblick vom Wolfsberg ins Tal der Wolf**
→ **Abteufe-Förderkübel**

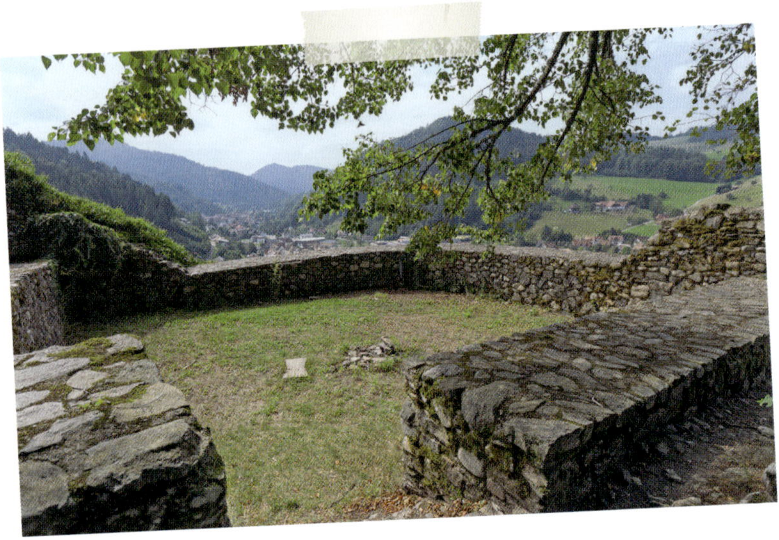

↑ **Burgruine Wolfach**

Ort mahnt ein Schild zur Vorsicht, da der Stuckhäusleweg »alpine Anforderungen stellt und Steilkanten aufweist«. Ab dem unteren Ende geht es über die Brücke zum Flößerpark. Nach der wohlverdienten Einkehr gelangen wir schließlich am Narrenbrunnen vorbei sowie über den Gassensteg zurück zur Altstadt und zu unserem Ausgangspunkt bei der Touristinfo von Wolfach.

Tipp

Burgruine Wolfach: Die Überreste der auch als Altwolfach oder Schlössle bekannten Festung gehen auf eine Höhenburg aus dem 11. Jh. zurück. Aus dem 12. Jh. sind keine Belege über eine Burg erhalten, wohl aber ist 1272 von einer Wunderhenne die Rede, die im castro Wolfach täglich zwei Eier gelegt haben soll. Nach umfassenden Restaurierungsarbeiten Mitte des 15. Jh. ist nach dem Dreißigjährigen Krieg nur noch von einer zerstörten Burg die Rede. 1977 hat der Wolfacher Schwarzwaldverein die noch vorhandenen Mauern freigelegt und gesichert.

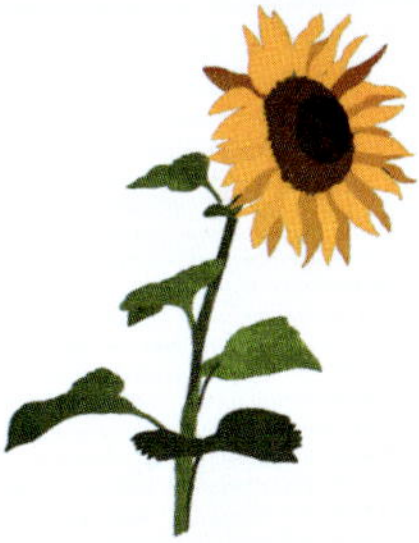

AUF EINEN BLICK

Tour 31: Tour ohne Uhr

Dauer: 2.30–3 Std.

Höhenmeter: 350 Hm

Länge: 7,3 km

Schwierigkeit: Mittel

Tourencharakter: Die Runde nutzt so ziemlich alle im Schwarzwald vorkommenden Wegearten und erfordert etwas Kondition im Anstieg. Bei der Erdenbrücke ist der Ausstieg aus der Runde bzw. der Rückweg entlang der Wolf möglich.

Ausgangs-/Endpunkt: Touristinfo Wolfach (265 m)

Anfahrt: GPS 48.2944, 8.2214
Pkw: Über die B 294 Haslach–Freudenstadt bis Wolfach, dort in die Hausacher Straße (K 5361) und 600 m weiter links in die Bahnhofstraße fahren. Parken am Bahnhof oder entlang der Bahnhofstraße empfohlen
Bahn/Bus: Zugverbindungen u. a. mit der Kinzigtalbahn zum Bahnhof Wolfach. Der Zugang erfolgt durch die Bahnhofstraße zur Altstadt.

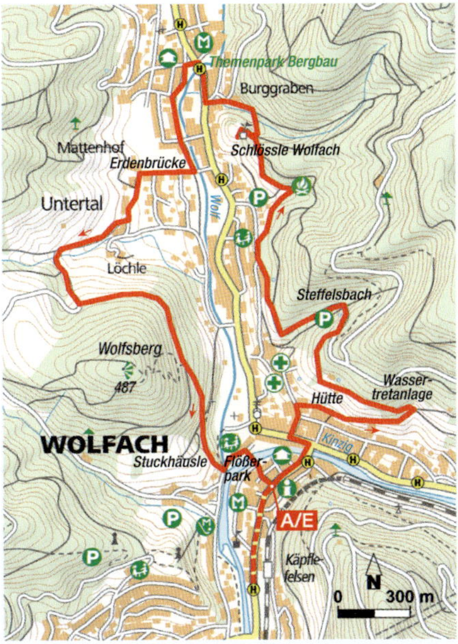

Höchster Punkt: Steffelsbach (ca. 400 m)

Einkehr: Unterwegs keine; in Wolfach

Karte: Karte des Schwarzwaldvereins 1:25 000, W239 Lahr

Information: Touristinfo Wolfach, Tel. 07834/83 53 53, www.schwarzwald-kinzigtal.info

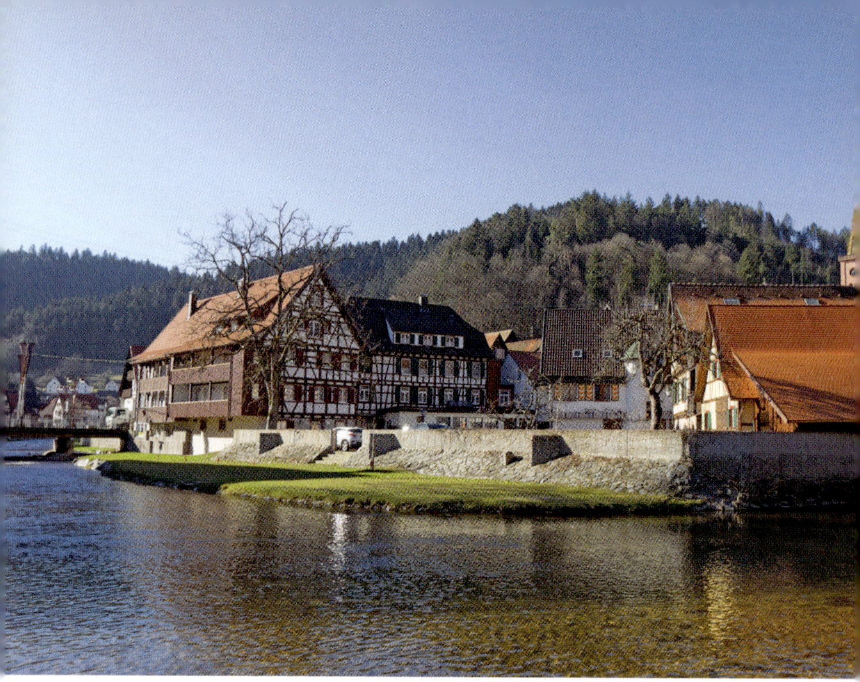

↑ Blick auf Schiltach ↓ Gamber (links) und Wehr bei der Lehwiese

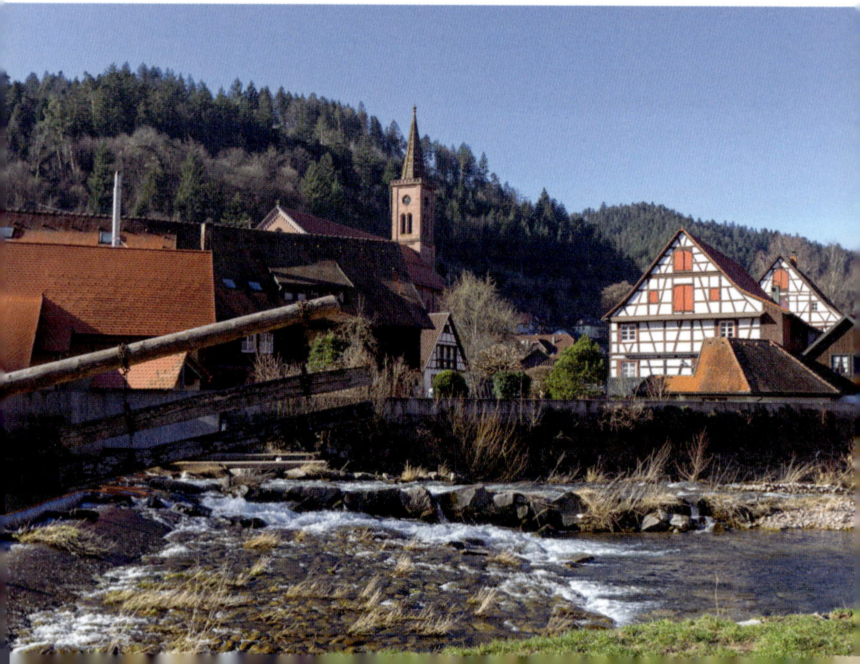

SCHATZSUCHE IM KINZIGTAL

Tour für
TOUR 32
den Genuss

Schenkenburg, Zollhaus und Schiltach

Diese Wanderung könnten wir auch »Die Zwei-Gesichter-Tour« nennen. So geht es zunächst auf bequemen Wegen von Schiltach zur Schenkenburg. Danach erwartet uns ein langer, dafür ruhiger Aufstieg durch den Herrenwald bis Breitreute, ehe wir wieder bergab ins Kinzigtal wandern.

Auf dem Flößerpfad zur Schenkenburg Vom Ausgangspunkt auf der Häberlesbrücke laufen wir zunächst wenige Schritte auf die Bahnlinie zu, um noch vor den Gleisen in die Straße Vor Kuhbach einzubiegen. Wir bewegen uns hier auf dem Flößerpfad, der nach dem Stauwehr einen Schwenk über einen kleinen Park mitnimmt, um uns anschließend über die Gleise hinweg zu führen. Beim Wegweiser »Vor Kuhbach« biegen wir rechts ab und folgen dem breiten Weg flussaufwärts. Wo die Kinzig von uns aus gesehen rechts abknickt, halten wir uns bei der Gabelung links und passieren eine Bank. Nach einer Passage am Hangfuß biegen wir erst links, dann sogleich wieder rechts ab und nutzen die Pfade hoch zur Ruine Schenkenburg.

Intermezzo zwischen Burg und Winterhalden Nach der Burgbesichtigung geht es auf der Südseite der Ruine über mehrere Bögen hinunter zur Pizzeria Schenkenburg sowie rechts über die Bundesstraße. Sobald wir auch die Kinzig überquert haben, lassen wir den ersten Abzweig aus, um noch vor dem Freibad-Parkplatz mit der gelben Raute links abzubiegen. Die Markierung führt uns bergan durch ein Waldstück sowie auf den letzten Metern mit Sicht auf die Schenkenburg nach Winterhalden, wo wir vor dem Hotel rechts abbiegen. Nach gut 200 Metern tauchen wir erneut in den Wald ein.

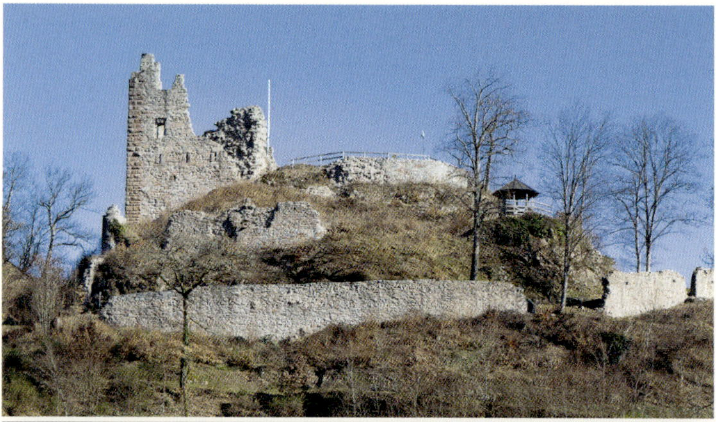

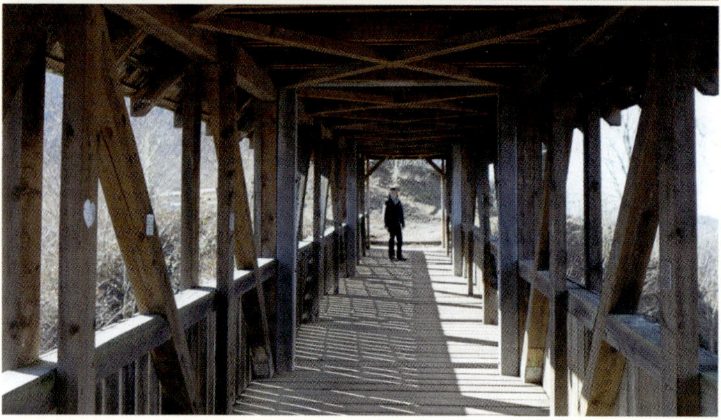

»Freundschaft ist eine Seele in zwei Körpern.«

Aristoteles

In der Ruhe liegt die Kraft Vor uns liegt nun der versprochene lange Aufstieg. Dieser führt uns zunächst zur Ziegelstatt und weiter geradeaus immer mit der blauen Raute über Muckenreute bis zum Wegweiser unterhalb des Zollhauses. Etwas unterhalb des historischen Zollgebäudes treffen wir auf den Ostweg. Dieser setzt sich leicht links jenseits der Straße fort, und wir durchqueren ein weiteres Waldstück. Dann aber ist der Anstieg geschafft, und bei Breitreute öffnet sich die Sicht nach Süden. Bei günstiger Witterung sind am Horizont sogar die Churfirsten und der Alpstein in der Ostschweiz zu sehen. Mit diesem herrlichen Fernblick biegen wir rechts ab, verlassen den Ostweg also, und folgen nun wieder der gelben Raute sowie der Aichhalder Grenztour in Richtung Schiltach.

Schwenkenhof und Ruine Schiltach Nach rund 1,5 Kilometern im Abstieg haben wir beim Wegweiser »Am Schlössle« die Wahl: Um die Runde mit einer rustikalen Einkehr zu verbinden, zweigen wir links zum Schwenkenhof und der von April bis Oktober nachmittags geöffneten Vesperstube ab. Andernfalls können wir auch geradeaus weiter laufen und den etwas kürzeren Weg zum Wegweiser »Auf der Steig« nehmen. Der weitere Abstieg erfolgt ab dort zunächst auf der Schlossbergstraße, ab dem Waldrand dann rechts auf dem mit gelber Raute gekennzeichneten Waldpfad. Dieser führt uns über den Schlossbergtunnel hinweg zur Schlossbergstraße und über den Wanderweg jenseits der Straße nochmals bergan sowie über eine gedeckte Holzbrücke zur Burgruine Schiltach. Außer einer Gedenktafel erinnert zwar kaum noch etwas an die Festung, dafür aber bietet uns ein Pavillon eine weitere schöne Rastmöglichkeit mit Blick über das Kinzigtal.

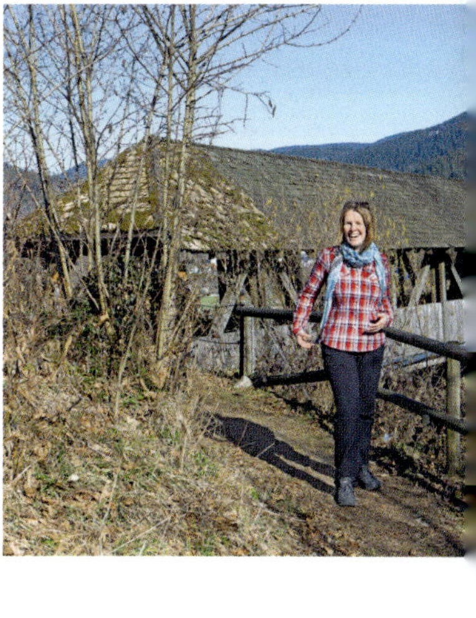

↑ **Ruine Schenkenburg**
↓ **Gedeckte Holzbrücke zur Ruine Schiltach**
→ **Weg zur ehemaligen Burg Schiltach**

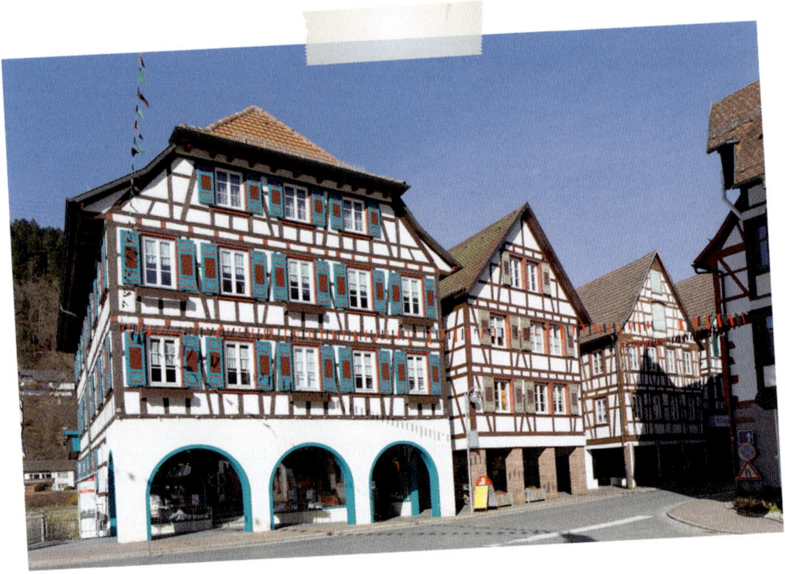

↑ Fachwerkhäuser prägen die Altstadt von Schiltach.

Fachwerk par excellence Beim anschließenden Abstieg weist die gelbe Raute in beide Richtungen. Um nicht unten entlang der Schramberger Straße laufen zu müssen, wählen wir die rechte Variante. Sie führt uns über die Westseite des Burghügels zur Schlossbergstraße. Links trennen uns dort nur noch wenige Schritte von der Hauptstraße und der Häberlesbrücke. Da wir schon einmal hier sind, empfehlen wir noch einen Rundgang durch die malerische Altstadt von Schiltach – das Fachwerkensemble am Marktplatz mit dem Apothekenmuseum und dem historischen Rathaus ist eines der schönsten im Mittleren Schwarzwald und darüber hinaus.

Tipp

Flößerpfad im Kinzigtal: Bis 1895 wurden Tannen über die Kinzig zum Rhein und weiter bis nach Holland geflößt. Die Geschichte des alten Handwerks wird auf dem 33 km langen Flößerpfad veranschaulicht. Er führt von Loßburg über Alpirsbach, Schenkenzell und Schiltach bis nach Wolfach.

AUF EINEN BLICK

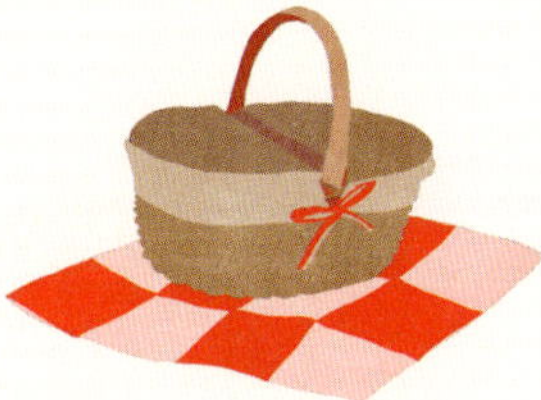

Tour 32: Tour für den Genuss

Dauer: 4 Std.

Höhenmeter: 500 Hm

Länge: 13,3 km

Schwierigkeit: Mittel

Tourencharakter: Für den langen Aufstieg ab dem Freibad-Parkplatz bis Breitreute ist eine gute Kondition am Berg von Vorteil. Ansonsten einfach zu wandernde Runde auf überwiegend breiten Wegen und schwach befahrenen Straßen

Ausgangs-/Endpunkt: Häberlesbrücke in Schiltach (324 m)

Anfahrt: GPS 48.2910, 8.3429
Pkw: Die Anfahrt erfolgt über die B 294 Freiburg–Freudenstadt oder die B 462 ab Rottweil bis nach Schiltach. Dort über die Häberlesbrücke zum Parkplatz
Bahn/Bus: U. a. mit der Kinzigtalbahn nach Schiltach-Mitte

Höchster Punkt: Breitreute (bis 760 m)

Einkehr: Pizzeria Schenkenburg; Hotel Winterhaldenhof; Gaststätte Schwenkenhof; in Schiltach

Karte: Karte des Schwarzwaldvereins 1:25 000, W240 Oberndorf

Information: Touristinfo Schiltach, Tel. 07836/58 50, www.schwarzwald-kinzigtal.info

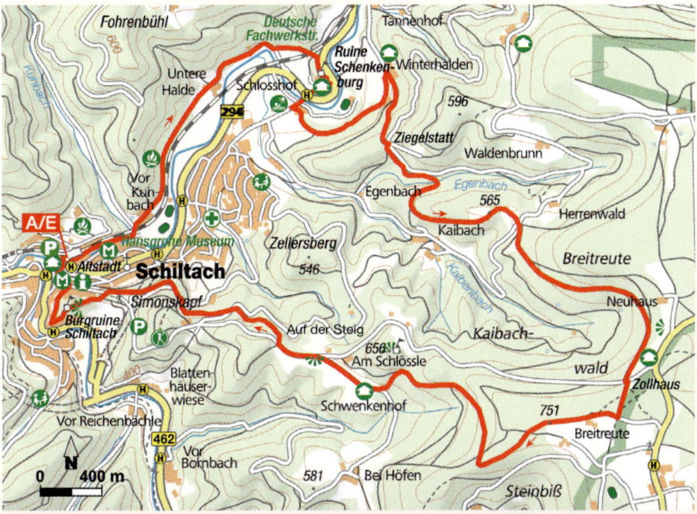

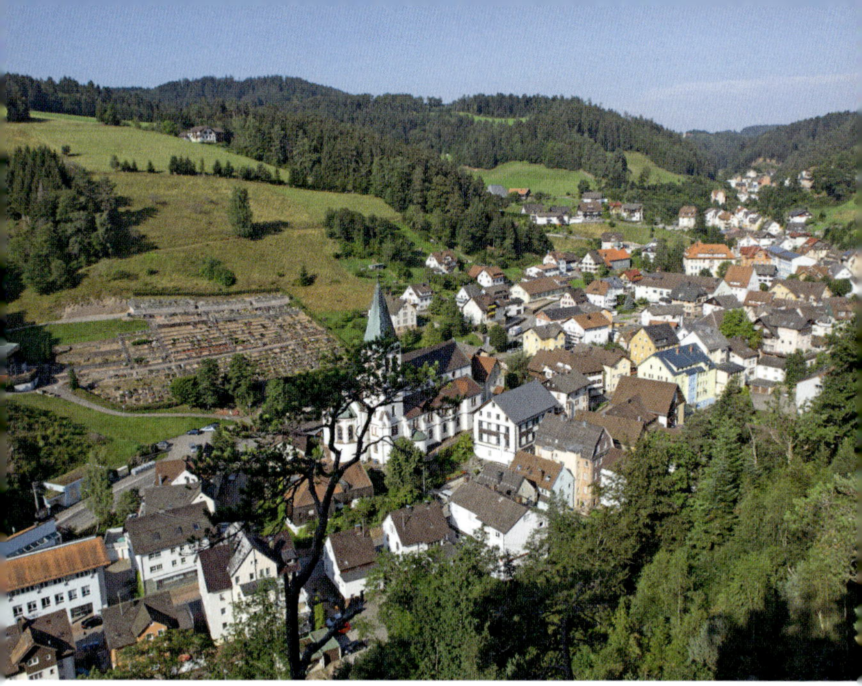

↑ Aussicht über Lauterbach ↓ Ostfassade der Hohenschramberg

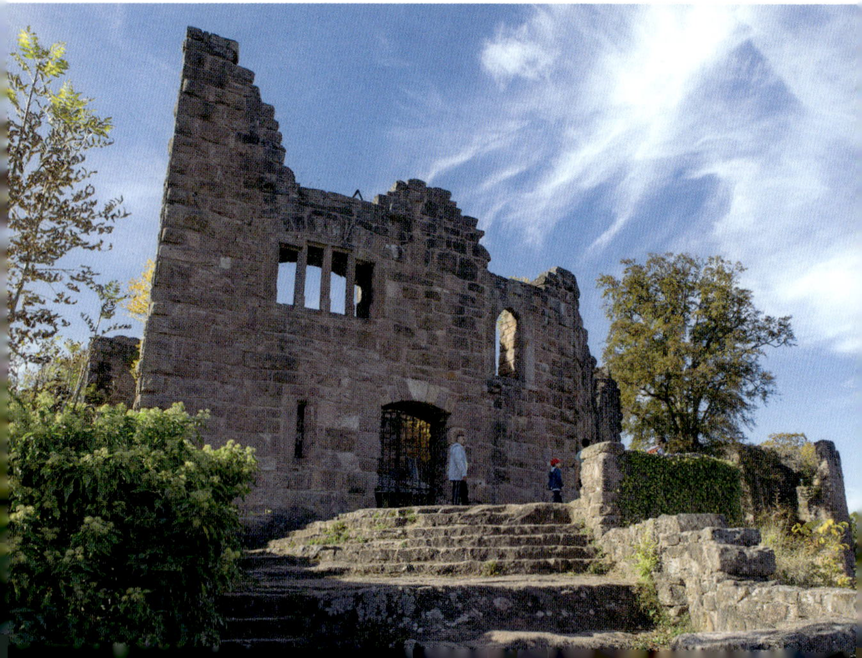

Tour für
TOUR 33
die Sinne

EINE DER JÜNGSTEN BURGEN DEUTSCHLANDS

Aufstieg zur Hohenschramberg

Die auch als Nippenburg bekannte Höhenburg entstand 1457 auf den Resten einer mittelalterlichen Burg. Sie ist eine der jüngsten Burgen des Landes. Mit dem Aufstieg ab Lauterbach verbinden wir die Runde mit dem Kreuzfelsen und der als Felsenmeer bekannten Geißhalde.

Marienstatue und Kreuzfelsen Ab dem Ausgangspunkt am Friedhof erfolgen die ersten Meter entlang der L 108 bis zum Rathaus von Lauterbach sowie links durch die Albert-Gold-Straße. Dort nutzen wir rechts die Treppe zum Kreuzfelsen. Dieser führt uns zunächst zu einer Marienstatue, direkt unterhalb des schroffen und steil aufragenden Felsens. Der Zugang auf den Kreuzfelsen erfolgt nach der nächsten Kehre über mehrere in den Fels getriebene Stufen und ermöglicht uns eine freie Sicht über das Tal und den Ort Lauterbach. Direkt gegenüber blicken wir außerdem auf den bemerkenswert angelegten Friedhof.

Wandersteig und Kinzig-Neckar-Weg Zurück auf dem Wanderweg folgen wir anschließend der gelben Raute durch den Wald zum Kammermartinsdobel. Dort mündet unser Pfad in einen breiten Forstweg; wir halten uns kurz links und wechseln damit auf den Lauterbacher Wandersteig, wo wir der Beschilderung über den Wegweiser »Sonnenstein« bis zum Wegweiser »Überm Sonnenstein« folgen. Anders als der Steig laufen wir dann jedoch geradeaus weiter, sodass wir erst bei der Moosmannshöhle auf den Kinzig-Neckar-Weg treffen und schließlich mit der blauen Raute über einen kurz vom breiten Forstweg abweichenden Pfad zum Wolfsbühl gelangen.

Burgruine Hohenschramberg Auf dem nächsten Abschnitt folgen wir rechts kurz der Zufahrtsstraße zur Burgruine, laufen in der Kurve aber

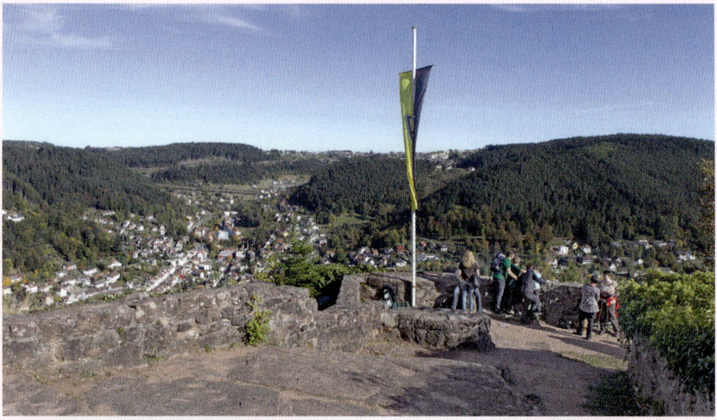

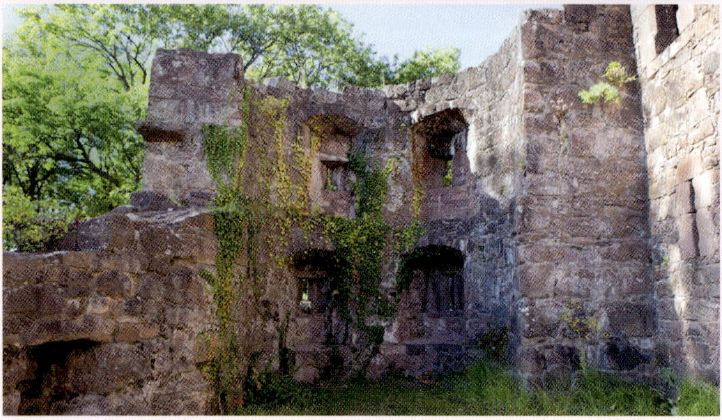

»Das Glück ist eigentlich der Schlüssel
aller unserer Gedanken.«

Carl Hilty

geradeaus weiter und nehmen den direkten Weg zum Schlosshof. Beim Wegweiser trennen uns noch 800 Meter von der Burgruine Hohenschramberg. Als eine der am stärksten befestigten Wohnverteidigungsanlagen überstand sie – auch wenn sie zeitweilig von feindlichen Truppen eingenommen wurde – den Dreißigjährigen Krieg, wurde dann aber im Pfälzischen Erbfolgekrieg 1689 von französischen Truppen in Brand gesteckt. Nach umfangreichen Sicherungsmaßnahmen ab der Mitte des 20. Jahrhunderts ist sie heute ein beliebtes Ausflugsziel, u. a. von Hochzeitsgesellschaften. Wer will es ihnen verdenken? Von der östlichen Terrasse aus gesehen, liegen uns weite Teile der Fünf-Täler-Stadt Schramberg zu Füßen. Doch auch für die anderen Bereiche der Burg können wir gern etwas Zeit einplanen.

Abstieg durchs Felsenmeer Sowie wir uns von der Kulisse lösen können, kehren wir zum Wegweiser auf der Westseite der Burg zurück. Ab dort führt uns der Genießerpfad Schramberger Burgen über die Wegweiser »Schlosswald«, »Nippenburg« und »Naturlehrpfad« zum Elisabethenfelsen, einer markanten, wenn auch durch die Lage im Wald schwer einsehbaren Felsformation. Weiter bergab passieren wir einige weitere eindrucksvolle Steine, müssen uns im Felsenmeer aber auch um den einen oder anderen Brocken herumwinden. Beim Wegweiser »Felsenmeer« trennen sich die Wege schließlich wieder: Während der Genießerpfad links zur Ruine Falkenstein abzweigt, orientieren wir uns rechts, sodass wir kurz darauf zum Sammelweiher kommen.

Ein alter Bekannter Auf der Talsohle angelangt, bietet sich flussabwärts ein Abstecher zum Lauterbacher Wasserfall an. Ansonsten halten wir uns noch vor dem Lauterbach rechts und nutzen den Pfad zwischen dem Weiher und den Felsen. In

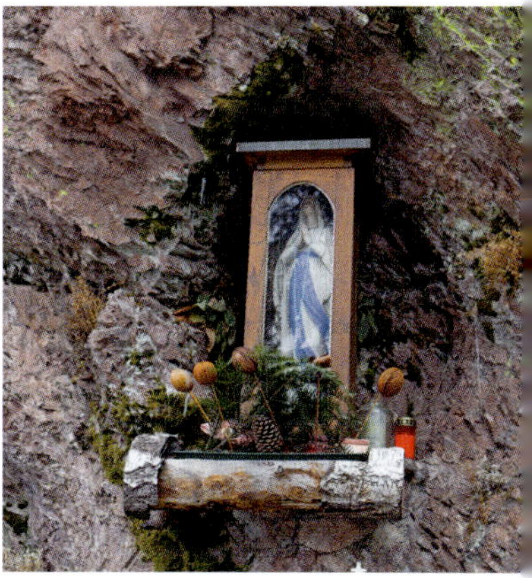

↑ **Aussichtsterrasse der Hohenschramberg**
↓ **Mauerreste der Burg**
→ **Marienstatue unterm Kreuzfelsen**

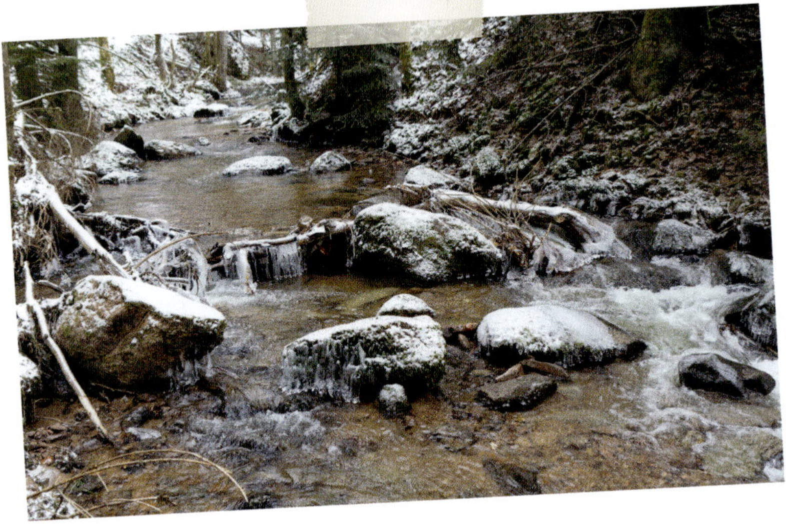

↑ **Winteridylle am Lauterbach**

dem Fall kommen wir nach rund 200 Metern an die L 108. Als Wanderer wünschen wir uns sicherlich einen besseren Übergang – ein paar Schritte weiter links sowie mit etwas Umsicht lässt sich die Landstraße jedoch sicher überqueren. Jenseits der Straße nutzen wir dann den mit gelber Raute markierten Pfad hoch in den Wald. Nach 1,5 Kilometern treffen wir beim Wegweiser »Über Siebenlinden« wieder auf den Lauterbacher Wandersteig. Diesem können wir nun einfach an der unterhalb unseres Wegs gelegenen Stemmerkapelle vorbei zurück zum Ausgangspunkt in Lauterbach folgen. Am Ziel angekommen, sind wir uns dann sicher einig: Die letzte hier beschriebene Wanderung war vielleicht nicht immer ganz einfach, durch ihre Vielseitigkeit aber doch eine richtig glückliche!

Tipp

Wander dich glücklich im Südschwarzwald: Als Pendant zu den Wanderungen im nördlichen Schwarzwald ist im Frühjahr 2021 der Titel »Wander dich glücklich südlicher Schwarzwald« erschienen.

AUF EINEN BLICK

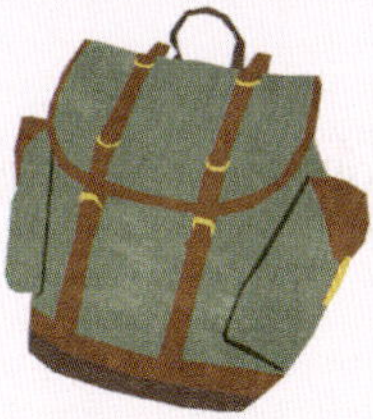

Tour 33: Tour für die Sinne

Dauer: 3 Std.

Höhenmeter: 300 Hm

Länge: 8,7 km

Schwierigkeit: Mittel

Tourencharakter: Die Abschnitte zum Kreuzfelsen sowie durchs Felsenmeer erfordern Trittsicherheit. Ansonsten bequem zu wandernde Runde, überwiegend auf Waldpfaden

Ausgangs-/Endpunkt: Friedhof in Lauterbach (569 m)

Anfahrt: GPS 48.2274, 8.3458
Pkw: Von der B 33 Triberg–Hausach bei Hornberg oder der B 462 Rottweil–Schiltach bei Schramberg Richtung Lauterbach und weiter über die L 108 bis Lauterbach; dort unterhalb vom Friedhof parken
Bahn/Bus: Busverbindungen ab Hornberg und Schramberg zur Haltestelle Lauterbach-Friedhof

Höchster Punkt: Wolfsbühl/Winkelacker (700 m)

Einkehr: Unterwegs keine; mehrere schöne Rastmöglichkeiten

Karte: Karte des Schwarzwaldvereins 1:25 000, W248 Furtwangen

Information: Touristinfo Lauterbach, Tel. 07422/94 97 30, www.schwarzwald-kinzigtal.info

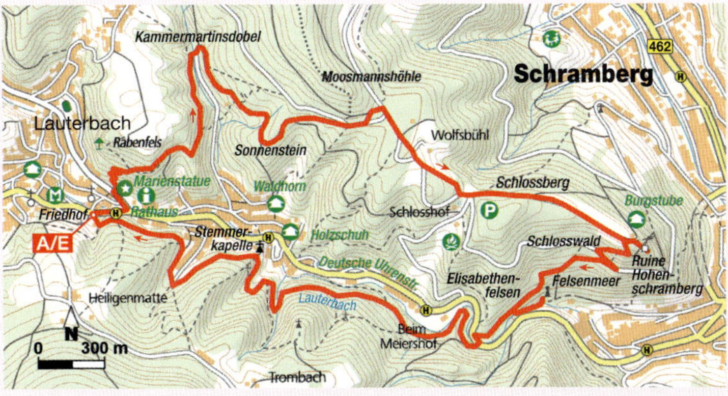

REGISTER

IMPRESSUM

Verantwortlich: Stefanie Krüger
Lektorat und Redaktion: Anette Späth
Layout: Elke Mader
Umschlaggestaltung und Illustrationen: Eva Wünsch
Repro: LUDWIG:media
Kartografie: Bruckmann Verlag GmbH, Heidi Schmalfuß
Herstellung: Alexander Knoll
Printed in Poland by CGS Printing sp.O.o.

★★★★★

Sind Sie mit diesem Titel zufrieden? Dann würden wir uns über Ihre Weiterempfehlung freuen. Erzählen Sie es im Freundeskreis, berichten Sie Ihrem Buchhändler oder bewerten Sie beim Onlinekauf. Und wenn Sie Kritik, Korrekturen oder Aktualisierungen haben, freuen wir uns über Ihre Nachricht an Bruckmann Verlag, Postfach 40 02 09, D-80702 München oder per E-Mail an lektorat@verlagshaus.de.

Unser komplettes Programm finden Sie unter

Alle Angaben dieses Werkes wurden von den Autoren sorgfältig recherchiert und auf den neuesten Stand gebracht sowie vom Verlag geprüft. Für die Richtigkeit der Angaben kann jedoch keine Haftung übernommen werden, weshalb die Nutzung auf eigene Gefahr erfolgt. Insbesondere bei GPS-Daten können Abweichungen nicht ausgeschlossen werden. Sollte dieses Werk Links auf Webseiten Dritter enthalten, so machen wir uns die Inhalte nicht zu eigen und übernehmen für die Inhalte keine Haftung.

In diesem Buch wird aus Gründen der besseren Lesbarkeit das generische Maskulinum verwendet. Weibliche und anderweitige Geschlechteridentitäten werden dabei ausdrücklich mitgemeint, soweit es für die Aussage erforderlich ist.

Empfehlung der Redaktion:
Sie sind auf der Suche nach weiterführender Literatur? Dann empfehlen wir Ihnen den Titel »Wander dich glücklich südlicher Schwarzwald« von Annette und Lars Freudenthal. Oder Sie werfen einen Blick in die Zeitschrift »BERGSTEIGER«. Hier werden Sie bestimmt fündig.

Bildnachweis:
Alle Fotos im Innenteil und auf dem Umschlag stammen von den Autoren mit folgender Ausnahme: Seite 80 unten: Hotel Bareiss

Die Deutsche Nationalbibliothek verzeichnet diese Publikation in der Deutschen Nationalbibliografie; detaillierte bibliografische Daten sind im Internet über http://dnb.d-nb.de abrufbar.

ISBN 978-3-7343-2733-9

Originalausgabe mit dem Titel »Einfach glücklich wandern – nördlicher Schwarzwald«,
ISBN 978-3-7343-1373-8 © 2020